영남대학교인문학육성총서•••16

# 조선 특유의 범죄 — 남편 살해범에 대한 부인 과학적 고찰

조선 특유의 범죄-남편 살해범에 대한 부인 과학적 고찰

초판 발행 2016년 3월 20일
지은이 구도 다케키(工藤武城)
옮긴이 최재목·김정곤
디자인 정재완
펴낸곳 영남대학교출판부
펴낸이 노석균

출판등록 1975년 9월 5일 경산 제16-1호
주소 경북 경산시 대동 214-1
전화 053) 810-1801~3
FAX 053) 810-4722
홈페이지 book.yu.ac.kr

ISBN 978-89-7581-522-5 93380

값은 표지 뒷면에 있습니다.
잘못 만들어진 책은 바꾸어 드립니다.

영남대학교인문학육성총서•••16

# 조선 특유의 범죄 — 남편 살해범에 대한 부인 과학적 고찰

구도 다케키工藤武城 지음

최재목 김정곤 옮김

영남대학교출판부

**일러두기**

1. 工藤武城(くどうたけき)는 국립국어원 외래어 표기법 규정에 따라 '구도 다케키'로 표기한다.
2. 이 번역서의 〈1. 구도 다케키 관련 도판〉, 〈6. 부록(3): 구도 다케키의 논저/신문기사 목록〉은 옮긴이가 수집하여 수록한 것이다. 〈4. 부록(1): 논문〉은 대한의사학회大韓醫史學會 학회지 〈의사학醫史學〉(제24-3호)에 실린 논문을 재수록 하였다. 〈5. 부록(2): '본부살해(本夫殺害)' '조혼(早婚)'에 관한 신문기사 목록〉은 국립중앙도서관과 국사편찬위원회에서 제공하는 온라인(원문)서비스와 데이터베이스 자료에서 발췌한 내용이다.
3. 번역시에는 한글한자(예: 국가國家)를 원칙으로 한다. 다만 풀어 쓸 경우에는 한글(한자)[예: 여감 단속(女監取締)]
4. 원제의 '본부本夫'는 여기서는 '남편'으로 통일한다.
5. 각주는 원저에는 없으며 옮긴이가 보충한 것이다.

## 초상화

**사진 1 • 젊은 시절의 모습**

工藤武城君

『朝鮮』
(京城 : 日韓書房, 1908년 9월호)

**사진 2 • 초상화 옆 모습**

『朝鮮及滿洲』
(京城 : 朝鮮雜誌社, 1914년 1월호)

**사진 3 • 신사적 용모의 모습**

『朝鮮及滿洲』
(京城 : 朝鮮雜誌社,
1915년 1월호)

**사진 4 • 안경 쓴 모습**

『大京城公職者名鑑』
(京城 : 京城新聞社, 1936)

**사진 5 • 중년의 모습**

『朝鮮及滿洲』
(京城 : 朝鮮及滿洲社,
1937년 5월호)

## 경성부인병원

사진 1 • 〈경성부인병원〉 산책터에서 휴식을 취하는 환자들 모습

『婦人之養生』(京城 : 京城婦人病院, 1913)

사진 2 • 〈경성부인병원〉 전경

『婦人之養生』(京城 : 近澤印刷部, 1928)

**사진 3 • 〈경성부인병원〉 전경**

『大京城寫眞帖』(京城 : 中央情報社, 1937)

**사진 4 • 병원내 자택 서재에서 연구하는 모습**

『婦人之養生』(京城 : 近澤印刷部, 1928)

문예 및 서화

**사진 1 • 계문(桂門)의 「담판회(擔板會)」 예회 석상에서**

정면 왼쪽에서 두 번째가 구도 『朝鮮佛教』(京城 : 朝鮮佛教社, 1924년 9월)

※ 계문(桂門) : 히라노 덴케이(平野天桂)화백의 문하를 가리킴.

**사진 2 • 「담판회」 필묵(筆墨)**

앞줄 왼쪽 첫 번째가 구도
『朝鮮佛教』 (京城 : 朝鮮佛教社, 1930년 7월)

**사진 3 • 제5회 「담판회」 석상에서**

앞줄 오른쪽 세 번째 구도, 왼쪽 첫째가 부인
『朝鮮佛教』 (京城 : 朝鮮佛教社, 1924년 12월)

**사진 4 • 「제2회 조선미술전람회」 입선작(제목 上 : 草書之歌, 下 : 秋興)**

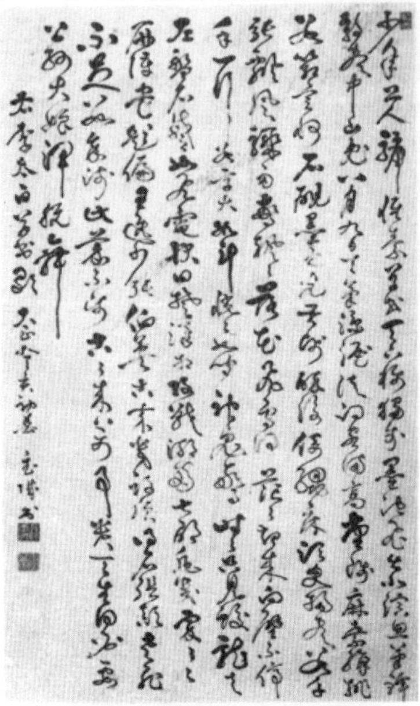

草書之歌(四等賞)

京城 擔雪 工藤武城

秋興

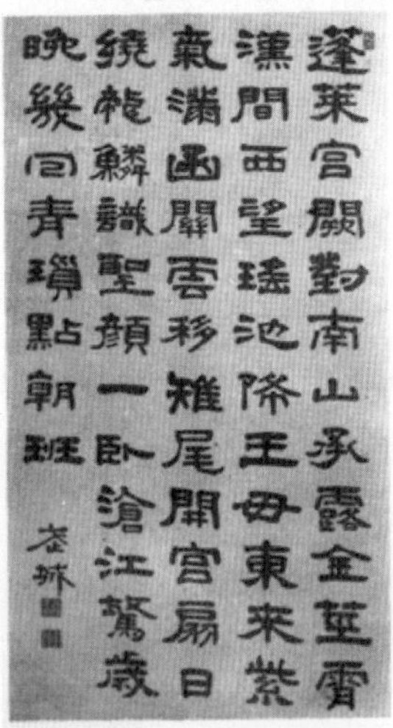


京城 担雪 工藤武城

『第二回朝鮮美術展覽會圖錄』(京城 : 朝鮮寫眞通信社, 1923)

**사진 5 •「제3회 조선미술전람회」 입선작(제목 : 心經)**

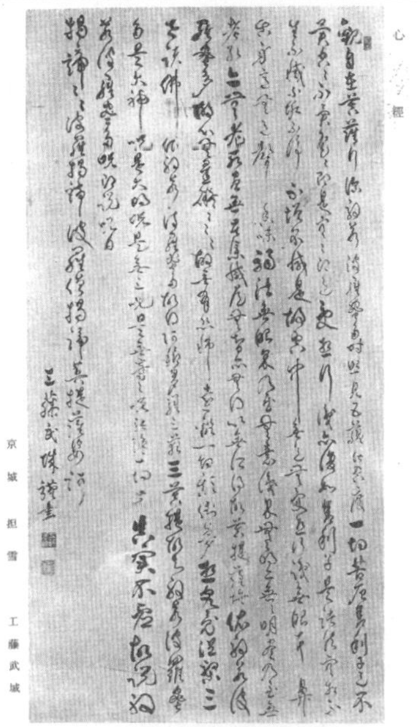


『第三回朝鮮美術展覽會圖錄』
(京城 : 朝鮮寫眞通信社, 1924)

**사진 6 •「제4회 조선미술전람회」 입선작(제목 : 玉骨堪寒)**

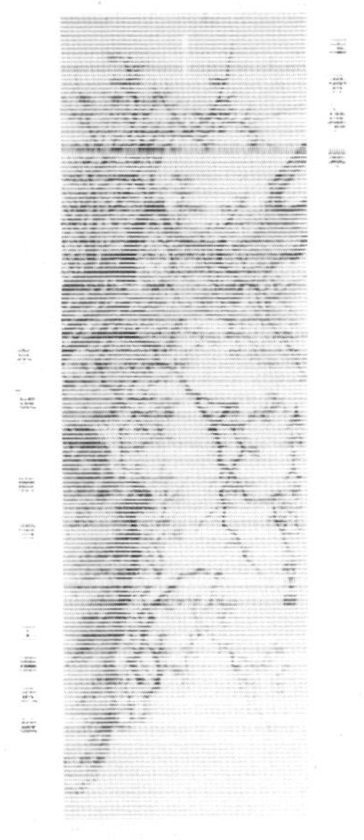

『第四回朝鮮美術展覽會圖錄』
(京城 : 朝鮮寫眞通信社, 1925)

**사진 7 •「제5회 조선미술전람회」 출품작(제목 : 名利戒)**

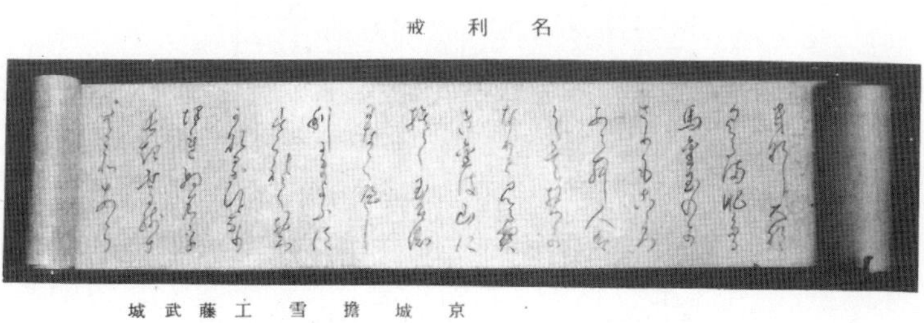


『第五回朝鮮美術展覽會圖錄』(京城 : 朝鮮寫眞通信社, 1926)

## 사진 8 • 퇴계 이황 관련 내용의 필적

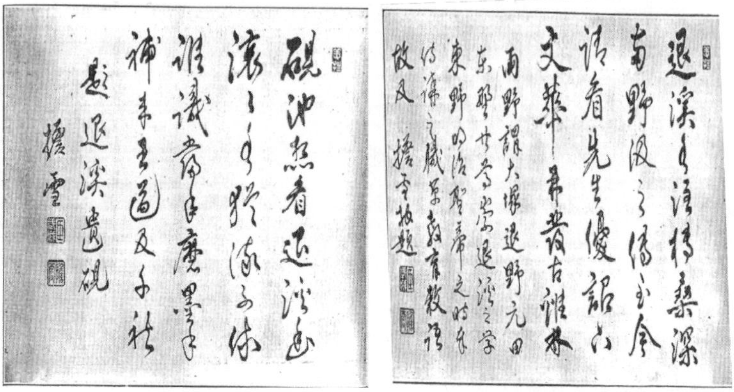

『日本の教育精神と李退渓』(京城：朝鮮事情協會出版部, 1934)

## 사진 9 • 필체

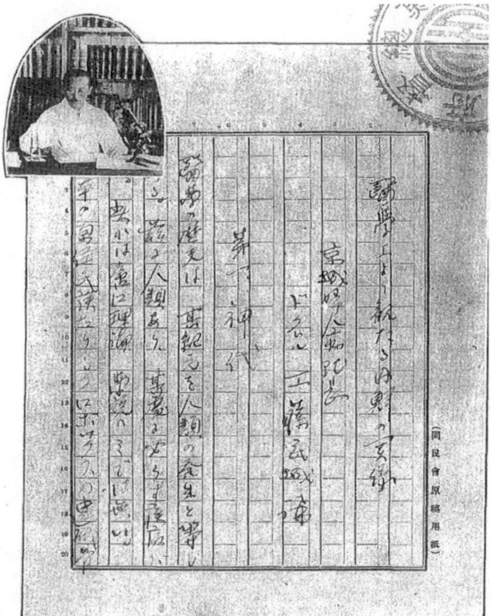

『医学上より観たる内鮮の関係』(京城:同民會出版部, 1929)

## 개인 소장 : 퇴계 이황 유품

**사진 1• 소장품(이퇴계의 벼루)**

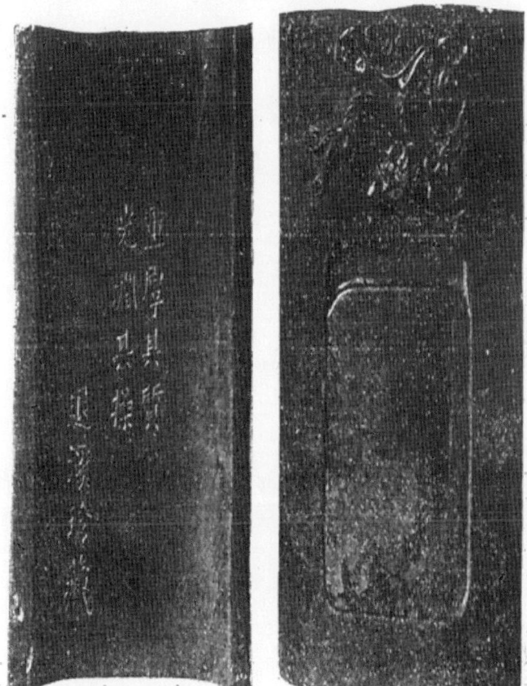

『日本の教育精神と李退渓』(京城:朝鮮事情協會出版部, 1934)

※ 벼루 뒷면에 「重厚其質 光潤其操」·「退溪珍藏」이라 쓰여져 있음.

## 구도 다케키 형제

**사진 1• 구도 다다스케(工藤忠輔 : 구도 다케키의 첫째 동생)**

『朝鮮及滿洲』(京城 : 朝鮮雜誌社, 1915년 1월)

**사진 2 • 잡지 『朝鮮佛教』 창간을 축하하는 〈겸겸당(謙謙堂)〉 점주 구도 시게오(工藤重雄 : 구도 다케키의 둘째 동생)**

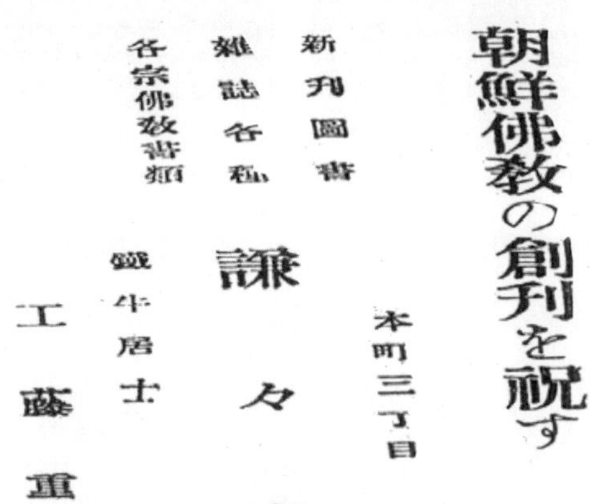


『朝鮮佛教』(京城 : 朝鮮佛教社, 1924년 5월)

# 옮긴이 서문

이 번역서는 일제강점기 당시 경성京城 북미창정北米倉町(현 서울 북창동)에서 경성부인병원을 운영한 부인과 의사 구도 다케키(工藤武城, 1878~?)의 저서 『조선특유의 범죄 남편 살해범에 대한 부인과학적 고찰』(朝鮮特有の犯罪本夫殺害犯の婦人科学的考察)을 옮긴 것이다.

저자인 구도 다케키는 병원을 경영하던 개업의이면서 전공인 부인과학적 지식을 바탕으로 많은 글을 남겼을 뿐만 아니라 다양한 인문적 교양과 취미활동을 하였다. 그가 주로 활동한 언론 공간은 『조선朝鮮』(조선총독부), 『조선朝鮮』(일한서방)·『조선급만주朝鮮及滿洲』(조선급만주사), 『조선불교朝鮮佛教』(조선불교사), 『경성잡필京城雜筆』(경성잡필사) 등이다. 그는 일본어로 글을 썼으며, '담설擔雪'이라는 필명을 사용하기도 하였다.

이 책은 총독부 기관지였던 『조선朝鮮』에 1929년 3월부터 1929년 12월까지 "조선특유의 범죄"라는 제목으로 7회 연재한 것을 정리하여 1933년 3월에 단행본으로 출판한 것이다. 구도는 이것을 다시 『조선朝鮮』에다 1933년 2월부터 같은 제목으로 같은 해 8월까지 7회에 걸쳐 연재한다.

이 외 구도의 저서로는 『부인의 양생婦人之養生』(1907년), 『조산부학강의록助産婦学講義録』(1914년), 『의학상에서 본 한일관계医学上より観たる内鮮の関係』(1929년) 외 다수의 논문이 있다. 부인의 위생에 관한 저서인

『부인의 양생婦人之養生』은 위생지식의 결핍을 우려한 '이태왕李太王 전하殿下(=고종)'의 의촉依囑을 받아 『婦人의 調攝』(1912년)이라는 한글판으로 출판하였다.

1878년 구마모토熊本에서 태어난 구도는 1901년 나가사키長崎 의학전문학교를 졸업한다. 이후, 일본의 산부인과학産婦人科學의 개척자로 불리는 하마다 겐타츠浜田玄達(1855~1915)에게 사사 하고, 독일로 건너가 뷔르츠부루크대학과 베를린대학에서 공부하였다.

그가 식민지 조선과 인연을 맺은 것은 1905년 12월에 당시 한성병원漢城病院 산과부인과産科婦人科 부장으로 초빙되어 경성京城에 오게 되면서 였다. 2년 후인 1907년 11월에 북미창정 94번지에 〈경성부인병원京城婦人病院〉을 개업한 이후 경성거류민단京城居留民團의 일원으로 거류민회居留民會의 의원을 역임하는 등 당시 식민지 조선의 일본인在朝日本人 사회에서 높은 지위를 유지하였다. 또한 조선총독부의 내선융화內鮮融和의 투철한 실행을 목적으로 설립한 동민회同民會 회원으로도 활동하였다.

첫째 동생 다다스케工藤忠補(1882~1917)와 둘째 동생의 시게오工藤重雄(1884~ ?)도 동경제국대학 출신으로 식민지 조선에서 변호사와 법학사로서 활동한 수재였다(부록: 논저 목록 참조). 다다스케에 대해서는 1917년 폐병으로 경성에서 사망하였다는 기록이 있다. 구도 다케키에 대해서는 패전 후의 행적이 묘연하다. 다시 말해서 패전 후 구도 다케키와 그의 가족이 일본으로 돌아갔는지 여부는 불확실하다. 공식적으로 그의 이름을 확인할 수 있는 것은 1944년 9월 13일자 〈조선총독부 관보(제5284호)〉에 실린 '일본적십자사녹사日本赤十字社錄事'이다.

『조선특유의 범죄 남편 살해범에 대한 부인과학적 고찰』이란 책은, 저자에 따르면, 조선 여성의 살인죄에서 최다수를 차지하는 범죄가 남편살해임에도 이를 '선명히 하고자 시도'한 사람이 없어서 해명을 시작한 것이다. 그는 '산부인과 전공자로서의 책임'을 다 하기 위해서 1926년부터 7년에 걸쳐 연구한 결과 얻어낸 연구업적이었다. 내용은 〈범죄주체론〉 〈범죄객체론〉 〈범죄본태론〉 〈남편살해범과 간통의 관계〉 〈조선특유의 풍속습관〉 〈남편살해 행위의 생물학적 고찰〉로 구성되어 있다.

그는 '남편살해本夫殺害'의 범죄가 '조선특유'의 범죄임을 강조한다. 이 결과적 원인으로 '조혼早婚'이라는 관습을 지목하고 남편살해를 유발하는 조혼을 조선사회의 야만적 문화라고 비판한다. 사실 '조혼'의 폐습에 대해서는 갑오개혁 이후 꾸준히 문제제기 되어 왔다. 이로 인한 병폐는 1920~30년대의 신문지상에 자주 언급되어 왔다. 다만 조혼이 윤리적 · 문화적인 측면에서 문제시 되었지 '범죄'라는 인식으로는 이어지지 않았다. 범죄로 연결된다는 인식은 일제강점기에 이르러서야 분명해 진다.

구도는 조선여성의 남편살해가 조혼에 기반한 조선특유의 범죄라고 규정하고 그 객관성을 보증하기 위하여 도표와 그래프를 사용하는 등 이른바 '통계'라는 기법을 활용한다.

그러나 과연 남편살해가 조선 여자의 '조혼'의 병폐에서 오는 것일까. 여기에는 적지 않은 의문이 있다. 왜냐하면 이러한 범죄가 일어난 사회적 배경을 간과해서는 안 되기 때문이다. 즉, 서구문화의 영향으로 등장한 신여성新女性의 권리신장에 따라 생겨난 전통적 가치관의 혼란을 염두에 둘 필요가 있다. 오늘날 아프리카 등지에서는 더욱 조혼의 문제가 심각하여 10대의 소녀들을 대상으로 성관계

방법을 교육하는 '성관계 캠프'가 열릴 정도이다. 결혼하면 수당 등의 경제적 이득이 생기기에 조혼을 하는 것이다. 식민지 조선에서도 일제의 차별과 수탈로 인한 경제적 어려움이 조혼 문화를 만들어 낸 요인이기도 하다. 아울러 조혼으로 인한 폐해가 지속적으로 존재하였던 것은 사실이나 조선이 '여성범죄 국가'로 인식될 정도로 남편살해가 '조선특유의 것'이었나하는 점은 묻지 않을 수 없다. 조선 특유의 범죄라는 관점의 이면에는 조선의 역사를 부정하고, 조선민족·조상의 무능함을 원망하고 자민족 문화를 야만시하는 감정을 일으키게 하여, 일본문화와 일본인(남자)들의 합리적 사고를 동경하게 만드는 의도를 읽어 낼 수 있다. 이것은 결국 식민지 정책에 순응하게 하려는 기획이라 생각된다. 『조선특유의 범죄 남편 살해범에 대한 부인과학적 고찰』의 내용이 통계라는 기법으로 포장되는 것도 일제의 식민통치 정책을 이론적으로 합리화하는 방법론임에 유의할 필요가 있다는 말이다.

이 번역서의 앞머리에는 구도 다케키 관련 자료 사진을, 부록에는 구도 다케키의 논저/신문기사 목록을 실어둔다. 이 자료들은 옮긴이가 수집·정리한 것으로 구도의 『조선특유의 범죄 남편 살해범에 대한 부인과학적 고찰』에는 없는 것이다.

아울러 책의 마지막에는 구도 다케키 형제의 논저와 기타 관련 자료를 실어둔다.

이 책이 번역을 통해 세상에 빛을 볼 수 있도록 지원해준 영남대학교, 상업성 없는 전문서를 간행해 준 영남대학교출판부에 감사드린다.

2016년 3월 10일

최재목·김정곤 쓰다

## 차례*



---

* 장, 절, 항 표시가 불분명한 경우, 옮긴이가 따로 붙였다.

## 제3장 범죄객체론



## 제4장 범죄본태론



## 제5장 남편살해범과 간통의 관계

## 제6장 범죄의 원인으로써 조선특유의 풍속습관



## 제7장 남편 살해 행위의 생물학적 고찰



## 제8장 요약 및 결론

**부록**

## 범례

* 본 연구는 쇼와昭和 원년 말일(1926년 12월 31일) 현재 형무소에서 남편 살해범 조선인 여죄수를 기초하여 조사한 것으로, 비교통계 수치의 정확을 기하기 위해서 그 후의 수감 여죄수는 제외하나 그 외의 경우에서는 쇼와 6(1931)년 말에 해당하는 것도 채용하였다.
* 통계상 수치가 지나치게 적은 것은, 과거로 소급해서 메이지 44(1911)년 이후의 것도 채용하였으나 그 때마다 이를 옆에 표기한다.
* 본 연구의 성과는 1926년의 제1회 발표에서 1932년 제6회 발표까지 〈조선의학회朝鮮醫學會〉에서 보고된 전후 여섯 차례에 걸친 연구업적의 결과물이다.
* 본 연구에 있어서 당시의 조선총독부 법무국장 마츠테라 다케오(松寺竹雄) 각하, 같은 국의 행형과장(行刑課長) 도이 히로미(土居寬申), 여죄수를 수용하는 서대문·공주·함흥·평양·대구·광주·해주의 각 형무소 소장, 의국계원, 여자 교도소 간수가 특별한 편의를 제공해 주신 것에 깊이 감사한다.

# 제1장

# 서론

## 조선여자의 범죄와 기타 여러 나라 여자 범죄와의 통계학상 비교

1930년 국세조사國勢調査에 의하면, 내지內地('일본'을 뜻함.) 여자의 인구는 32,059,355명, 조선 여자의 인구는 10,294,739명, 이 양자의 계수 약 3.5대 1이 된다.

사법성 제24행형통계연표行刑統計年表와 조선총독부 통계연표 제6편에 나타난 내선內鮮('일본과 조선'을 뜻함.) 여자의 형 판결을 받은 수는 내지인 750명, 조선인 600명으로 3.5대 1의 인구 계수로 보면 조선인 여자는 내지인 여자에 비해서 28% 더 많은 범죄인을 낳고 있는 비율이다. 바꾸어 말하면 내지인 여자 한 명이 형을 받을 때, 조선인 여자는 2.8명의 범죄자를 내고 있는 실정이다.

주관적 원인의 범죄 수를 내선 여자의 3.5대 1의 비례로 산출하면 다음과 같다.

| 죄 명 | 내지 여자 | 조선 여자 | 3.5:1의 비례로써 조선 여자의 가정치 | 가정치 보다 감소 |
|---|---|---|---|---|
| 절 도 | 320 | 84 | 91 | 7 |
| 낙 태 | 83 | 1 | 24 | 23 |
| 도 박 | 70 | - | 20 | 20 |
| 사 기 | 61 | 10 | 17 | 7 |
| 주거침입 | 27 | 2 | 8 | 6 |
| 횡령 | 11 | 3 | 3 | 0 |

이상 각 종류의 범죄에서 내지인 여자의 범죄율이 조선 여자를 훨씬 능가함을 알 수 있다.

| 죄 명 | 내지 여자 | 조선 여자 | 3.5:1의 비례로써 조선여자의 가정치 | 가정치 보다 증가 |
|---|---|---|---|---|
| 방 화 | 68 | 34 | 19 | 15 |
| 살 인 | 63 | 74 | 18 | 56 |
| 외설 간음 | 23 | 225 | 7 | 218 |
| 상 해 | 10 | 10 | 3 | 7 |

이 네 가지 종류의 범죄에서 거의 비교가 안 될 정도로 조선여자가 많음을 발견할 수 있다. 이상의 숫자는 최근에 당국이 발표한 것을 가지고 계산한 것이나 이런 종류의 범죄가 특히 조선에게만 국한된 원인과 요소에 의해 조선인에게 많다는 원인을 규명하고자 한다면 대체로 병합 이전에 거슬러 올라가 연구해야만 한다. 그러나 그 이전에는 신뢰할 만한 통계가 빠져있기 때문에 병합 직후부터 5년간의 통계를 취하여 이를 비교하고자 한다.

**병합 당초 외설죄 형법범 내선 부인 비교표**

| 연도 | 내지·조선 부인의 구별 | 형법범 총인원 | 외설죄 총인원 | 형협범 총인원과 외설죄의 비율 |
|---|---|---|---|---|
| 1911년 | 내지인 | 5,236 | 94 | 0.02 |
| | 조선인 | 460 | 245 | 0.53 |
| 1912년 | 내지인 | 4,692 | 89 | 0.02 |
| | 조선인 | 575 | 265 | 0.46 |
| 1913년 | 내지인 | 4,291 | 82 | 0.02 |
| | 조선인 | 679 | 250 | 0.37 |
| 1914년 | 내지인 | 3,356 | 60 | 0.02 |
| | 조선인 | 788 | 281 | 0.36 |
| 1915년 | 내지인 | 2,903 | 69 | 0.02 |
| | 조선인 | 866 | 304 | 0.35 |
| 총계 | 내지인 | 20,477 | 394 | 0.02 |
| | 조선인 | 3,368 | 1,345 | 0.40 |
| 평균 | 내지인 | 4,095 | 79 | 0.02 |
| | 조선인 | 674 | 269 | 0.40 |

**병합 당초 여자 살해범 내선인 비교표**

| 연도 | 내지·조선 부인의 구별 | 형법범 총인원 | 살인죄 총인원 | 형법범 총인원과 살인죄의 비율 |
|---|---|---|---|---|
| 1911년 | 내지인 | 5,236 | 196 | 0.04 |
| | 조선인 | 460 | 62 | 0.13 |

| 연도 | 내지·조선 부인의 구별 | 형법범 총인원 | 살인죄 총인원 | 형법범 총인원과 살인죄의 비율 |
|---|---|---|---|---|
| 1912년 | 내지인 | 4,692 | 251 | 0.05 |
| | 조선인 | 575 | 62 | 0.11 |
| 1913년 | 내지인 | 4,291 | 214 | 0.05 |
| | 조선인 | 679 | 79 | 0.12 |
| 1914년 | 내지인 | 3,356 | 260 | 0.08 |
| | 조선인 | 788 | 78 | 0.10 |
| 1915년 | 내지인 | 2,903 | 211 | 0.07 |
| | 조선인 | 866 | 100 | 0.12 |
| 총계 | 내지인 | 20,477 | 1,131 | 0.06 |
| | 조선인 | 3,368 | 381 | 0.11 |
| 평균 | 내지인 | 4,095 | 226 | 0.06 |
| | 조선인 | 674 | 76 | 0.11 |

비고 : 본 도표는 금고禁錮 이상을 계산해서 내지인 여자 1,131명 가운데 영아살해 19명, 조선인 여자 381명 가운데 남편살해 128명을 포함.

위의 표 중 128명의 조선인 여자의 남편 살해범을 연도별로 보면 다음과 같다.

| 연도 | 남편 살해범죄의 수 |
|---|---|
| 1911년 | 25 |
| 1912년 | 25 |
| 1913년 | 28 |
| 1914년 | 25 |
| 1915년 | 25 |
| 총계 | 128 |

외설죄를 여자인구 비례로 산출하면 다음과 같다.

| 내·선 부인의 구별 | 1913년 말 현재 유부녀의 여자인구 | 1913년 외설죄 총인원 | 유부녀 여자 10만에 대한 외설죄의 비율 |
|---|---|---|---|
| 내지인 | 9,144,727 | 82 | 0.897 |
| 조선인 | 3,805,362 | 250 | 6.570 |

독일 본bonn의 휴브나 씨의 통계에 따르면, 최근의 국세조사에 의한 그 나라의 인구(6천 2백 539,098명) 중에 살인범이 110명이다. 이 가운데 남자가 100명, 여자가 10명이며, 인구 10만 가운데 남자 91명, 여자 2명이다. 이에 따라 남녀 비례의 백분율을 만들면 남자 88대 여자 12, 곧 남자 100명에 여자 13.5명에 해당한다.

프랑스에서 이 관계는 남자 살인범 86대 여자 살인범 14로 남자인구 10만 중에 145명, 여자인구 10만 중에 21명의 살인범이 나오고 있는 실정이다.

일본 내지의 경우, 사법성 제24 행형통계연표司法省第二十四行刑統計年表에 따라 산출하면 살인범 수 616명 중 남자 552명, 여자 64명이다. 이를 갖고 백분율로 계산하면 남자 90대 여자 10 다시말해 남자 100명에 대해 여자 11명의 비율이 된다.

대만에서는 1930년 국세조사에 나타난 인구 4백만 594,161명, 같은 해에 살인범은 33명, 이 중에 남자 32명, 여지 1명, 남자 97대 여자 3, 바꾸어 말하면 남자 100에 여자살해범은 3.1에 해당한다.

이를 조선에서 보면 1930년 국세조사에서 인구 2천 백만 57,969명(남자가 천만 763,230명, 여자가 천만 294,739명)이며, 살인범은 141명으로 남자 75명, 여자 66명이 된다. 곧 남자 53대 여자 47, 말하자면 남자 100명 당 여자 88명을 나타낸다. 이상의 수치를 표로 나타내면 다음과 같다.

**각국 남녀 살인범 비례**

| 국명 | 살인범 | 남 | 녀 | 남녀 백분율 | 남자100에 대한 여자 |
|---|---|---|---|---|---|
| 독일 | 93 | 91 | 2 | 88:12 | 13.5 |
| 프랑스 | 166 | 145 | 21 | 86:14 | 15.0 |
| 내지 | 616 | 552 | 64 | 90:10 | 11.0 |
| 대만 | 33 | 32 | 1 | 97:3 | 3.0 |
| 조선 | 141 | 75 | 66 | 53:47 | 88.0 |

위의 숫자 중 내선인內鮮人의 살인범 중에는 영아 살해범을 포함하나, 독일·프랑스의 살인범에는 이를 제외한다. 이 표로 분명한 것은 남녀 살인범의 비율은 남자 100에 여자의 수가 가장 높은 것은 프랑스 15명, 독일 13.5명에 이어 내지여자 11명, 대만여자는 가장 적은 3명이다. 오직 조선만이 88명이라는 많은 수에 달한다. 이처럼 거의 비교가 안될 만큼 다수의 살인 범행을 감행하는 조선여자 중, 남편 살해범이 최대 다수를 차지한다. 현재 형무소에 수용중인 여자 살인범을 분류하면 다음과 같다.

**조선 여자 살해범의 분류**

| 종 류 | 실제 수 | 백분율 |
|---|---|---|
| 남편 살해 | 66인 | 63% |
| 남편 이외의 살해 | 40인 | 37% |

남편 이외의 살해범 40명 중에 37%는 다음 장에서 논하는 조선특유의 국정으로 인한 근친살해가 많고, 그것을 제외하면 남자 100명에 대한 여자살인범은 약 10명 정도 된다(다음 장 참고). 이상 언급한 관계를 좀 더 명료하게 하기 위해서 표로 나타내면 다음과 같다.

**남자 100명에 대한 여자 살인범 비례**

| | |
|---|---|
| 대만(3%) | 일본(11%) |
| 독일(13.5%) | 프랑스(15%) |
| 조선남편살해범을 제외함(10%) | 조선(88%) |

이상에서 본 것처럼 조선여자의 살인범이 이처럼 타민족에 비해 거의 9배의 다수를 차지함은 유독 남편 살해범이 있기 때문인 것이

명백하다.

일간 신문지를 통해 일반인도 막연하게나마 조선에서 가끔씩 남편 살해 범행이 일어난다는 사실을 알게 된 것은 단지 1917년 3월 〈조선휘보朝鮮彙報〉 잡지에서 고쿠분 산카이(國分三亥)씨가 행형行刑의 방면에서 조사한 논문[3]을 통해서다. 그 외 아직 조선여자 남편 살해범에 대한 연구발표를 나는 듣지 못했다.

앞서 본 병합 당초의 통계로 미루어 조선의 남편 살해는 그 원인·이유가 심히 멀게 느껴진다. 이런 사회현상이 어떠한 연구대상도 되지 않고, 폐각·방임되는 것은 참으로 통탄할 일이다.

날로 진보하는 의학, 특히 세포병리의 비조 루돌프 피르호Rudolp Virchow 선생은 1848년, 사회에서 일어난 병적현상(독일혁명…번역자)도 역시 의학적 연구의 범주에 속해야 한다고 갈파하였고, 베를린대학伯林大學 그로트야렌 교수도 1927년 그 저서에 이 점을 역설하였다. 최근에는 붐 문하의 일족, 빌헬름·리부만씨는 베를린 의과대학에 사회부인과社會婦人科 강좌가 개설되자, 가장 먼저 그 담임교수가 되어 부인 사회의 현상에 관해 부인과학의 측면에서 이 점을 크게 고취하고 있음을 본다.

부인과학婦人科學이란 부인생식기의 질환만을 취급하는 걸로 오해하는 경우가 많다. 의학에 관여하는 사람도 스스로를 그렇게 이해하는 경우가 적지 않다. 본래 부인과학의 학명 지네콜로지Gynaekologie란 희랍의 Logos gynaikos로 gune(여자)와 logos(연역·연구·학문)의 합친 글자이다. 곧 여자를 명제로써 연구하는 과학이며, 조금도 생식기

---

[3] 고쿠분 산카이(國分三亥)는 당시 사법부장관을 지냈으며, 1917년 3월『朝鮮彙報』지상에「조선부인의 남편살인 범죄朝鮮婦人の本夫殺罪」라는 제목의 논문을 실었다.

질환에 국한된 의미만을 뜻하지 않고 훨씬 이 보다 넓은 의미이다.

그래서 뮌헨대학民賢大學 부인과 교수 프란츠 폰 빈켈Franz von Winckel[4] 선생은 1887년의 한 강연에서,

「대체로 부인이 그 타고난 것에서부터 모든 위험과 모든 곤란에 부딪칠 때 그 상담자이며, 구조자의 위치에 있는 것은 가장 먼저 의사를 들지 않을 수 없는 것은 물론이다. 의학 중에 부인과를 전공하는 자가 그 책임에 해당하는 것은 당연하다. 부인과 의사라고 하면 이 중대한 임무를 유감없이 수행하기 위해서는 부인에 대해 충분한 지식을 갖고 있어야 한다. 신체와 정신의 문제, 생리와 병리의 문제, 그리고 어린 여자로서, 처녀로서, 부인으로서, 어머니로서, 노녀로서 또한 시끄러운 공장에서나 조용한 주택에서나 그녀들을 죄악과 범죄의 심연으로 내모는 까닭의 연구도 결코 버려서는 안 된다.」

조선에서 여자의 살인죄가 거의 남자에 필적할 만큼 다수를 차지하는 것은 바로 그 남편살해가 최대 다수를 차지함에 원인이 있는데, 지금까지 누구도 이를 선명히 하고자 시도한 사람이 없다. 나는 위에 언급한 여러 선배의 지적에 깊이 느끼는 바가 있어 이 연구의 곤란과 장애가 있음을 알면서도, 부족하나마 산부인과 전공자로서의 책임을 갖고 1926년에 이를 풀고자 결심한 이래 7년에 걸친 연구업적을 여기에 발표하고자 한다.

---

[4] 프란츠 폰 빈켈(1837~1911)은 독일의 산부인과 의사이다. 신생아 출혈성 폐혈증인 '빈켈병(Winckel)'은 그의 이름을 딴 것이다.

# 제2장

# 범죄주체론

## 연령

일본형법 제41조에 형사책임능력을 14세 이상으로 규정하는 것도 인류의 뇌 기능이 나이와 함께 성숙할 것으로 보았기 때문이다. 따라서 범죄자 연령 문제는 그 죄책·형벌의 경중을 고려함에 있어 형사정책상 아주 중요한 점을 차지함은 당연하다.

이것을 의학, 특히 부인과학에서 관찰할 경우, 일생을 통해 끊임없이 변화하는 생식기와 더불어 정신적으로도 계속 영향을 받는 여자의 연령은 범죄와 지대한 관계를 가짐은 물론이다. 남편 살해를 감행한 당시의 여자 연령은 다음과 같다.

| 수감번호 | 원적 | 형무소 | 형명형기 | 범죄시연령 |
|---|---|---|---|---|
| 1175 | 평안북도 | 평양 | 징역5년 | 15세 |
| 599 | 황해도 | 평양 | 7년 | 15 |
| 962 | 경상북도 | 서대문 | 3년 | 15 |
| 1184 | 전라북도 | 서대문 | 3년 | 15 |
| 4 | 황해도 | 해주 | 3년 | 15 |
| 952 | 평안남도 | 서대문 | 1년6개월 | 15 |
| 29 | 황해도 | 해주 | 12년 | 15 |
| 123 | 전라북도 | 광주 | 4년 | 16 |
| 1055 | 평안남도 | 평양 | 7년 | 16 |
| 8 | 황해도 | 해주 | 2년 | 16 |
| 11 | 황해도 | 해주 | 2년6개월 | 16 |
| 1681 | 경기도 | 서대문 | 3년 | 16 |
| 4 | 강원도 | 함흥 | 3년 | 16 |
| 133 | 전라북도 | 광주 | 3년 | 16 |
| 237 | 경상북도 | 서대문 | 3년6개월 | 16 |
| 855 | 황해도 | 평양 | 15년 | 16 |
| 1613 | 충청남도 | 서대문 | 무기징역 | 16 |
| 10 | 황해도 | 해주 | 15년 | 16 |
| 850 | 평안남도 | 서대문 | 2년 | 17 |
| 26 | 충청북도 | 공주 | 3년9개월 | 17 |
| 24 | 충청남도 | 공주 | 5년 | 17 |

| 수감번호 | 원적 | 형무소 | 형명형기 | 범죄시연령 |
|---|---|---|---|---|
| 14 | 충청남도 | 공주 | 5년 | 17 |
| 311 | 경상북도 | 대구 | 7년 | 17 |
| 9 | 강원도 | 함흥 | 7년6개월 | 17 |
| 304 | 전라남도 | 광주 | 2년 | 17 |
| 337 | 평안남도 | 서대문 | 2년 | 17 |
| 90 | 함경남도 | 함흥 | 2년3개월 | 17 |
| 527 | 강원도 | 서대문 | 3년 | 17 |
| 1708 | 경기도 | 서대문 | 3년 | 17 |
| 38 | 함경남도 | 함흥 | 3년 | 17 |
| 969 | 황해도 | 평양 | 무기징역 | 17 |
| 1 | 충청북도 | 공주 | 5년 | 18 |
| 276 | 전라북도 | 광주 | 5년 | 18 |
| 1601 | 평안남도 | 평양 | 7년 | 18 |
| 233 | 경기도 | 서대문 | 1년6개월 | 18 |
| 21 | 횡헤도 | 해주 | 4년 | 19 |
| 467 | 함경북도 | 서대문 | 무기징역 | 19 |
| 58 | 평안남도 | 평양 | 무기징역 | 20 |
| 410 | 전라남도 | 광주 | 7년6개월 | 21 |
| 879 | 황해도 | 평양 | 1년6개월 | 23 |
| 13 | 황해도 | 해주 | 무기징역 | 23 |
| 185 | 평안남도 | 평양 | 7년 | 23 |
| 898 | 평안남도 | 평양 | 무기징역 | 24 |
| 229 | 함경남도 | 서대문 | 15년 | 25 |
| 12 | 전라북도 | 광주 | 20년 | 25 |
| 477 | 경상북도 | 대구 | 무기징역 | 25 |
| 372 | 평안남도 | 평양 | 무기징역 | 27 |
| 51 | 함경남도 | 함흥 | 3년 | 27 |
| 12 | 황해도 | 해주 | 7년 | 27 |
| 806 | 평안남도 | 평양 | 12년 | 28 |
| 39 | 전라남도 | 광주 | 5년3개월 | 28 |
| 1377 | 평안북도 | 평양 | 무기징역 | 28 |
| 89 | 평안남도 | 함흥 | 4년 | 28 |
| 5 | 충청북도 | 공주 | 5년 | 30 |
| 200 | 전라북도 | 광주 | 5년 | 32 |
| 905 | 평안북도 | 평양 | 15년 | 35 |
| 40 | 함경남도 | 함흥 | 20년 | 36 |
| 367 | 충청북도 | 서대문 | 15년 | 38 |

| 수감번호 | 원적 | 형무소 | 형명형기 | 범죄시연령 |
|---|---|---|---|---|
| 581 | 강원도 | 서대문 | 8년 | 39 |
| 1493 | 평안남도 | 평양 | 10년 | 40 |
| 914 | 전라남도 | 대구 | 15년 | 40 |
| 1070 | 전라남도 | 대구 | 20년 | 42 |
| 1738 | 평안북도 | 평양 | 4년 | 42 |
| 25 | 전라북도 | 광주 | 5년 | 45 |
| 1134 | 평안남도 | 평양 | 무기징역 | 51 |
| 1116 | 평안남도 | 평양 | 4년 | 52 |
| 348 | 전라남도 | 대구 | 무기징역 | 60 |

이상의 수치를 나이별로 모아, 이를 각 10년 단위로 해서 백분율로 환산하면 다음과 같은 결과가 된다.

| 20세 이하 | 21~30세 | 31~40세 | 41~50세 | 51~60세 |
|---|---|---|---|---|
| 15세(7명)<br>16세(11)<br>17세(13)<br>18세(4)<br>19세(2)<br>20세(1) | 21세(1명)<br>23세(3)<br>24(1)<br>25(3)<br>27(3)<br>30(1) | 32세(1명)<br>35세(1)<br>36세(1)<br>38세(1)<br>39세(1)<br>40세(2) | 42세(2명)<br>45세(1) | 51세(1명)<br>52세(1)<br>60세(1) |
| 38명(57%) | 16명(23%) | 7명(14%) | 3명(3%) | 3명(3%) |

이 연령의 비례는 단지 현재에 한한 비례인지, 과거에 있어서도 같은 경우인지를 확인하기 위해서 통계가 근거하는 병합 당초의 1911년에서 1915년에 이르는 만 5개년 간의 남편 살해범을 조사하여 다음과 같은 성과를 얻었다.

| 明治44(1911)년—大正4(1915)년에 남편 살해범 연령 | | |
|---|---|---|
| 연령 | 인원 | 백분율 |
| 20세 이하 | 65 | 51% |
| 21세~30세 | 44 | 34.5% |
| 31세~40세 | 15 | 11.5% |
| 41세~50세 | 3 | 2.3% |
| 51세~60세 | 1 | 0.7% |

즉, 과거에도 20세 이하의 범죄가 과반수를 차지하였다는 사실에서 유추하면, 조선에서는 상당히 오래전부터 젊은 여자가 이 같은 놀라운 범죄를 감행하여 왔음을 상상할 수 있다. 조선총독부 법무국에서는 아쉽게도 1916년 이후는 단지 살인죄의 항목 아래에 합산되어 분류되지 않았다. 위의 128명과 내가 수집한 67명, 합계 195명의 남편살해범의 연령을 백분율의 정확도를 위해 합계·산출하면 다음과 같다.

| 1911~1915년, 1926년말 현재 본부살해범 조선여자 연령 | | |
|---|---|---|
| 연령 | 인원 | 백분율 |
| 20세이하 | 103 | 53% |
| 21-30세 | 60 | 31 |
| 31-40세 | 22 | 11 |
| 41-50세 | 6 | 3 |
| 51-60세 | 4 | 2 |
| 독일 여자 살인범 연령(Dr.Erich Wulffen연표에서 산출) | | |
| 연령 | 인원 | 백분율 |
| 20세이하 | 10 | 26 |
| 21-30세 | 14 | 36.8 |
| 31-40세 | 12 | 31.6 |
| 41-50세 | 1 | 2.6 |
| 51-60세 | 1 | 2.6 |
| 내지(일본) 여자 살인범 연령(제25행형통계연표에서 산출) | | |
| 연령 | 인원 | 백분율 |
| 20세이하 | 5 | 6 |
| 21-30세 | 22 | 34 |
| 31-40세 | 14 | 22 |
| 41-50세 | 14 | 22 |
| 51-60세 | 8 | 16 |

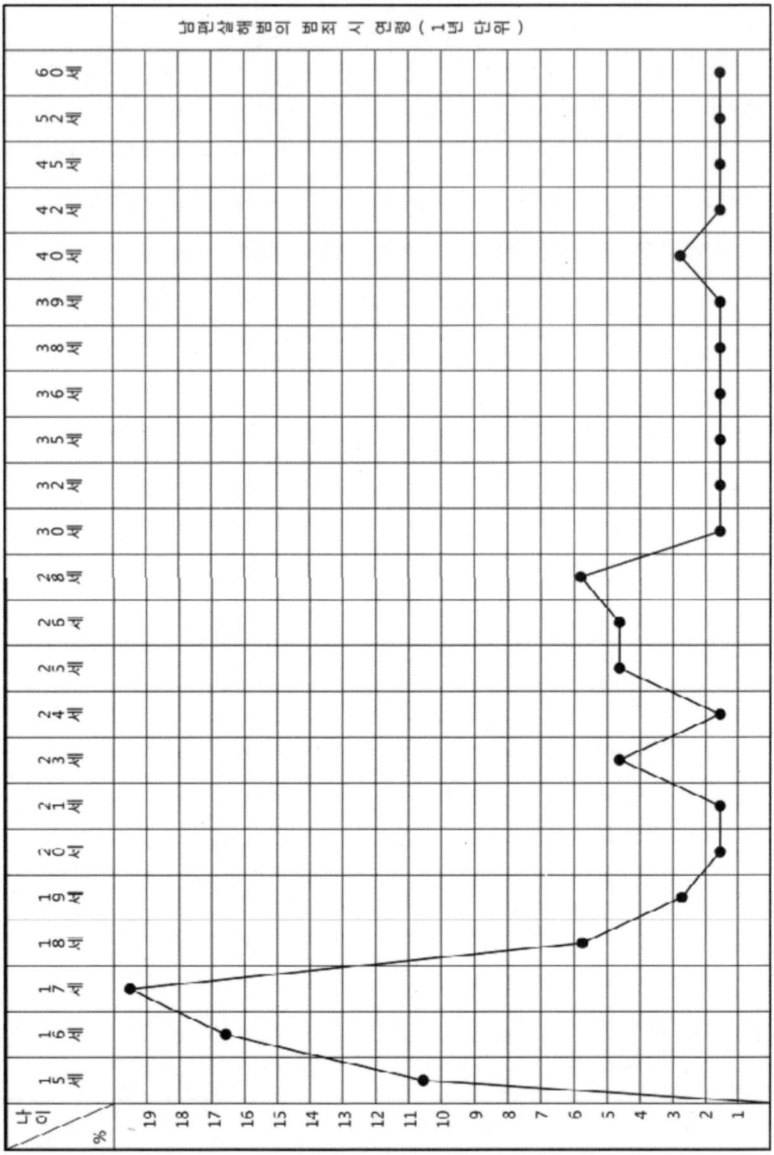
나이
%
15세
16세
17세
18세
19세
20세
21세
23세
24세
25세
26세
28세
30세
32세
35세
36세
38세
39세
40세
42세
45세
52세
60세

그래프 1

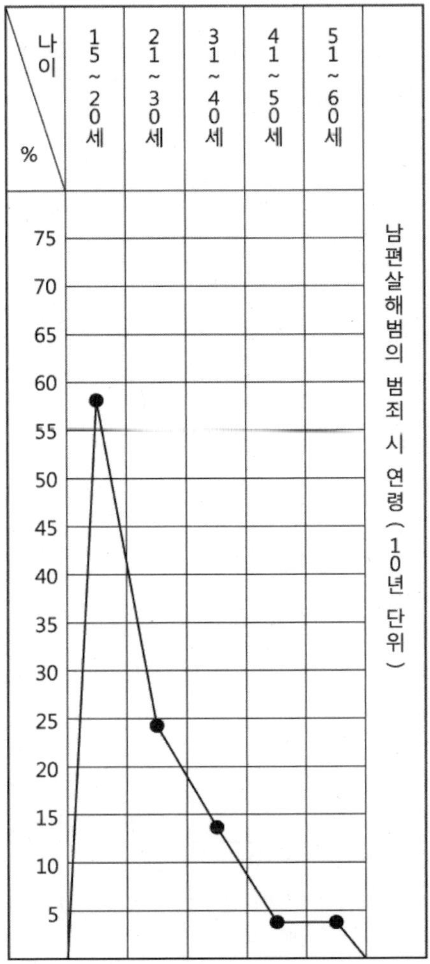
나이
%
15~20세
21~30세
31~40세
41~50세
51~60세
75
70
65
60
55
50
45
40
35
30
25
20
15
10
5
남편살해범의 범죄 시 연령(10년 단위)

그래프 2

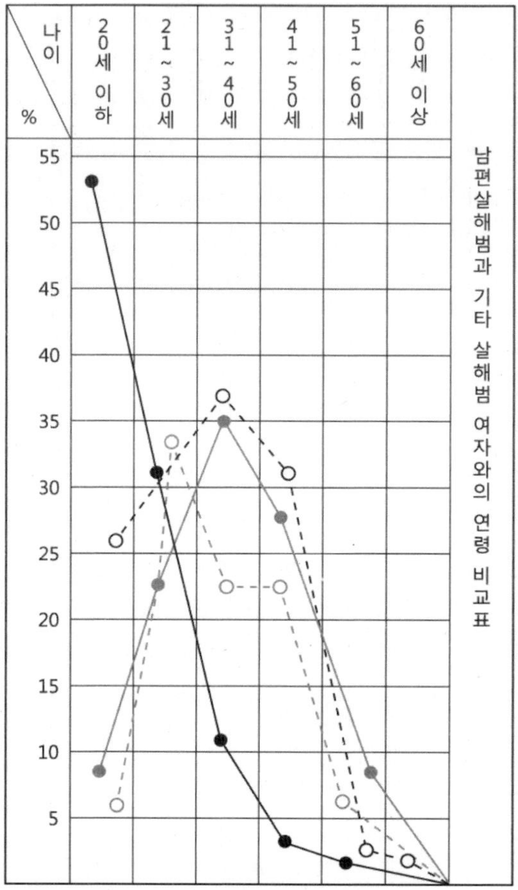


[주의] 흑선 : 남편살해, 회색선 : 남편살해 이외의 살인범 여자,
회색점선 : 내지여자의 살인범, 흑점선 : 독일여자살인범

..................................

그래프 3

위의 표에 있어서 내지여자 및 독일여자의 살인범과 남편살해범 이외의 조선 여자의 살해범은 그 연령 관계에 대략 유사한 그래프를 나타낸다. 하지만 유독 조선의 남편살해범에서는 20세 이하가 그 과반수를 차지하고 그 외의 살인범은 31~40세에 최고를 나타내는 것과 반대이다. 이 선과 교차하여 급전직하로 10%로 떨어지는 것은 이 범죄가 다른 민족에 드물고, 오직 조선에게만 존재하는 일종의 특이 현상임을 나타낸다. 이 연구도 말하자면 이 같은 현상의 원인이 거기에 있음을 선명히 하고자 하는 것이다.

### 출생지

**남편살해범 도별 수치 및 인구비례표(1930년 국세조사 병합후 5년과 1926년 말)**

| 도 별 | 인 구(만단위) | 범인수 | 인구10만명당 |
|---|---|---|---|
| 경기도 | 215 | 16 | 0.756 |
| 충청북도 | 90 | 10 | 1.111 |
| 충청남도 | 138 | 7 | 0.507 |
| 전라북도 | 150 | 10 | 0.666 |
| 전라남도 | 233 | 12 | 0.510 |
| 경상북도 | 242 | 13 | 0.600 |
| 경상남도 | 214 | 5 | 0.023 |
| 황해도 | 152 | 42 | 2.631 |
| 평안남도 | 133 | 27 | 2.030 |
| 평안북도 | 156 | 13 | 0.833 |
| 강원도 | 149 | 18 | 1.208 |
| 함경남도 | 158 | 12 | 0.760 |
| 함경북도 | 74 | 5 | 0.675 |

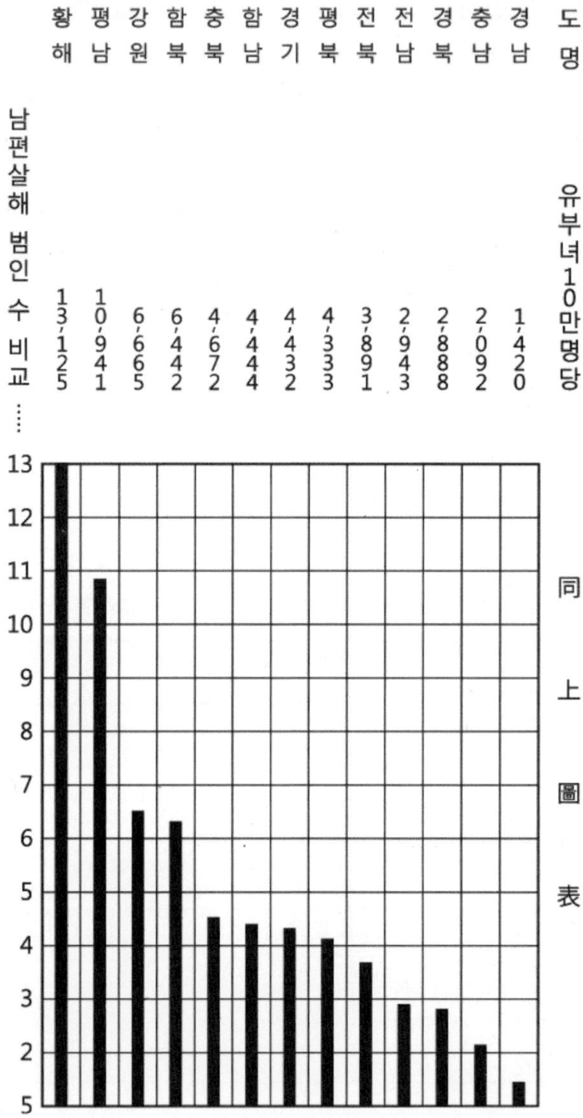
도명
경남 충남 경북 전남 전북 평북 경기 함남 충북 함북 강원 평남 황해
유부녀10만명당
1,420 2,092 2,888 2,943 3,891 4,333 4,432 4,444 4,672 6,442 6,665 10,941 13,125
同上圖表
남편살해 범인 수 비교……
13 12 11 10 9 8 7 6 5 4 3 2 5

그래프 4

남편살해범 도별 유부녀 인구비례표(1930년국세조사 병합후 5년과 1926년 말)

| 도 별 | 유부녀 인구(천단위) | 범인수 | 유부녀10만명당 |
|---|---|---|---|
| 경기도 | 361 | 16 | 4.432 |
| 충청북도 | 156 | 10 | 6.442 |
| 충청남도 | 238 | 7 | 2.092 |
| 전라북도 | 257 | 10 | 3.891 |
| 전라남도 | 408 | 12 | 2.943 |
| 경상북도 | 449 | 13 | 2.888 |
| 경상남도 | 352 | 5 | 1.420 |
| 황해도 | 319 | 42 | 13.125 |
| 평안남도 | 256 | 27 | 10.941 |
| 평안북도 | 299 | 13 | 4.333 |
| 강원도 | 269 | 18 | 6.665 |
| 함경남도 | 271 | 12 | 4.444 |
| 함경북도 | 107 | 5 | 4.672 |

조선의 지도를 펼쳐 위의 수치와 도표를 점검하면 대체적으로 남쪽 지방에 해당하는 도는 적고 북쪽으로 올라갈수록 증가하는데 경상남도와 황해도를 대비하면 약 10배의 비율에 해당함을 알 수 있다. 바꾸어 말하면, 일본 내지에 근접할수록 적고 만주국에 가까울수록 많다.

조선의 구 형법에 따르면 남편살해범은 다음 장에서 언급하는 것처럼 소위 기강문란의 중형으로 다스리고, 구족을 멸하는 것보다도 더욱 엄하게 그 마을(里閭) 전부를 벌하는 것 까지도 도에 따라서 이처럼 차이를 나타내는 것은 주목할 만하다.

최근 혈액형학의 진보에 따라 남부조선은 일본내지의 형에 가깝고 북으로 올라갈수록 그 유사점의 농도가 감소함이 알려지면서 여자의 살해범 수치도 이와 같음을 보면 장래의 혈액형학 · 유전학 · 인류학 · 민족학이 진보함에 따라 이 관계가 선명해질 것으로 기대

된다.

또한 조선 오백년의 전통적 고등정책으로써 북변 여러 도의 출신자는 아무리 그 재능이 뛰어난 남자라 하더라도 오늘날 계급으로 말하자면 주임奏任 이상, 삼품三品의 고등관으로는 어떠한 이유라도 이를 채용하지 않도록 내규를 엄하게 정해놓고 있다. 약간의 고의 또는 우연히 고환을 상실한 남자가 환관(또는 내관)으로서 내정을 받들고 고관의 자격을 얻는 길뿐이다. 본래 형벌로써 궁형(除睾)을 받은자가 조선시대에 관직을 얻기 위하여, 북변인北邊人이 그 양친으로부터 고의로 고환을 절제 당한자이다. 오늘날 생존하는 내관도 그 대부분이 북쪽 변방 출신자이다.

그 이유를 들어보면, 북변의 민중은 지방적 풍속 · 관습 · 성질이 심히 모질고 사나우며, 윗사람에게 반항하여 어진 관리에 적합지 않다. 단 고환을 상실한 남자는 순종적이고 그런 걱정은 없다고 말할 수 있다.

대개 조선의 역사를 보면 북변의 민족은 그 거칠고 사나움으로 유명한 여진족이 있고 또한 오랫동안 북경北境[5]은 범죄자의 유배지이기 때문에 형벌자로서 추방된 조선인과의 혼혈아의 자손이기 때문일 것이다. 나의 이 억측도 과학적 비판은 다음으로 미루고 지금은 우선 이 사실을 지적하는 것으로 그치겠다.

---

5 여기서 북경(北境)이라 함은 평안도와 함경도 일대의 북쪽 경계지역을 말한다.

### 생활정도

범인의 생활·경제 상태는 다음과 같다.

| 생활정도 | 실제 수 | 백분율 |
|---|---|---|
| 빈곤 | 47 | 72.0 |
| 보통 | 14 | 20.0 |
| 중등 | 5 | 8.0 |

이 수치는 처음부터 표준을 세워 분류한 것이 아니고 추정한 것이다. 그렇다고 하나, 범인의 생활 지역에 있어서 당국이 인정한 것이므로, 대략 사실에 가깝다고 보면 된다.

저자의 25년간 조선 체험에 의하면, 조선인 전체에 있어서 빈부의 비례는 대략 이와 같다고 보고, 어느 나라든지 극빈의 계급은 있다. 그러나 조선만이 이러한 종류의 범죄를 범하는 것을 보면 빈곤의 문제만이 참된 원인이라 할 수 없다.

### 교육정도

| 병합 당초 남편살해범의 교육정도(國分三亥씨의 논문에서 산출) | | |
|---|---|---|
| 교육정도 | 실제 수 | 백분율 |
| 1. 보통교육을 받은 자 | 1 | 0.97 |
| 2. 약간의 언문을 이해하는 자 | 17 | 16.34 |
| 3. 전혀 문자를 모르는 자 | 86 | 82.69 |
| 현재 남편살해범의 교육정도(총독부학무국조사) | | |
| 1. 보통교육을 받은 자 | 24 | 36.36 |
| 2. 약간의 언문을 이해하는 자 | 36 | 54.54 |
| 3. 전혀 문자를 모르는 자 | 6 | 9.09 |

위의 표를 보면 교육정도는 향상되었지만, 전체적으로 범죄인의 수치는 전혀 감소하는 경향이 없다. 이 점에 있어서는 다음 부록에서 상술하겠다.

## 남편살해 범인의 숫자와 여자 교육 보급률과의 관계

다이쇼 6(1917)년 3월호의 조선휘보지朝鮮彙報誌상에 있어서 당시의 조선 총독부 법무국장 고쿠분 산카이國分三亥씨가 발표한 논문을 보면, 여자의 교육이 보급되면 남편살해와 같은 범죄는 차차 감소하다가 결국엔 사라질 것으로 기술되어 있다. 여자가 교육을 받고 인륜을 이해함으로써, 이러한 범죄로부터 멀어져야한다는 뜻일 것이다. 1917년에 조사한 남편살해범 116명의 여자의 교육정도는 보통학교 2년 수료자가 1명, 겨우 약간의 언문을 해독하는 자가 17명, 전혀 문자가 해독불가인 경우가 86명이다[6].

그러나 학무국의 조사에 따르면, 같은 해 조선 전국에 있어서 문자를 이해하는 여자의 수는 757인, 같은 해의 여자인구가 730만 이므로, 약 만명의 여자에 한 명 정도가 문자를 이해하는 비율이 된다. 그 당시의 남편살해범이 위에서 언급한 것처럼, 거의 교육을 받지 못한 자 만을 가지고, 장래의 교육보급을 통해서 이러한 범죄를 감소하고자 상상하는 것은 어찌 보면 당연한 억측이다.

참고로 같은 해, 일본의 여자교육은 거의 모두 의무교육을 받은 자이나, 그 범죄율을 비교하면 다음과 같다(내지인 여자 총수: 26,398,072인

6 國分三亥「朝鮮婦人の本夫殺罪」,『朝鮮彙報』(조선총독부, 1917년 3월호). p.17 참고.

조선인 여자 총수: 7,299,048인).

△ 〈같은 해 형사범 여자 총수〉

• 내지인 여자 : 4, 291인 • 조선인 여자 : 679인

△ 〈여자 인구 10만에 대한 형사범의 비율〉

• 내지인 여자 : 1,626인 • 조선인 여자 : 9,302인

△ 〈같은 해 살인범 여자 총수(영아살해를 포함)〉

• 내지인 여자 : 214인 • 조선인 여자 : 79인

△ 〈여자 인구 10만에 대한 여자 살인범의 비율〉

• 내지인 여자 : 811인 • 조선인 여자 : 1,082인

즉, 교육이 보급되면 1.3배의 조선부인의 살인범(영아살해를 포함해서)은 적어도 내지인 여자 정도로 감퇴할 것이라 생각할 수 있다. 병합 이후 총독부는 비상한 노력으로 보통교육에 집중한 결과 다이쇼 6(1917)년부터 쇼와 7(1932)년에 이르는 15년간의 여자교육의 정도는 다음과 같은 속도를 나타낸다. 이는 같은 연한에 일어난 여자 살인범의 수를 갖고 나열한 것이다.

**조선여자 교육보급 누진표**

| 연도 \ 학교별 | 보통학교 | | 고등보통학교 | | 합계 |
|---|---|---|---|---|---|
| | 공립 | 사립 | 공립 | 사립 | |
| 1911 | 73 | - | 24 | - | 97 |
| 1912 | 255 | - | 28 | - | 283 |
| 1913 | 301 | - | 53 | - | 354 |
| 1914 | 378 | 49 | 31 | 47 | 505 |
| 1915 | 455 | 52 | 45 | 34 | 586 |
| 1916 | 578 | 43 | 74 | 44 | 737 |
| 1917 | 597 | 41 | 85 | 34 | 757 |
| 1918 | 780 | 84 | 94 | 101 | 1,059 |

| 연도 \ 학교별 | 보통학교 | | 고등보통학교 | | 합계 |
|---|---|---|---|---|---|
| | 공립 | 사립 | 공립 | 사립 | |
| 1919 | 930 | 84 | 72 | 41 | 1,127 |
| 1920 | 737 | 126 | 56 | 101 | 1,021 |
| 1921 | 810 | 29 | 68 | 108 | 1,015 |
| 1922 | 934 | 77 | 91 | 69 | 1,171 |
| 1923 | 1,472 | 144 | 140 | 137 | 1,893 |
| 1924 | 2,658 | 262 | 44 | 148 | 3,092 |
| 1925 | 3,820 | 544 | 161 | 214 | 4,739 |
| 1926 | 5,365 | 763 | 134 | 172 | 6,434 |
| 1927 | 6,857 | 448 | 175 | 293 | 7,305 |
| 1928 | 7,669 | 923 | 176 | 307 | 9,074 |
| 1929 | 7,960 | 966 | 238 | 409 | 9,543 |
| 1930 | 8,091 | 942 | 317 | 531 | 9,881 |

**조선여자 살인범 통계(1916~1925년 통계자료 없음)**

| 연도 \ 유형 | 분노 | 원한 | 질투 | 통정 | 색욕 | 이욕 | 부주의 | 소원한관계 | 우발 | 빈곤 | 가정불화 | 비행은폐 | 미신 | 유혹 | 고통 | 허영 | 기타 | 합계 |
|---|---|---|---|---|---|---|---|---|---|---|---|---|---|---|---|---|---|---|
| 1916 | - | - | - | - | - | - | - | - | - | - | - | - | - | - | - | - | - | 110 |
| 1917 | - | - | - | - | - | - | - | - | - | - | - | - | - | - | - | - | - | 116 |
| 1918 | - | - | - | - | - | - | - | - | - | - | - | - | - | - | - | - | - | 132 |
| 1919 | - | - | - | - | - | - | - | - | - | - | - | - | - | - | - | - | - | 85 |
| 1920 | - | - | - | - | - | - | - | - | - | - | - | - | - | - | - | - | - | 49 |
| 1921 | - | - | - | - | - | - | - | - | - | - | - | - | - | - | - | - | - | 78 |
| 1922 | - | - | - | - | - | - | - | - | - | - | - | - | - | - | - | - | - | 74 |
| 1923 | - | - | - | - | - | - | - | - | - | - | - | - | - | - | - | - | - | 86 |
| 1924 | - | - | - | - | - | - | - | - | - | - | - | - | - | - | - | - | - | 66 |
| 1925 | - | - | - | - | - | - | - | - | - | - | - | - | - | - | - | - | - | 71 |
| 1926 | 3 | 6 | 1 | 14 | 16 | 2 | - | 1 | 8 | 9 | 4 | 21 | 2 | - | - | 2 | 1 | 90 |
| 1927 | 2 | 7 | - | 16 | 12 | 1 | 2 | 2 | 6 | 8 | 7 | 18 | - | - | - | - | 1 | 82 |
| 1928 | 3 | 6 | - | 11 | 27 | - | 3 | 1 | 1 | 3 | 11 | 15 | 4 | 2 | 1 | - | - | 88 |
| 1929 | 6 | 6 | 4 | 9 | 13 | 1 | 2 | - | 22 | 5 | 11 | 27 | 2 | 1 | - | 1 | 1 | 110 |
| 1930 | 3 | 2 | 3 | 15 | 8 | - | - | 17 | 6 | 2 | 6 | 12 | 1 | 1 | 1 | - | - | 82 |

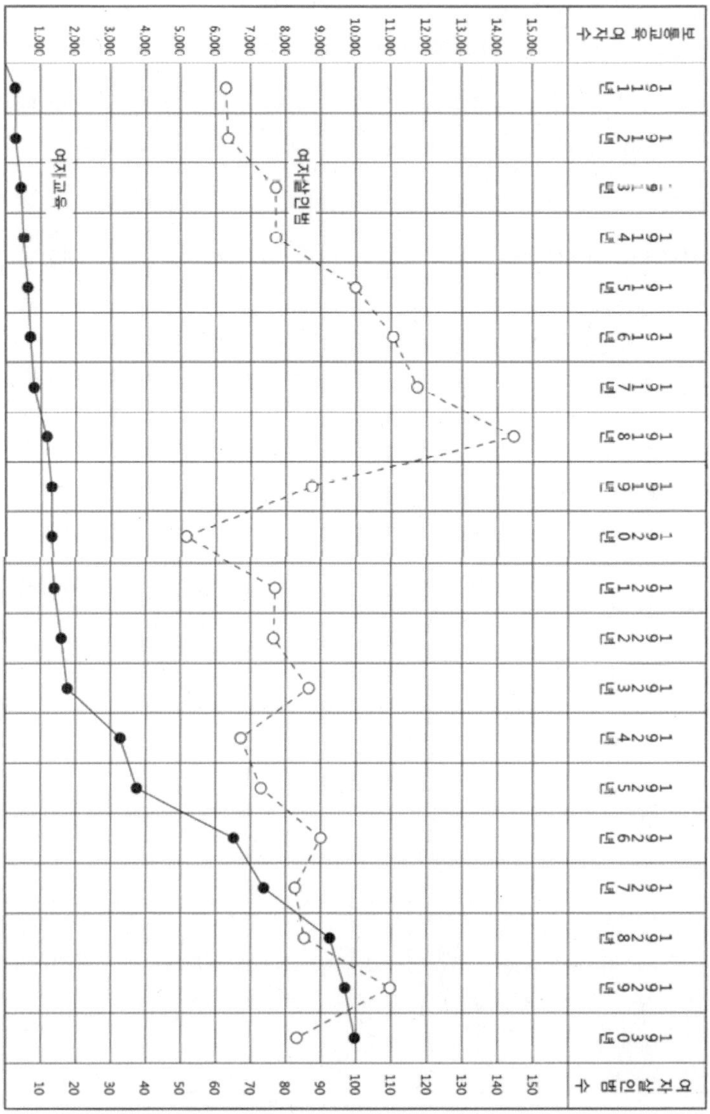


여자교육과 여자살인범 수의 관계

그래프 5

이상의 각 통계표 및 도표를 참고하면, 여자교육의 보급과 여자의 살인범과의 관계에는 어떠한 인과관계가 존재하지 않고, 15년 전이나 지금이나 범죄가 감소되는 경향이 없다. 교육이 보급됨에 따라 법률에 대한 두려움을 알고, 이런 유의 범죄가 감소할 것이라는 기대는 전혀 어긋났음을 보여준다. 환언하자면, 남편살해범은 도저히 교육과 법률의 힘으로는 되지 않고, 다른 중대한 원인이 잠재한다는 것을 암시한다.

**범인의 양육자**

여자뿐만 아니라, 모든 범죄는 유년 시대의 환경 즉, 그 양육자와 관련 있다는 것은 범죄학자가 주장하는 학설이다. 따라서 조선여자의 남편살해범도 역시 그 영향을 받았는지 어떤지를 살펴보면, 다음과 같음을 알 수 있다.

**남편살해범의 양육자 분류표**

| 친류·타인의 구별 | 양육자 | 실제 수 | 백분율(%) |
|---|---|---|---|
| 친류 | 실부모 | 44 | 67 |
| 〃 | 실부 | 1 | 1.5 |
| 〃 | 실모 | 7 | 10.5 |
| 〃 | 조부모 | 4 | 6 |
| 〃 | 실형 | 1 | 1.5 |
| 〃 | 숙부 | 1 | 1.5 |
| 합계 | - | 58 | 88.0 |
| 타인 | 타인 | 8 | 12.0 |

즉, 총수의 88%는 골육의 손에 의해 양육되었고, 타인의 손에 양육된 경우는 12%에 지나지 않는다. 바꾸어 말하면, 결혼 전의 양육 환경에 따라 살인죄를 범할 여지가 존재하는 것은 아님을 알 수 있다.

### 자녀의 수

형제의 수와 관련하여 '외동은 버릇이 나쁘고, 범죄자가 많다.' 라고 하는 이탈리아 학파의 학설이 과연 정확한지 어떤지를 확인한 조사 결과는 다음과 같다.

**남편살해범이 갖는 형제의 수**

| 형제의 수 | 실제 수 | 백분율(%) |
|---|---|---|
| 형제 없음 | 8 | 15.4 |
| 1인 | 12 | 23 |
| 3인 | 11 | 20 |
| 4인 | 10 | 19.2 |
| 5인 | 5 | 9.6 |
| 6인 | 2 | 3.8 |
| 7인 | 1 | 1.9 |
| 8인 | 1 | 1.9 |
| 9인 | 1 | 1.9 |
| 11인 | 1 | 1.9 |
| 합계 | 52 | 100 |
| 불명 | 14 | — |

위의 표를 보면, 한명의 형제를 가진 자가 가장 우위를 차지하고, 3명, 4명이 그 다음이고, 형제가 없는 외동은 네 번째를 차지한다.

## 형제 중에서의 순위

**남편살해범의 형제 중에서의 순위**

| 형제 중의 순위 | 실제 수 | 백분율(%) |
|---|---|---|
| 첫째 | 31 | 51 |
| 둘째 | 8 | 13 |
| 셋째 | 10 | 16 |
| 넷째 | 6 | 10 |
| 다섯째 | 4 | 6.5 |
| 여섯째 | — | — |
| 일곱째 | 1 | 1.5 |
| 여덟째 | 1 | 1.5 |
| 합계 | 61 | 100 |
| 불명 | 5 | — |

## 적자 · 서자 · 사생자의 구별

범죄학에서는 '적자嫡子 이외의 서자庶子 · 사생자私生子에게서 그 환경으로 인한 범죄가 많다.'라고 하는 학설이 인정되어 왔으며, 상식적으로도 그 가능성이 있음을 알 수 있다. 조선여자의 남편살해범의 경우에도, 그 원인이 작용하는지 어떤지에 대한 조사 결과는 다음과 같다.

**남편살해범의 적자 · 서자 · 사생자의 구별**

| 적출자 · 서자 · 사생자의 구별 | 실제 수 | 백분율(%) |
|---|---|---|
| 적자 | 56 | 97 |
| 서자 | 1 | 1.5 |
| 사생자 | 1 | 1.5 |
| 합계 | 58 | 100 |
| 불명 | 5 | |

즉, 대부분은 적자 출생이고, 서자 · 사생자는 예외적인 것으로 볼 수 있다. 바꾸어 말하면, 서자 · 사생자의 호칭과 같은 문제는 본 범죄와 아무런 관련이 없음을 알 수 있다.

### 유전의 관계

여자의 범죄, 특히 선천성 범죄형의 경우, 유전遺傳이 중대한 관계를 지닌다는 것은 일반적으로 알고 있는 바이다. 하나, 조선여자의 남편살해범에 있어서는 형제 · 부모 · 조부모 · 숙백부모의 범위 내에, 정신병 · 간질 · 범죄자의 유무에 대한 조사에서 이러한 경우는 한사람도 발견하지 못했다.

다만, 양친의 어느 한쪽이 '술을 좋아 한다'고 응답한 자가 12인으로 전체의 33%를 차지하나, 그 정도가 술 취하고 탐식하는 자Potatorium 혹은 알코올 중독자Aikoholismus인지에 대해서는 조사가 어렵다. 말하자면, 양친이 '술을 즐기는嗜酒' 것 외에, 다른 유전과 관련해서는 선천성 범죄형을 구성하는 인자를 발견하지 못했다.

### 과거질환

부인과질환婦人科疾患, 월경에 관한 질환에 있어서는 별항으로 기재한다. 그 외에 일일이 기재할만한 질환에 걸린 것이 없고, 단 춘기발동기春機發動期[7]에 있어서는 초경과 함께 각 월경 시에 간질 발작을 일으키는 범인이 한사람 있을 뿐이다.

### 신체용모

각 부분의 신체 측정 및 촬영은 당국이 거부하기 때문에 여기에 언급 할 수는 없다. 다만, 육안으로 볼 때, 조선인 일반 보통 부인보다 미모가 많고, 체격도 같은 연령에 비해 발육도 좋고, 기형 또는 두드러지게 좌우 비대칭은 없다.

### 성질

조선여자의 남편살해범이 그 성격상, 천성이 범죄 성향이 있는지 아닌지, 달리 말하자면 선천성 범죄형이라고 인정할 만한 것인지 아닌지를 확인하고자 하였다. 형무소 당사자, 특히 밤낮으로 범인을 접하는 여감 단속(女監取締) 부인, 형무소 의국醫局의 의사에 의탁하여 일 년간의 감찰을 통해서, 이를 종합하여 다음과 같은 결과를 얻었다.

---

7 이성에 대한 욕망이 생기기 시작하는 시기

**남편살해범의 성질 및 성격**

| 성질 및 성격 | 실 수 | 백분율 |
|---|---|---|
| 1. 순종, 영리 | 20 | 34 |
| 2. 반항, 집요 | 16 | 27 |
| 3. 흥분성 | 10 | 17 |
| 4. 방종, 경박 | 7 | 12 |
| 5. 교활 | 3 | 5 |
| 6. 노둔 | 3 | 5 |
| 합계 | 59 | 100 |
| 불명 | 4 | — |

위의 분류 중, 반항·집요·교활을 범죄성 소질로써, 선천성범인 Geborene Verbrecherin이라 가정하고, 순종·영리·노둔을 범죄성이 없는 것으로 보고, 흥분성·방종·경박성을 기회적범인Gelegenheitsverbrecherin이라 할 때, 소위 유사범죄인(僞性犯 Pseudokriminellen)[8]으로서 이를 분류하면,

**남편살해범 성격의 범죄성에 의한 분류표**

| 범죄성분류 | 실 수 | 백분율 |
|---|---|---|
| 1. 무범죄형 | 23 | 39 |
| 2. 범죄소질형 | 19 | 32 |
| 3. 유사범죄형 | 17 | 29 |
| 합계 | 59 | 100 |

8 체자레 롬브로조의 『범죄인의 탄생』(법문사, 2010)에 따르면, 외부상황에 따른 범죄, 즉 환경적 요인에 의한 범죄를 기회적범죄인으로 보았다. 이 유형은 최소한도의 범죄성을 가지고 있으면서, 비정상성을 거의 가지지 않는 범죄유형이다. 기회적범죄인은 생래적 범죄인이나 격정범과 동일한 유형을 가지고 있지는 않다. 이에 속하는 것 중의 하나가, '상습의 위험성이 나타나지 않고 도덕적 가치를 손상시키지 않는' 유사범죄인이 있다(pp.330-334).

이상과 같이 범죄 소질이 있다고 인정되는 것은 전체의 1/3보다 약간 적고, 무범죄형 및 유사범죄형이 나머지 2/3를 차지한다. 하물며 장기 형무소의 생활을 하는 여자 죄수는 그 성격이 악하게 변하는 경향이 있음을 고려할 때, 범죄 소질의 백분율은 더욱 감소한다고 볼 수 있다. 말하자면, 이런 범죄는 본인의 성격이 원인이라 볼 수 없고, 그 참된 원인은 다른 곳에 있음을 암시한다. 선천성 범죄형과 본 범죄와의 비교는 다시 상술하겠다.

### 초경[9]

여자 범인의 경우, 초경은 범죄학상 매우 중요시 되어 왔기 때문에, 선천성 범죄형의 조목에서 상세히 언급하기로 한다. 선천성 여자 범죄에 있어서는 그 생리적 주기변화, 특히 초경 조기발생증(月經初潮夙發), 성조숙증(春情夙發症) 등을 가져온다는 학설이 있는데, 조선의 여자 남편살해범에 있어서는 과연 그러한 현상이 나타나는지 여부는 다음과 같다.

**남편살해범의 초경 연령**

<table>
<tr><th>초경 연령</th><th>인원</th><th>동년 합산</th><th>백분율</th></tr>
<tr><td>12.6세</td><td>1</td><td>1</td><td>1.6%</td></tr>
<tr><td>13세</td><td>1</td><td rowspan="3">5</td><td rowspan="3">8.8%</td></tr>
<tr><td>13.1세</td><td>2</td></tr>
<tr><td>13.9세</td><td>2</td></tr>
<tr><td>14.1세</td><td>2</td><td>8</td><td>13.3%</td></tr>
</table>

9 원문에는 '月經初潮'로 되어 있다. 이하 '초경'으로 통일한다.

| 초경 연령 | 인원 | 동년 합산 | 백분율 |
|---|---|---|---|
| 14.2세 | 1 | | |
| 14.3세 | 1 | | |
| 14.6세 | 1 | | |
| 14.7세 | 1 | | |
| 14.8세 | 1 | | |
| 14.11세 | 1 | | |
| 15세 | 1 | 11 | 18.3% |
| 15.1세 | 3 | | |
| 15.2세 | 2 | | |
| 15.3세 | 2 | | |
| 15.7세 | 1 | | |
| 15.8세 | 1 | | |
| 15.9세 | 1 | | |
| 16.1세 | 3 | 15 | 25.0% |
| 16.2세 | 1 | | |
| 16.3세 | 2 | | |
| 16.4세 | 2 | | |
| 16.5세 | 1 | | |
| 16.7세 | 1 | | |
| 16.8세 | 1 | | |
| 16.10세 | 2 | | |
| 16.11세 | 2 | | |
| 17.1세 | 2 | 7 | 11.7% |
| 17.3세 | 2 | | |
| 17.7세 | 1 | | |
| 17.9세 | 2 | | |
| 18세 | 1 | 9 | 15.0% |
| 18.1세 | 3 | | |
| 18.2세 | 1 | | |
| 18.5세 | 1 | | |
| 18.9세 | 1 | | |
| 18.11세 | 2 | | |
| 19.1세 | 2 | 4 | 6.7% |
| 19.2세 | 1 | | |
| 19.6세 | 1 | | |

즉, 가장 빠른 시기는 12.6세, 가장 느린 시기는 19.6세, 이를 합계해서 평균하면 16.3세가 된다. 이를 이영춘李永春씨[10]의 발표(조선 일반여성의 초경)에 의하면, 평균 15세에서 1년 3개월 느리고, 이케다池田씨가 평양지방 부인에 있어서 조사한 조선여자 초경 평균 16.6세에 비해서 3개월 빠르다. 이것을 일본의 초경과 비교하기 위해 관련 문헌을 찾아서 열거하면 다음과 같다.

**일본영토내 부인의 월경 초조 평균 순위표**

| 보고자 | 조사지방 | 조사인원 | 초경 평균 |
|---|---|---|---|
| 野口秋一 | (全)내지(內地)부인 | 2400 | 14.6세 |
| 織田謙蔵 | 〃 | 1250 | 14.7세 |
| 濱田玄達 | 〃 | 1015 | 14.8세 |
| 岡内照内 | 〃 | - | 14.8세 |
| 緒方正清<br>高橋辰太郎 | 〃 | 1887 | 14.9세 |
| 保坂孝雄 | 내지 여학생 | 100 | 14.9세 |
| 東京大学 | (全)내지 부인 | 1015 | 14.10세 |
| 山崎正薫[11] | 〃 | 1585 | 14.10세 |
| 満谷正珠一 | 니가카현(新潟) 부인 | 1323 | 15세 |
| 屋代周二 | 가라후토아이누(樺太アイヌ) 부인 | 99 | 15세 |
| 李永春 | 朝鮮女學生 | 424 | 15세 |
| 山崎正薫 | 아이누 부인 | - | 15.2세 |

10 이영춘(1903~1980, 호는 雙川)은 세브란스의학전문학교를 졸업하고 1년간 모교에서 생리학 조교로 재직하면서 한국인 여학생의 월경을 조사한 "조선인 여학생의 월경초기에 대하여"란 논문을 중국 북경의과대학에서 발행하는 〈*China Medical Journal*〉에 발표하였다. 이후, 윤일선(尹日善) 교수의 지도 아래 "니코틴이 성 호르몬에 미치는 영향에 관한 연구"를 발표하여 교토제국대학(京都帝國大學)에서 교수회의 만장일치로 의학박사학위를 받았으며, 한국인 교수 지도 제1호 의학박사라는 명예를 얻었다. 그는 일평생 농민을 위해서 살다간 의사로서 '예방의학의 선구자'요 '공중보건의 개척자'로 알려져 있는 인물이다. 참고자료는 서준창,『쌍천 이영춘의 생애와 사상』(삼경문화사, 1998).

| 보고자 | 조사지방 | 조사인원 | 초경 평균 |
|---|---|---|---|
| 田口 | 내지(동북) 부인 | - | 15.3세 |
| 山崎正薫 | 류큐(琉球) 부인 | - | 16세 |
| 黄登雲 | 대만(臺灣) 부인 | 300 | 16.3세 |
| 工藤武城 | 살인범 조선 부인 | 66 | 16.3세 |
| 池田 | 서선(西鮮) 부인 | - | 16.6세 |

**일반 조선부인 초경 - 이영춘씨 조사 -**[12]

| 연령 | 인원 | 백분율(%) |
|---|---|---|
| 11년 | 3 | 0.77% |
| 12년 | 4 | 0.94% |
| 13년 | 89 | 20.99% |
| 14년 | 111 | 26.15% |
| 15년 | 132 | 30.42% |
| 16년 | 70 | 16.50% |
| 17년 | 12 | 2.83% |
| 18년 | 2 | 0.47% |
| 19년 | 1 | 0.24% |

11 야마사키 마사타다(山崎正董[薫], 1872~1950): 동경제국대학을 졸업하고, 독일 뮌헨대학과 본대학에서 산부인과를 연구하였으며, 구마모토(熊本) 의과대학 학장(1925~ 1932)을 역임. 저서로는 『横井小楠』, 『肥後医育史』등이 있다.

12 李永春, 「朝鮮人女學生ノ月經初潮ニ就て」, 『滿鮮之醫界』 제101호, (滿鮮之醫界社, 929.8), p.34.

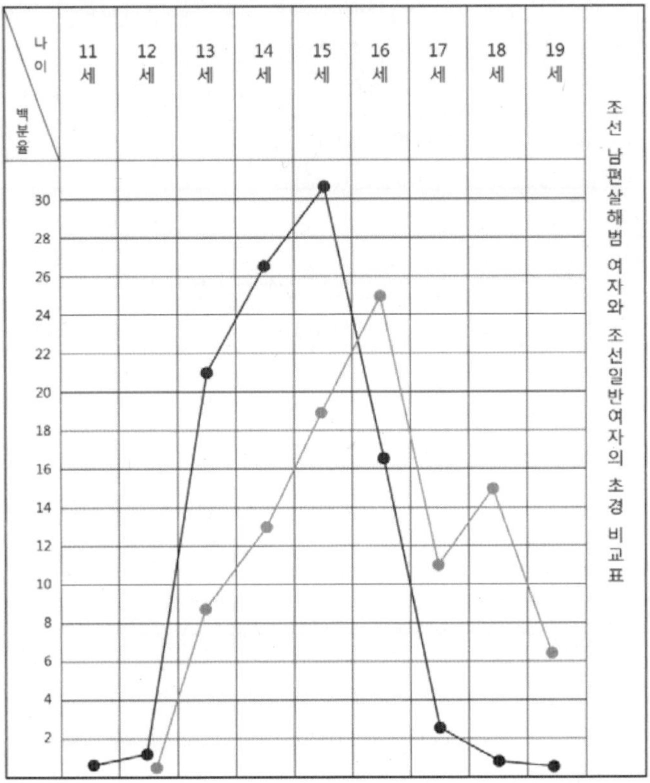


[주의] 흑선 : 조선 일반여자의 초경 연령, 회색선 : 남편살해범 조선여자

그래프 6

즉, 남편살해범의 조선여자는 초경이 빠른 것이 아니라, 오히려 1년 3개월 늦으며, 일본영토 전체 내의 초경 조사에서 열여섯 번째를 차지하고, 그 뒤를 잇는 것은 이케다池田의 평양지방 부인(西鮮婦人)에게 보이는 평균 16년 6개월뿐이다. 이러한 결과로 볼 때, 롬브로소

일파의 선천성범죄형先天性犯罪型과 일치하지 않는다. 조선 일반 여자와 남편살해범 여자의 초경 비교 관계를 분명히 하기 위해서, 다음의 도표를 참고 바란다.

위 도표에서 일목요연한 것처럼, 일반 여성의 월경이 어떤 연령에서도 범인의 초경보다 앞섬을 볼 수 있다. 또한 이영춘은 조사 지역을 경기 · 강원 · 충청남북 · 경상남북 · 전라남북의 8도를 남부로 하고, 황해 · 평안남북 · 함경남북의 5도를 북부로 해서, 남북의 두 부로 분류하여 이를 조사하였다. 그 결과, 남부의 여자는 초경 평균 15년, 북부 여자는 평균 15년 1개월을 나타내고, 북부의 여자는 남부의 여자에 비해 평균 1개월이 늦음을 보였다. 이케다씨의 북부 평양을 중심으로 조사한 16년 6개월 보다는 더욱 늦은 것으로써, 적어도 남부의 조선 부인은 빠르고, 북으로 올라갈수록 늦다고 단언할 수 있다. 말하자면 남방으로 갈수록 내지 일본 부인 초경 평균에 가깝고, 북방으로 갈수록 이와 멀어진다.

월경형 · 혈액형 · 두개골비대칭지수 · 남편살해범지수 등은, 모든 면에서 남방의 조선 부인은 내지 부인에 가깝고, 북방으로 갈수록 멀어지는 사실은 아주 흥미로운 현상이라 말할 수 있겠다.

### 결혼연령

본 연구의 결과로 보면 남편살해범의 결혼연령이야말로 그 핵심을 형성하는 것인데, 상세한 것은 원인론 및 치법론治法論에 미루고, 본 장에서는 그 결혼연령을 나열하고, 얼마나 부인생리를 무시한 습관인지를 나타내는데 그치도록 한다.

**남편살해범 조선여자의 결혼연령표**

| 결혼연령 | 인원 | 백분율(%) |
|---|---|---|
| 8세 | 1 | 1.5 |
| 9세 | 2 | 3 |
| 12세 | 2 | 3 |
| 13세 | 11 | 17.5 |
| 14세 | 14 | 22.2 |
| 15세 | 17 | 23.8 |
| 16세 | 7 | 11.1 |
| 17세 | 6 | 9.5 |
| 18세 | 1 | 1.5 |
| 19세 | 1 | 1.5 |
| 22세 | 1 | 1.5 |
| 합계 | 63 | - |
| 불명 | 3 | - |
| 평균결혼연령 | 14.6세 | |

**경성 일반 조선여자 결혼연령**

| 결혼연령 | 인원 | 백분율(%) |
|---|---|---|
| 15세미만 | 25 | 1.3 |
| 16~20세 | 1120 | 59 |
| 21~25세 | 562 | 29.5 |
| 26~30세 | 123 | 6 |
| 31~35세 | 48 | 2.5 |
| 36~40세 | 8 | 0.4 |
| 41세 이상 | 2 | 0.25 |

**경성 내지여자 결혼연령**

| 결혼연령 | 인원 | 백분율(%) |
|---|---|---|
| 15세미만 | - | - |
| 16~20세 | 164 | 35 |
| 21~25세 | 164 | 35 |
| 26~30세 | 88 | 18.7 |
| 31~35세 | 36 | 7.6 |
| 36~40세 | 13 | 2.7 |
| 41세 이상 | 2 | 0.4 |

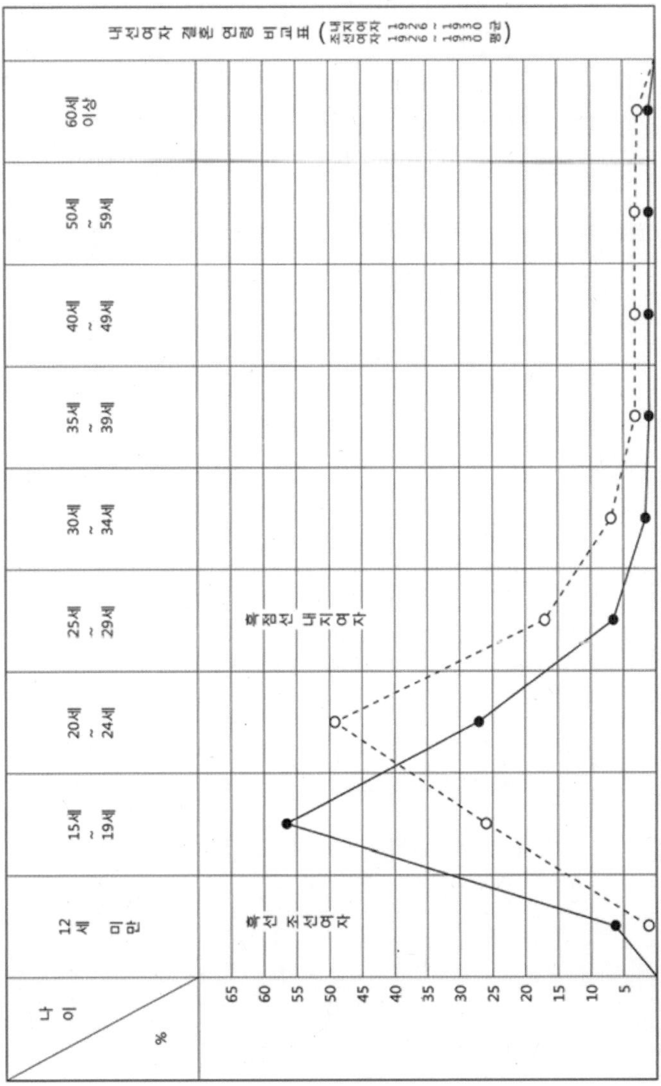

내선여자 결혼 연령 비교표 (조선여자 1926~1930 평균, 내지여자 1926~1930 평균)
나이
%
12세 미만
15세~19세
20세~24세
25세~29세
30세~34세
35세~39세
40세~49세
50세~59세
60세 이상
65
60
55
50
45
40
35
30
25
20
15
10
5
흑선 조선여자
흑점선 내지여자


그래프 7

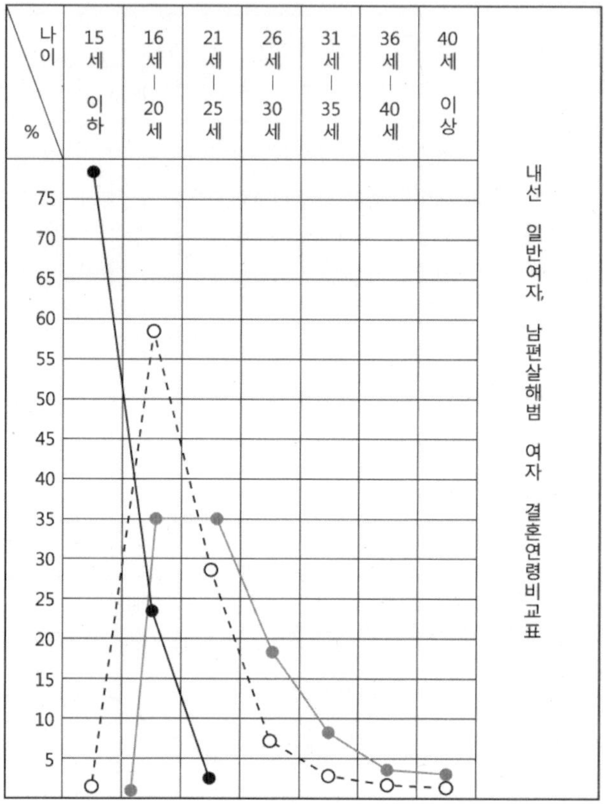


[주의] 흑선 : 남편살해범인 결혼연령, 흑점선 : 일반조선여자 결혼연령,
회색선 : 일반내지여자 결혼연령

그래프 8

이상의 각 숫자 · 도표를 보면 비록 화간和姦에 의한 것이라 하더라도, 국법으로는 강간强姦에 해당하는 연령 때에 결혼한 여자의 수가 남편살해범 가운데 25%의 다수를 차지하고 있다. 비교도표에서 보는 바, 일반 보통 여자라 하더라도 조선에서는 조혼의 경향이 심함을 볼 수 있으며, 내지 여자에게서 비로소 의학상의 결혼 적령기에 해당함을 볼 수 있다.

## 성적인 부부관계에 들어가는 연령

남편살해범 여자의 결혼 연령이 너무 어리고, 초경 평균 나이 16세 이전에 결혼하는 자는 전체 수의 82.1%에 해당한다. 과연 몇 살에 성적性的인 부부관계에 들어가는지를, 범인 한 사람, 한 사람에 대해서 조사하면 다음과 같다. 이 사항은 조선여자의 남편살해 범행을 행하는 원인의 근간을 나타내므로, 가급적 과학상의 가치가 떨어지지 않도록 세밀한 조사가 필요하다.

**남편살해범의 결혼연령과 성적인 부부관계를 시작하는 연령**

| 형무소 | 수감번호 | 결혼연령 | 성관계시작연령 | 양자의 간격 |
|---|---|---|---|---|
| 서대문 | 1708 | 8세 | 13세 | 60개월 |
| 서대문 | 233 | 9세 9개월 | 15세 | 75개월 |
| 평양 | 806 | 11세 | 17세 11개월 | 83개월 |
| 평양 | 879 | 12세 7개월 | 12세 7개월 | - |
| 광주 | 12 | 13세 | 13세 5개월 | 5개월 |
| 해주 | 10 | 13세 | 15세 | 24개월 |
| 서대문 | 367 | 13세 | 13세 9개월 | 9개월 |
| 서대문 | 581 | 13세 1개월 | 13세 1개월 | - |
| 평양 | 1116 | 13세 1개월 | 13세 1개월 | - |
| 함흥 | 51 | 13세 3개월 | 14세 | 9개월 |

| 형무소 | 수감번호 | 결혼연령 | 성관계시작연령 | 양자의 간격 |
|---|---|---|---|---|
| 평양 | 1055 | 13세 8개월 | 13세 8개월 | - |
| 평양 | 1175 | 13세 9개월 | 13세 9개월 | - |
| 공주 | 1 | 13세 9개월 | 13세 9개월 | - |
| 광주 | 304 | 13세 9개월 | 14세 | 3개월 |
| 광주 | 123 | 13세 9개월 | 13세 9개월 | - |
| 서대문 | 1613 | 13세 10개월 | 16세 3개월 | 29개월 |
| 공주 | 26 | 14세 | 14세 | - |
| 광주 | 133 | 14세 | 15세 3개월 | 15개월 |
| 평양 | 372 | 14세 2개월 | 14세 2개월 | - |
| 평양 | 1377 | 14세 3개월 | 16세 3개월 | 24개월 |
| 광주 | 276 | 14세 4개월 | 14세 4개월 | - |
| 광주 | 200 | 14세 6개월 | 14세 6개월 | - |
| 평양 | 58 | 14세 7개월 | 14세 7개월 | - |
| 함흥 | 90 | 14세 7개월 | 14세 7개월 | - |
| 서대문 | 1184 | 14세 7개월 | 14세 7개월 | - |
| 평양 | 1738 | 14세 8개월 | 14세 8개월 | - |
| 공주 | 24 | 14세 9개월 | 15세 | 3개월 |
| 광주 | 25 | 14세 10개월 | 14세 10개월 | - |
| 공주 | 5 | 14세 10개월 | 15세 6개월 | 8개월 |
| 대구 | 914 | 14세 11개월 | 14세 11개월 | - |
| 함흥 | 15 | 15세 | 15세 | - |
| 광주 | 39 | 15세 | 15세 | - |
| 해주 | 12 | 15세 | 15세 | - |
| 해주 | 13 | 15세 | 15세 | - |
| 함흥 | 38 | 15세 | 15세 | - |
| 서대문 | 527 | 15세 | 15세 | - |
| 서대문 | 337 | 15세 | 15세 | - |
| 대구 | 311 | 15세 1개월 | 15세 1개월 | - |
| 서대문 | 962 | 15세 2개월 | 15세 2개월 | - |
| 평양 | 599 | 15세 3개월 | 15세 3개월 | - |
| 서대문 | 952 | 15세 4개월 | 15세 4개월 | - |
| 평양 | 969 | 15세 7개월 | 15세 7개월 | - |
| 서대문 | 237 | 15세 9개월 | 15세 11개월 | 2개월 |
| 평양 | 1493 | 15세 11개월 | 15세 11개월 | - |
| 평양 | 905 | 15세 11개월 | 15세 11개월 | - |
| 서대문 | 1681 | 16세 | 16세 | - |
| 해주 | 11 | 16세 | 17세 | 12개월 |

| 형무소 | 수감번호 | 결혼연령 | 성관계시작연령 | 양자의 간격 |
|---|---|---|---|---|
| 해주 | 21 | 16세 | 18세 | 24개월 |
| 서대문 | 850 | 16세 7개월 | 16세 7개월 | - |
| 대구 | 477 | 16세 11개월 | 16세 11개월 | - |
| 대구 | 1070 | 16세 11개월 | 16세 11개월 | - |
| 해주 | 8 | 17세 | 17세 | - |
| 광주 | 410 | 17세 | 18세 2개월 | 14개월 |
| 함강 | 9 | 17세 6개월 | 17세 6개월 | - |
| 서대문 | 467 | 17세 7개월 | 17세 7개월 | - |
| 서대문 | 229 | 17세 8개월 | 17세 8개월 | - |
| 평양 | 185 | 18세 | 18세 | - |
| 평양 | 1601 | 18세 4개월 | 18세 4개월 | - |
| 함흥 | 89 | 19세 8개월 | 19세 8개월 | - |
| 대구 | 348 | 22세 2개월 | 22세 2개월 | - |

위의 표에 나타난 것처럼, 결혼시 연령은 최저 8세, 최고 22세이며, 평균연령 14.1세 인데 비해, 실제로 성적 부부생활을 시작하는 것은 가장 빠른 사람이 12.7세, 가장 느린 사람이 22.2세이다. 평균연령으로 하면 15.1세 정도이며, 이 양자의 간격은 약 1년이다.

이러한 현상은 조선 특유의 결혼제도인 예부預婦라는 습관에 기인하는 것으로 결혼과 동시에 바로 동침하는 것이 아니라, 일정 기간 별거하는 데에 그 원인이 있다. 그 사항은 다음 장에서 논하겠다.

## 남편과의 연령 차이

남편살해범의 결혼 당시 남편과의 연령 차이

| 범인의 연령 | 남편의 연령 | 연령 차 | 수 |
|---|---|---|---|
| 8세 | 18세 | 10년 연소 | 1 |
| 9세 | 10세 | 1년 연소 | 1 |
| | 22세 | 13년 연소 | 1 |
| 12세 | 16세 | 4년 연소 | 1 |
| | 25세 | 13년 연소 | 1 |
| 13세 | 7세 | 6년 연장 | 2 |
| | 14세 | 1년 연소 | 2 |
| | 15세 | 2년 연소 | 1 |
| | 19세 | 6년 연소 | 2 |
| | 22세 | 9년 연소 | 1 |
| | 24세 | 11년 연소 | 1 |
| | 26세 | 13년 연소 | 1 |
| | 29세 | 16년 연소 | 1 |
| 14세 | 16세 | 2년 연소 | 3 |
| | 18세 | 4년 연소 | 1 |
| | 19세 | 5년 연소 | 1 |
| | 20세 | 6년 연소 | 1 |
| | 21세 | 7년 연소 | 1 |
| | 22세 | 8년 연소 | 1 |
| | 23세 | 9년 연소 | 1 |
| | 24세 | 10년 연소 | 1 |
| | 25세 | 11년 연소 | 2 |
| | 26세 | 12년 연소 | 2 |
| 15세 | 10세 | 5년 연장 | 1 |
| | 13세 | 2년 연장 | 2 |
| | 15세 | 동년 | 1 |
| | 16세 | 1년 연소 | 1 |
| | 20세 | 5년 연소 | 2 |
| | 21세 | 6년 연소 | 1 |
| | 22세 | 7년 연소 | 1 |
| | 23세 | 8년 연소 | 1 |
| | 24세 | 9년 연소 | 2 |
| | 25세 | 10년 연소 | 1 |

| 범인의 연령 | 남편의 연령 | 연령 차 | 수 |
|---|---|---|---|
| | 27세 | 12년 연소 | 1 |
| | 29세 | 14년 연소 | 1 |
| | 30세 | 15년 연소 | 1 |
| 16세 | 15세 | 1년 연장 | 1 |
| | 19세 | 3년 연소 | 1 |
| | 20세 | 4년 연소 | 1 |
| | 24세 | 8년 연소 | 3 |
| | 25세 | 9년 연소 | 1 |
| | 26세 | 10년 연소 | 1 |
| 17세 | 14세 | 3년 연장 | 1 |
| | 17세 | 동년 | 1 |
| | 20세 | 3년 연소 | 1 |
| | 25세 | 8년 연소 | 1 |
| | 29세 | 12년 연소 | 1 |
| | 34세 | 17년 연소 | 1 |
| 18세 | 17세 | 1년 연장 | 1 |
| 19세 | 30세 | 11년 연소 | 1 |
| 22세 | 27세 | 5년 연소 | 1 |

남편살해범 부인의 결혼 당시 남편과 나이 차이

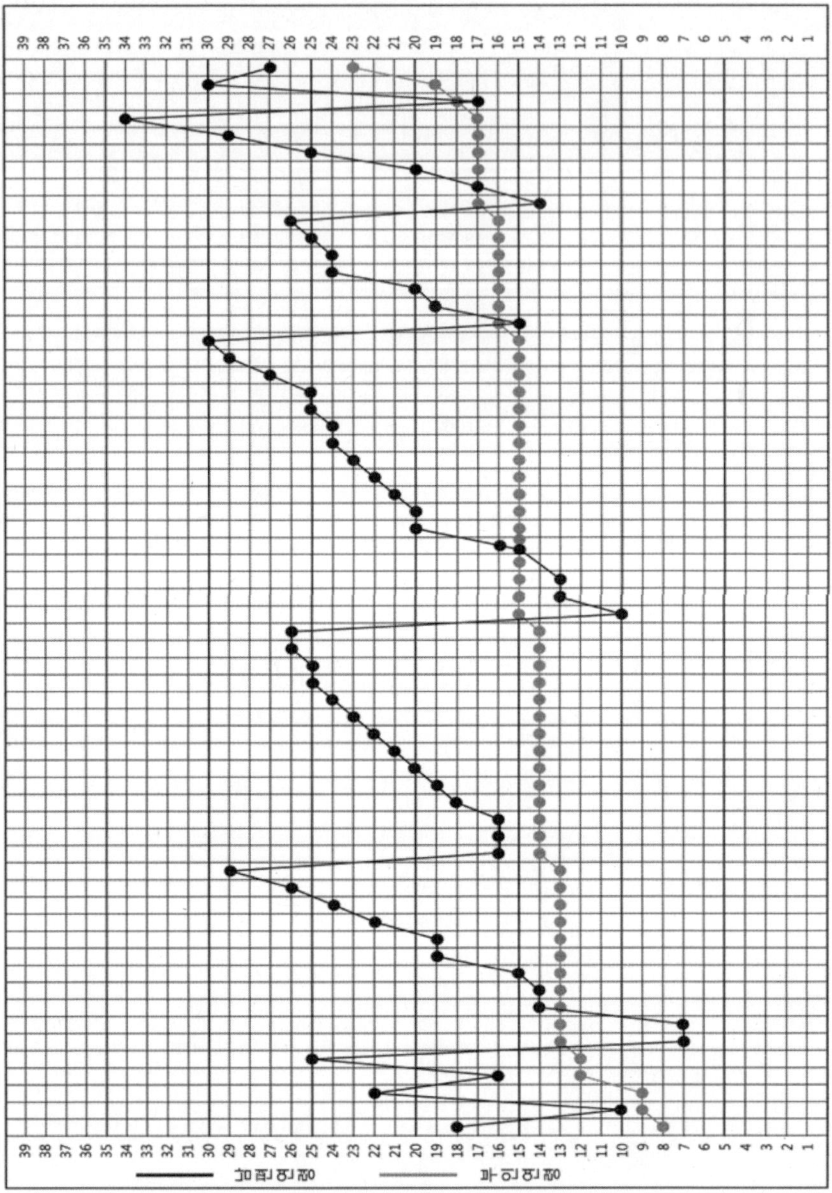

[주의] 한 부부는 동일 선상에 두었다. 좌우의 숫자는 연령을 나타낸다.

.....................................

그래프 9

이상의 도표에서, 남편살해범의 결혼이 얼마나 부자연스러운 상태에서 결합한 것인지가 명료하다. 다음으로 보통 일반의 조선여자는 어떠한지를 1931년, 일 년간 경성부京城府에 있어서 결혼에 대해 조사한 결과는 다음과 같다[13].

**일반인 조선여자의 결혼연령 및 남편과의 나이 차이**

| 결혼당시 부인연령 | 결혼당시 남편연령 | 부부간 나이차 | 수 |
|---|---|---|---|
| 15세 미만 | 15~17세 | 동년~2년 연소 | 25 |
| 16~20세 | 17~20세 | 동년 | 351 |
| | 21~25세 | 5년 연소 | 394 |
| | 26~30세 | 10년 연소 | 287 |
| | 31~35세 | 15년 연소 | 75 |
| | 36~40세 | 20년 연소 | 13 |
| 21~25세 | 17~20세 | 3~8년 연장 | 78 |
| | 21~25세 | 동년 | 194 |
| | 26~30세 | 5~10년 연소 | 172 |
| | 31~35세 | 11~15년 연소 | 76 |
| | 36~40세 | 15~20년 연소 | 39 |
| | 41~50세 | 20~25년 연소 | 3 |
| 26~30세 | 20~25세 | 5년 연장 | 11 |
| | 26~30세 | 동년 | 27 |
| | 31~35세 | 5년 연소 | 43 |
| | 36~40세 | 10년 연소 | 32 |
| | 41~50세 | 15년 연소 | 8 |
| | 51세 이상 | 20년 연소 | 2 |
| 31~35세 | 25~30세 | 5년 연장 | 2 |
| | 31~35세 | 동년 | 9 |
| | 36~40세 | 5년 연소 | 27 |
| | 41~50세 | 10년 연소 | 9 |
| | 50세 이상 | 15년 연소 | 1 |

---

13 구도는 1931년도 경성부에서 결혼연령을 조사하였다고 하였으나, 이것은 대정 15(1926)년『京城彙報』54호에 실린 "大正14年の結婚と離婚"(pp.10-12)에 나타난 수치를 참고한 것이다. 그리고 부인 26~30세에, 20~25세의 남자와 결혼한 수가 구도는 2명으로 표시하였으나 실은 11명이다.

| 결혼당시 부인연령 | 결혼당시 남편연령 | 부부간 나이차 | 수 |
|---|---|---|---|
| 36~40세 | 36~40세 | 동년 | 2 |
| | 41~50세 | 10년 연소 | 4 |
| | 51~60세 | 20년 연소 | 2 |
| 41세 이상 | 41세 | 동년 | 2 |
| | 50세 | 10년 연소 | 2 |
| | 60세 | 20년 연소 | 1 |

**내지인 일반여자의 결혼연령 및 남편과의 나이 차이**

| 결혼당시 부인연령 | 결혼당시 남편연령 | 부부간 나이차 | 수 |
|---|---|---|---|
| 20세 미만 | 25세 미만 | 5년 연소 | 41 |
| | 26~30세 | 6~10년 연소 | 108 |
| | 31-35세 | 11~15년 연소 | 15 |
| 21~25세 | 25세 미만 | 3년 연소 | 13 |
| | 26~30세 | 5년 연소 | 79 |
| | 31~35세 | 10년 연소 | 53 |
| | 36~40세 | 15년 연소 | 17 |
| | 41~50세 | 20년 연소 | 2 |
| 26~30세 | 26~30세 | 동년~5년 연소 | 2 |
| | 31~35세 | 5~10년 연소 | 23 |
| | 36~40세 | 11~15년 연소 | 34 |
| | 41~50세 | 16~20년 연소 | 16 |
| | 51~60세 | 21~25년 연소 | 2 |
| 31~35세 | 25~30세 | 5년~동년 | 2 |
| | 31~35세 | 동년 | 9 |
| | 36~40세 | 1~5년 연소 | 14 |
| | 41~50세 | 6~10년 연소 | 10 |
| | 51~60세 | 11~15년 연소 | 1 |
| 36~40세 | 36~40세 | 동년 | 5 |
| | 41~50세 | 1~10년 연소 | 7 |
| | 51~60세 | 11~20년 연소 | 1 |
| 40세 이상 | 50세 | 10년 연소 | 1 |
| | 60세 | 20년 연소 | 1 |

이상 부인과학적으로 관찰한 결과, 남편살해범을 감행한 조선인 여자가 몸의 생리를 무시하고 극히 부자연한 부부관계에 놓여있음

을 알 수 있다. 또 보통의 조선인 여자의 결혼도 남편살해범에 비하면 그 정도의 차이가 훨씬 많음에도 불구하고, 이 점에 있어서는 개량의 여지가 많고, 내지인 여자 결혼 연령과 부부의 연령 차이가 이상에 가까운 관계를 발견할 수 있다.

### 미산未産, 경산經産[14]의 관계 및 경산의 산아 수

남편살해범의 미산 · 경산 산아 수

| 미산부 | 29인 | 46% |
|---|---|---|
| 경산부 | 34인 | 54% |
| 경산부 산아수 | 130인 | 3.8인 |
| 합계 | 63인 | 100% |
| 불명 | 3인 | - |

위의 표 가운데 미산부가 거의 반을 차지하는 이유는 아직 월경 전인 여자와 20세 이하의 여자가 57%의 어린 사람이 많은 까닭이다. 후술할 결혼에서 남편살해에 이르는 시간의 간격을 참조하면 이 관계가 좀 더 명료해질 것이다.

### 성욕상태

현재 수용 중인 남편살해범 여자 죄수의 성욕상태를 분류함에 있어서, 그 대강을 언급하고자 한다. '성욕性慾'이라 부르는 것의 정의에 대해서는 여러 학자의 제설이 있지만, 내가 분류한 것은 대체적으

---

14 미산(未産)과 경산(經産)은 출산의 경험의 유무를 뜻함.

로 다음의 방침에 따른 것이다.

'본능적 성충동' 즉, 〈협의狹義의 성욕性慾Voluptas〉·〈교접시쾌감交接時快感Libido〉·〈쾌감고조시快感高潮時Orgasmus〉의 세 가지로 대별하고, 볼룹타스를 더 세분화하여 ① 본능성 성욕Instinktiver Geschlechtstrieb ② 정신적 성욕Geistlicher Geschlechtstrieb ③ 산아를 원하는 욕망Trieb nach der Nachkommenschaft으로 나누고, ①의 상태가 항진해서 생리적인 한계를 넘어, 다음 장에서 논할 간통과 결합할 때는 이를 '과음증過淫症'으로 분류할 수 있다. 그러나 그 정도는 여자에 따라 각각 차등이 있다. 스토엘Stoel 부인도 그 논문 중에서 언급한 것처럼, '비등점沸騰點에서 빙점氷點에 이르는' 차등이 있다.

본 범죄인의 대부분이 나이 어린 여자가 다수를 차지하는 것도 하나의 이유이지만, '볼룹타스'[15]도 '리비도'[16]도 전혀 이해하지 못하기 때문이 아니냐고 의심하는 자가 많다. 여자의 성적불감증Frigiditas sexualis에 대한, 초경에서 폐경기에 이르는 여자의 통계를 보면,

| | |
|---|---|
| 굿드사이트氏 40% | 데븐넬氏 50% |
| 데카덴氏 20% | 아들러氏 40% |

즉, 백 명의 여자 중에 20~50%, 평균 37.5%의 비율로 불감증이 발견된다. 이처럼 여러 연구 보고의 학설은 필경, 이러한 연구가 정확성을 기하기에는 곤란함을 의미한다.[17]

---

15 볼룹타스(Voluptas)는 그리스·로마의 관능적 쾌락의 여신으로 여기서는 '희열', '쾌락'을 뜻함.

16 리비도(Libido)는 기본적으로 인간이 지니고 있는 성적 욕구로, 성본능, 성충동을 뜻한다.

17 참고 工藤武城, 「朝鮮特有の犯罪(二)」, 『朝鮮』(167호), 조선총독부, 1929.

형무소 의국원 · 여감 단속원과 함께 장시일에 걸쳐 관찰, 문진, 타인과의 관계 등, 제반의 재료를 모아서 다음과 같은 점을 조사했다.

리비도, 볼룹타스 모두 결여되었다고 인정한 자는 이를 '절대적불감증絶對的不感症Anaestesia sexualis feminalum totalis'이라 하고, 남편에 대해서는 절대불감증이라도, 다른 남성에 대해서는 리비도, 볼룹타스, 오르가슴도 완전히 존재하는 것을 일러, '비교불감증比較不感症Anaestesia sexualis feminalum partialis'이라 한다. 병리적 소년기호증病理的少年嗜好症Paedophilia feminalum erotica pathologica 및 병리적 노년기호증病理的老年嗜好症Gerontophilia feminalum erotica pathologica 은, 갑에 있어서는 소년의 이성이 아니면 전연 성적 감흥이 없고, 을에 있어서는 이와 반대로, 노년의 이성에게만 리비도, 볼룹타스를 느끼는 것을 말한다. 범죄 사실을 참조하기 바란다. 또한 범죄의학에서 언급하는 일반 생리적 방법으로는 성적 흥분이 없고, 여러 종류의 부자연스러운 방법에 의한 부자연스러운 불감증Anaestesia sexualis feminalum innaturalis은 있으나, 이를 검출할 방법은 없다.

**남편살해범 여죄수 성욕 상태**

| 종별 | 인원 | 백분율(%) |
|---|---|---|
| 성욕 정상으로 인정 | 33 | 52.4 |
| 성욕 이상으로 인정 | 30 | 47.6 |
| 합계 | 63 | 100 |
| 조사불능 | 3 | - |
| 성욕 이상으로 인정할 만한 47.6% 중에서 | | |
| 과음증(過淫症) | 14 | 47 |
| 비교적 쾌감 결여증 | 6 | 20 |
| 불감증 | 5 | 17 |
| 소년기호증 | 2 | 6.6 |
| 노년기호증 | 2 | 6.6 |
| 성욕 조숙증 | 1 | 3.1 |

## 부인과 질환婦人科疾患

크레페린, 에리스, 와인펠히씨 등은 '여자범죄는 부인과 질환과 많은 관계가 있다'고 발표한 것을 토대로 형무소에 수감 중인 남편살해범에 대해서 이를 조사하면 역시 다수의 질환을 발견할 수 있다.

부인과 질환의 반사현상에 의해 종래의 순종적인 여자가 매우 반항적이고, 상사를 존경하지 않고, 집요하게 저항하고, 논리에 굴복하지 않고, 자기중심적으로 행동함에는 경험있는 부인과 임상가婦人科臨床家가 모두 수긍하는 바이며, 까미유 그라니에Camille Granier는 여자 자살자의 90%가 부인과 질환이 있음을 밝혔고, 와인펠히씨는 종래의 범행을 반복하는 여자 범인의 부인질환을 치유하면 범죄를 근절할 수 있다고 한다.

부인과 질환의 반사현상이 항진함에 따라 약간의 요인 또는 전혀 이유 없이, 흥분하거나 반대로 우울에 빠진다. 혹은 쾌활하게 흥분하고, 혹은 정신감동을 불안정하게 동요하고, 혹은 상식에 벗어날 정도의 자선행위를 하거나, 혹은 극단적으로 냉혹한 행동을 취하거나, 주위의 사정을 고려하지 않고 어디까지나 자기중심적으로 환경을 생각한다. 남이 자기를 동정하지 않고, 냉담 혹박한 대우를 한다고 생각해서 근거 없는 허언, 소위 히스테리성 허언을 하고, 작은 일을 과대하게 듣고, 남의 낭패를 보고 유쾌하게 여기며, 성욕은 불처럼 타 오르다가도 차가운 재처럼 식 듯 조석으로 경험한다. 만약 이것이 월경시에 이르면 그 정도는 더욱 항진하게 된다(범죄편 참조).

현재 63인(3명은 조사불능)의 남편살해범에 대해 부인과적인 진료를 한 결과는 다음과 같다.

**남편살해범의 부인과 질환 검사표**

| 부인과질환의 종류 | 인원 | 백분율(%) |
|---|---|---|
| 월경곤란증 · 부정(不整) · 월경시의 신체이상 | 21 | 33.3 |
| 월경시 항분·침울등 정신상의 변조 | 15 | 23.8 |
| 자궁실질염 · 자궁내막염 | 16 | 25.4 |
| 부인과 질환 불인정 | 11 | 17.5 |
| 합계 | 63 | 100 |

부인과 질환이 인정되지 않는 자 11인(17.5%) 가운데 아직 초경이 없는 자, 월경폐지기를 지나지 않은 자가 대부분을 차지(전체 수에 있어서 아직 초경이 없는 자가 15인, 폐경기를 지난 자가 5인, 합계 20인 즉, 전체의 3분의 1을 차지)한다. 따라서 거의 모두가 부인과 질환이 있다고 봐도 무방하다. 라랑 두샤테레Rarent-Duchatelet씨는, 여자 범인이 형무소에 들어가게 되면, 그 가운데 많은 사람이 폐경한다고 하나, 내 경우에 있어서는 초경 후·폐경 전의 여자 43명 중, 3인(7%)에 있어서만 이러한 현상을 볼 수 있다.

# 제3장

# 범죄객체론 犯罪客體論

우루페시가 논한 것처럼, 부부 상호 간에 일어난 여자의 범죄에 있어서는 대부분 예외 없이 범죄 객체(피해자)인 남편이 그 범죄의 원인을 제공하는 경우가 많고, 그렇지 않은 경우라도 그 성격이 졸렬·학대·술 등이 요인을 일으키는 일이 많다. 그 결혼의 동기도 애정이 중심이 아니고, 여자의 의지는 전혀 무시되고 단순히 법률상 부인에 지나지 않는다.

범죄의 객체가 범죄 자체와 항상 밀접한 관계를 가진다는 것은 모든 범죄가 동일하다. 조선 여자의 남편살해범의 경우, 어느 정도의 관계에 있는지 조사하면 다음과 같다.

**범죄 객체의 조사**

| 구별 | 인원 | 백분율(%) |
| --- | --- | --- |
| 성욕상의 결함 | 20 | 34.5 |
| 신체상의 결함 | 5 | 8.6 |
| 정신상의 결함 | 30 | 51.7 |
| 보통 | 3 | 5.2 |
| 조사불능 | 8 | - |
| 계 | 66 | 100 |

만약, '조사불능'한 객체가, 신체와 정신 모두 결함이 없는 경우라 하더라도, 전체 수의 86%는 확실히 결함이 있는 자로서, 고쿠분 산카이國分三亥의 조사보다 조금 더 높은 비율을 보이지만, 이는 아마 조사 방법과 시기의 차이일 것이다. 이 문제는 장래의 연구를 기대하고, 우선 그의 논문에서 발췌하면 다음과 같다.

| 남편의 성격[18] | | | |
|---|---|---|---|
| 1. 수시로 도박·음주에 빠져 빈둥거리는 자 | 직업을 돌보지 않는 자 | 43 | 22 |
| | 늘 논쟁함 | | 4 |
| | 언행이 난폭함 | | 17 |
| 2. 생각이 짧음, 음험, 박정, 학대 | | 10 | |
| 3. 인격이 비천, 친구가 없음 | | 1 | |
| 4. 직업이 강도이며, 학대 | | 1 | |
| 5. 유약함 | | 4 | |
| 6. 정신이상 | | 2 | |
| 7. 노쇠 | | 3 | |
| 8. 아둔함 | | 1 | |
| 9. 보통 | | 39 | |

민법 제765조의 결혼법 위반은 남자가 13명(22%), 여자로 하여금 위반하게 한 자 47명(78%)은 국법을 어겼고, 16명은 형법 제78조에 의해, 만 13세 이하의 여자를 간음한 자로 2년 이상의 징역에 처하는 범죄인으로서 남편의 26%는 형법의 벌을 받아야 한다.

## 범죄 객체의 성욕 상태

범죄 객체 즉, 남편의 성욕 상태를 분류해 보면,

| 범죄 객체의 성욕 상태 | | |
|---|---|---|
| 〈구별〉 | 〈실수〉 | 〈백분율〉 |
| 1. 지나친 성교 | 8 | 40 |
| 2. 교접불능 | 4 | 20 |
| 3. 연령의 과다한 차이로 인한 교접불능 | 4 | 20 |
| 4. 질투광 | 2 | 10 |
| 5. 여색에 빠짐 | 2 | 10 |
| 합계 | 5 | 100 |

18 國分三亥씨의 1917년도 논문. p.21.

## 범죄 객체의 신체적 결함

| 범죄 객체의 신체적 결함 | | |
|---|---|---|
| 1. 극도의 용모 추악 | 4 | 80% |
| 2. 괴이한 기형 | 1 | 20% |
| 합계 | 5 | 100% |

## 범죄 객체의 정신적 결함

| 범죄 객체의 정신적 결함 | | |
|---|---|---|
| 종류 | 실 수 | 백분율 |
| 1. 조폭, 학대 | 12 | 40 |
| 2. 나태, 극빈 | 8 | 26.7 |
| 3. 방랑, 자택에 기거하는 일이 드묾 | 4 | 13.4 |
| 4. 알콜중독 정신이상 | 4 | 13.4 |
| 5. 백치 | 2 | 6.5 |
| 합계 | 30 | 100 |

## 범죄 객체 성욕 이상의 실례

### 과음過淫

| 例 1(황음(荒淫), 과방(過房)) | |
|---|---|
| 서대문형무소 제952호 여죄수 | 나이 : 15세 8개월 |
| 본 죄수는 나이 15년 4개월 때에, 25세의 유(劉)모 씨와 결혼을 했다. 아직 초경도 없고, 오히려 소녀형의 체격이다. 유 씨의 황음(荒淫)·과방(過房)에 대하여 고통을 견디지 못하고, 친정부모를 그리워한 나머지 (남편이) 친정과 먼 곳으로 전임한다는 말을 들었다. 이에 남편을 살해하면 황음의 과도한 고통에서 벗어나 친정으로 돌아갈 수 있겠다는 어리고 얕은 마음에서 저질렀다. | |

| 例 2(과음(過淫), 난폭, 알콜중독) | |
|---|---|
| 대구형무소 제3485호 여죄수 | 나이 : 60세 |
| 갱년기가 지난 여자로서, 그 남편의 성격이 심히 열등하고, 거칠고, 항상 음주에 빠져서 가업을 돌보지 아니했다. 부도덕하고 음탕하여 셋째 아들의 처를 강간하는 일이 수차에 이른다. 어느 날 밤에 만취해서 평소처럼 난폭해져 본 죄수를 죽이고자 한 탓에, 수차 강간당한 셋째 며느리와 함께 원만한 가정을 위해서 서로 모의하여, 그를 죽이고 무기징역에 처하게 되었다. | |

## 교접불능

| 例 3(지나친 연령 차이로 인한 교접불능) | |
|---|---|
| 서대문형무소 제1613호 여죄수 | 나이 : 16세 6개월 |
| 본 죄수는 13세 10개월 되던 때에, 10세의 남자 안(安)모 씨와 결혼하게 되었다. 그녀의 나이가 16세 반에 달하고, 남편은 12세에 이르렀을 때, 수차 정사를 시도했지만, 남편이 너무 어려서 이에 응할 수 없음으로, 나이 든 사람과 혼인하고자 목졸라 죽였다. | |

## 과도한 연령 차이

| 例 4(남편의 나이가 너무 많고 지나치게 음란한 자) | |
|---|---|
| 평양형무소 제1055호 여죄수 | 나이 : 16세 11개월 |
| 본 죄수는 13세 8개월 나이에 14년 연장인 27세의 나(羅)모 씨와 결혼을 했다. 남편은 아주 음탕하고, 아직 어린 죄수는 동침 시에 격한 통증을 견디지 못하고, 피하고자 하였으나, 폭행을 가하면서 짐승처럼 성욕을 충족하고자 하였다. 지금 그를 살해하는 것 외에 달리 피할 길이 없음을 믿고, 남편이 숙면에 빠진 것을 보고 집에 방화를 저질러 이를 분살했다. 본 죄수는 그 체격이 허약한 자로서, 형무소에 입감한 후 약 1년 뒤에 초경을 경험한 자이다. | |

| 例 5(남편이 너무 어리고 교접불능한 자) | |
|---|---|
| 해주형무소 제29호 여죄수 | 나이 : 15세 3개월 |
| 본 죄수는 15세 때에, 5년 어린 10세의 남자와 결혼한 이래, 동침할 때마다 정사를 시도하지만, 남편이 어려서 수행할 수 없어서 남편이 11세 되던 해에 동침 중에 허리띠를 가지고 그를 교살한 자이다. | |

## 범죄객체의 질투광[19]

| 例 6(망상질투광) | |
|---|---|
| 평양형무소 제1055호 여죄수 | 나이 : 23세 3개월 |
| 본 죄수는 12세 7개월의 나이에, 당시 16세의 문(文)모 씨와 결혼하여 결혼 후 5년을 지나서 막 초경이 시작할 무렵의 허약한 체격의 체질이었다. 그러나 문 씨는 맹렬한 질투광으로서, 늘 망상·공상으로 인해 부인에게 간부(姦夫)가 있는 것처럼 짐작하고 구타폭행을 일삼았으나, (부인은)이를 숨긴 고 10년을 지내왔다. 그런데 하루는 (부인이)옆집 사람과 이야기 나누는 것을 본 남편이 이를 간통으로 여기고 폭행을 가하여, 생명에 위험을 느낀 부인은 흉기를 빼앗아 그를 살해했다. 당시 죄수는 고도의 자궁실질염에 걸린 자이다. | |

| 例 7(질투광, 난폭, 과음(過淫)) | |
|---|---|
| 광주형무소 제200호 여죄수 | 나이 : 22세 2개월 |
| 본 죄수는 범죄 당시 임신 8개월로써, 남편은 심히 음란하고, 부인에게 정부가 있는 것처럼 망상해 화를 내고 욕하면서 난타폭행을 가함에 따라 결국 살의를 결심한 자이다. | |

## 범죄객체의 여색에 빠짐漁色惑溺

| 例 8(축첩에 빠지고 폭행을 일삼는 자) | |
|---|---|
| 대구형무소 제914호 여죄수 | 나이 : 40세 2개월 |
| 본 죄수는 갱년기에 가까운 여자로, 나이 14세 11개월 때에 8년 연장의 남자와 결혼해서 혼인생활의 가난을 씻고자 각고 분투한 지 17년이 되었다. 가계가 점점 넉넉해지자, 남편은 지난날의 노고를 잊고, 다수의 첩을 쌓고, 여기에 빠져서 소위 조강지처인 죄수를 귀찮게 여기고 조석으로 학대를 하였다. 결국 이를 참다못해 분노한 결과, 동생과 매부와 모의하여 그를 살해한 자이다 | |

19 여기서 질투광이란 '의처증(疑妻症)'이라 할 수 있겠다.

## 신체 결함의 실례

### 범죄 객체의 지나친 용모 추악

| 例 9(용모추악, 치매, 문맹) | |
|---|---|
| 서대문형무소 제46호 여죄수 | 나이 : 19세 7개월 |
| 본 죄수는 자기보다 3살 정도 적은 17세의 김金모 씨와 결혼하였으나, (김씨는)지나치게 용모가 추하고 흉악한데다가 글자도 전혀 모르는 무학문맹의 남자이다. 또한 성질이 놀랄 만큼 아둔하고 몽매하다. 나이가 아직 성년도 되지 않았는데 이미 악성의 화류병이 있고, 이를 죄수에게 전염시키는 바람에 죄수는 심한 병환을 앓는데다가 조석으로 학대를 받았다. 그러나 조선의 제도 관습상 도저히 이혼은 허락되지 않고, 화류병으로 인해 심한 생리통을 끙끙 앓던 어느 날, 쥐약 라토린을 남편에게 복용시켜 이를 살해하고 무기징역에 처하게 된 사이나. | |

| 例 10(용모추악, 과도한 연령차이) | |
|---|---|
| 광주형무소 제304호 여죄수 | 나이 : 17세 7개월 |
| 본 죄수는 나이 13세로 12년 연장의 남자와 결혼하였다. 어릴 때는 무심하였으나, 점점 나이가 듦에 따라 남편의 용모가 공포스러울 정도로 추악해지는 모습을 발견하였다. 조선의 제도 관습은 이러한 괴물같은 남자를 평생 뗄 수 없는 족쇄로 속박함을 자각하고 오히려 이를 살해함으로써 공포에서 벗어나고자 살의를 결의한 자이다. | |

### 범죄 객체의 추악한 기형

| 例 11(기형, 용모추악) | |
|---|---|
| 해주형무소 제11호 여죄수 | 나이 : 16세 4개월 |
| 본 죄수는 나이 19세의 남자와 결혼함에 남편의 용모가 기괴하고 추악하며, 체격은 왜소하여 소위 일촌법사(一寸法師)처럼 기형하여 동거함을 참을 수 없으나, 조선의 관습상 이혼은 도저히 불가능함으로 결국 살의를 결한 자이다. | |

## 정신 결함의 실례

### 범죄 객체의 난폭학대

**例 12(난폭, 학대, 과음(過淫))**

| 평양형무소 제885호 여죄수 | 나이 : 16세 6개월 |
|---|---|

본 죄수는 나이 13세 7개월에 박 모씨와 결혼하였다. 그러나 이 남자는 성질이 심히 난폭하고, 조석으로 본 죄수를 향해 후려치고 학대를 가할 뿐 아니라 음탕하였다. 범죄 당시는 마침 월경 중이었고, 생리통으로 매우 고통스러웠음에도 불구하고, 난폭하게 동침을 요구받자 이를 거절하였는데, 갑자기 분노하여 실내에 있는 손도끼로 본 죄수를 살해하고자 하였다. 이를 빼앗아 부지불식간에 일격을 가하여 목 동맥을 때려 사망함에 이르게 하여 15년의 징역에 처해진 자이다. 본 죄수는 당시 월경곤란증과 함께 자궁염증이 있었다.

**例 13(과음(過淫), 난폭, 학대)**

| 서대문형무소 제1184호 여죄수 | 나이 : 15세 9개월 |
|---|---|

본 죄수는 나이 14세 7개월에 송(宋)모 씨와 결혼하였다. 이 남자는 그 성질이 심히 광폭하고 음욕이 지나쳐, 아직 초경도 경험하지 않은 유약한 본 죄수에 대해 매일 밤 반드시 3~4회의 정사를 행하였다. 만약 이에 응하지 않으면 갑자기 광폭해져 전율할 정도의 학대를 가한다. 울면서 날을 보내지만, 과방(過房)하여 중한 자궁염증에 걸려 도저히 매일 밤 3~4회의 성관계의 고통을 견딜 수 없어서 결국 살의를 결심한 자이다.

**例 14(광폭, 학대, 과도한 연령차이)**

| 서대문형무소 제333호 여죄수 | 나이 : 18세 2개월 |
|---|---|

본 죄수는 나이 9세 1개월에 염(廉)모 씨와 결혼하였다. 이 남자는 심히 광폭 난음하여, 고통 때문에 정사에 응하지 않을 때는 양손 양다리를 묶고, 난타 학대하며 그 목적을 달성하였다. 어리지만 가끔 마을의 경관 주재소에 소송을 하고, 실가에 돌아가도록 탄원하여도 '네가 혼인할 때는 납폐금이라 해서 약간의 돈을 너의 실가에 보냈으므로, 먼저 그 돈을 갚기 전에는 어렵다.'라고 거절당하였다. 자신의 힘으로는 도저히 몸값을 배상할 능력이 없고, 한편 남편의 학대는 날로 더하여 절체절명의 심정으로 살의를 결심한 자이다.

| 例 15(광폭) | |
|---|---|
| 평양형무소 제1175호 여죄수 | 나이 : 15세 5개월 |
| 본 죄수는 나이 13세 9개월에 박씨의 남자와 결혼하였는데, 남편에게 조석으로 구타와 학대를 당하였으나 2년간 참아왔다. 그러나 이혼은 조선 관습상 불가능했으므로 결국 인내할 수 없어서 살의를 결심한 자이다. | |

| 例 16(광폭) | |
|---|---|
| 공주형무소 제24호 여죄수 | 나이 : 17세 8개월 |
| 본 죄수는 나이 14세 9개월에 문 씨의 남자와 결혼해서, 남편 및 시어미가 조석으로 욕하고 구타하고 학대해서 살의를 결심한 자이다. | |

| 例 17(광폭, 학대, 부자연스러운 연령차) | |
|---|---|
| 서대문형무소 제237호 여죄수 | 나이 : 16세 |
| 본 죄수는 15세 때, 13세의 조(趙)모 씨와 결혼하였다. 소년인 남편은 시어머니와 함께 조석으로 본 죄수를 심히 학대하였다. 결국, 이를 견디지 못하고 남편과 시어머니를 살해하고 스스로 자살하고자 결의하여, 남편이 통학하는 소학교에서 귀택할 때를 꾀해서 먼저 남편부터 살해하고자 간식·과자 속에 콩만한 삼산화이비소(砒石)를 섞어 넣은 자이다 | |

| 例 18(광폭, 학대, 부자연스러운 연령차) | |
|---|---|
| 서대문형무소 제962호 여죄수 | 나이 : 15세 |
| 본 죄수는 15세로 13세의 소년 김모 씨와 결혼하였다. 그러나 이 소년인 남편은 조금도 애정이 없을 뿐만 아니라, 연장인 본 죄수를 조석으로 발로 차고, 때리고, 학대하여 결국 살의를 결심하고 쥐약을 복용케 한 자이다 | |

| 例 19(광폭, 학대) | |
|---|---|
| 해주형무소 제8호 여죄수 | 나이 : 16세 2개월 |
| 본 죄수는 나이 19세의 남자와 결혼하였는데, 남편의 성격이 심히 거칠고 사나워 조석으로 구타를 일삼음으로 결국 독살을 결의한 자이다 | |

### 나태, 극빈, 방랑, 알콜중독, 백치 등

이 항에 속하는 범죄 객체의 결함은 이상의 열아홉 가지 예 가운데 중복되므로, 여기서는 그 번거로움을 피하고 다음의 일례를 대표로 들겠다.

| 例 20(방랑, 나태, 알콜중독, 학대) | |
|---|---|
| 서대문형무소 제581호 여죄수 | 나이 : 39세 1개월 |
| 본 죄수는 13세 1개월에 23세의 김모 씨와 결혼하여 결혼 후 2년 2개월에 비로소 초경을 시작할 정도로 몸이 허약한 여자이다. 16세 3개월에 이미 첫째를 얻고 31세 7개월에 마지막 아이를 낳기까지 일곱 자식을 낳았다. 그런데 남편 김모 씨는 천성이 심히 나태하고, 가업을 내던지고, 음주에 빠져 이유없이 조석으로 본 죄수를 때리고, 직업을 돌보지 않아 생계는 극히 곤란하고 거의 걸식 지경에 이르렀다. 기아는 면했으나, 그 사이에 남편 김모 씨는 장남의 처와 둘째 딸을 매음부로 팔고 음주·도박의 밑천으로 써버리는 등, 나날이 가업은 기울어도 본 죄수는 참고 견디며 야수 같은 남편에게 27년간 정숙하게 살았다. 어느 밤, 남편 김 씨는 만취상태로 귀택하여 극도의 폭력과 욕을 쓰며 학대를 하다가 부엌칼로 본 죄수를 찌르려고 했다. 칼을 서로 빼앗으려고 다투다가 칼날이 남편의 목 부위를 찔러 사망하기에 이르렀다. 결국 남편살해죄에 해당하는 자이다. | |

# 제4장

# 범죄본태론 犯罪本態論

## 살해 방법의 분류

남편살해 방법의 대별

| 종별 | 인원 | 백분율(%) |
|---|---|---|
| 1. 독살 | 43 | 72 |
| 2. 폭력살해 | 17 | 28 |
| 합계 | 60 | 100 |

1917년에 고쿠분 산카이國分三亥가 1911~1915년에 이르는 128명의 남편살해범에 대해서 이 비율을 조사한 결과를 참고하면,

1911~1915년 남편살해방법(國分氏調査)

| 종별 | 인원 | 백분율(%) |
|---|---|---|
| 1. 독살 | 72 | 56 |
| 2. 폭력살해 | 56 | 44 |
| 합계 | 128 | 100 |

이 양자를 비교하면, 근래 독살이 두드러지게 증가하고, 폭력살해는 점차 감소하는 것을 볼 수 있다. 이는 근래 쥐약殺鼠劑 등의 보급에 따라, 다음 장에서 살펴 볼, 여자의 본능성과 관련지어 독살을 선택하는 경향을 드러낸 것으로 보인다.

## 독살

### 독살에 사용한 독물의 종류 및 그 빈도

남편살해에 사용한 독물의 종류 및 그 사용빈도

| 독물의 종류 | 실 수 | 백분율(%) |
|---|---|---|
| 1. 가성소다(苛性曹達) | 33 | 77 |
| 2. 비소(砒素) | 4 | 9 |
| 3. 인(燐) | 2 | 4.5 |
| 4. 오두(烏頭) | 2 | 4.5 |
| 5. 수은 | 1 | 2.25 |
| 6. 복어알(河豚卵) | 1 | 2.25 |
| 합계 | 43 | 100 |

1. 가성소다苛性曹達

조선 여자가 남편을 살해할 때, 가장 많이 사용하는 가성소다는 전 독살의 77%를 차지한다. 1917년에 고쿠분 씨의 조사에 따르면 독살 72건 중 35건 즉, 거의 반수는 가성소다를 사용했다. 가성소다를 정제한 것은 극약으로써, 그 판매는 경찰이 단속하나, 조제품은 조선의 풍속이 남녀노소 모두가 사계절 백의를 입는 습관 탓에, 그 표백, 세탁에 자주 사용된다. 따라서 빈부고하에 관계없이, 사용이 용이해서 이 약품은 누구에게나 손쉽게 독살에 사용된다.

2. 비소砒素

가성소다 다음으로 많이 사용하는 것은 비소이다. 주로 아비산亞砒酸를 사용한다. 이 독물은 단속이 엄중하지만, 조선 내에서 이를 산출하거나 중국에서 밀수입하는 두 가지 방법으로 비밀리에 매매되고 있다.

### 3. 인燐

주로 쥐약에 함유된 것을 사용하고, 가끔 성냥개비에서 황인黃燐을 사용하는 경우도 보고되고 있으나, 많은 부분은 미수에 그친다.

### 4. 바꽃烏頭[20]

한약뿐만 아니라, 독약의 목적으로 옛날부터 조선에서 사용된 것으로, 조선특유의 것이 16종 있다. 대부분 야생하는 것으로써 그 크기가 2~3척에서 4~5척, 잎은 손바닥 지문처럼 갈라져 짙은 녹색빛을 띠고, 그 기둥은 즉 바꽃이며, 모양은 곤약풀蒟蒻芋에 유사하고, 맛이 약간 자극성의 쓴맛을 띤다. 조선 옛말에 따르면 우마牛馬에 다른 풀과 섞어서 본 식물의 잎을 넣으면 잎만을 남기고 나머지는 결코 먹어서는 안 된다고 하였다.

이 식물의 유독작용은 아코니틴[21]에 의한 것으로, 주로 신경계통에 작용하고 다량 복용자는 뇌의 호흡 중추를 마비시키는 것과 같다. 문화 2(1805)년에 기슈紀州의 의사 하나오카 즈이켄華岡隨賢[22]은 유방암 수술에 이를 마취약으로 사용하였다. 또한 쇼와 7(1932)년에는 식물학자 우스이臼井 이학 박사가 옛법을 좇아, 이 식물에서 불로제不老劑를 만들어 쓰다가  제 자신이 중독되어 호흡 마비로 사망했다. 조선산

---

20 '바꽃'은 미나리아재빗과의 바꽃류를 통틀어 이르는 말로써 우리나라는 투구꽃, 백부자, 지리바꽃, 한라투구꽃, 진돌쩌귀 따위의 23종이 기록되어 있다. 다른 말로 '오두(烏頭)'라고도 하며, 바꽃의 덩이뿌리를 '초오(草烏)'라 한다. 또한 바꽃의 어린뿌리를 '부자(附子)'라고 하는데 이것은 열이 많으며 맛은 맵고 독성이 강한 약으로 특히 중풍, 신경통, 관절염 따위에 쓴다.

21 아코니틴(Aconitin): 미나리아재빗과 식물의 뿌리에 들어 있는 알칼로이드.

22 하나오카 세슈(華岡青洲, 호는 즈이켄(隨賢),1760~1835): 에도시대 외과의사로서 세계최초로 전신마취를 이용한 수술(乳癌手術)을 성공시킨 것으로 알려져 있다.

16종 가운데 남편살해에 사용된 것은 다음과 같다.

A. 경성바꽃京城草烏頭

경성 부근의 산과 들, 특히 북한산에 야생한다. 높이 3~4척에 달하고, 잎은 다섯 갈래이고, 조각닢裂片은 보리 형태를 이룬다. 꽃은 가지의 끝에 총상꽃차례(總狀花序)를 이루고, 꽃줄기는 조금 길고, 꽃받침·꽃줄기와 함께 털이 많고, 꽃의 크기는 3cm이고, 약간의 청색을 띤다. 이런 종은 조선의 특산이며, 아직 다른 곳에서는 발견되지 않았다.

B. 세잎바꽃三葉烏頭

앞의 종과 달리, 잎은 세 갈래로 나뉘고, 각 조각닢은 작은 잎을 가지고, 양측의 갈라짐은 서로 교차하고, 톱니는 크고, 꽃은 받침의 맨 끝 또는 잎겨드랑이에 3개씩 생긴다. 각각 꽃줄기를 갖고, 꽃줄기는 방선상의 털을 만든다. 꽃은 길이가 3cm이며, 앞의 종과 같이 청색을 띠고, 조선 중부의 특산이다.

C. 지리바꽃

잎의 상태는 앞의 종과 비슷하나, 잎은 상당히 커서 모자 모양을 이루고, 그 색채는 자주빛을 띠고, 과실은 5개를 맺는다. 강원도 특산으로 금강산 부근에 많다.

D. 고려부자高麗附子

잎은 앞의 세 종류와 유사하고 꽃은 복총쌍꽃차례(複總花序)22를 이루고, 가지의 끝에 발생한다. 과실은 3개를 맺고, 가방은 두드러지게 털을 가진 특징이 있다.

E. 각시투구꽃

잎은 앞의 세 종류와 유사하고 잎은 총상꽃차례(總狀花序)로 밀집해 있고, 위쪽의 꽃받침은 부리 모양으로 돌출해 있고, 과실은 5개를 맺는다. 북부조선의 삼림지대에 야생한다.

F. 조선바꽃朝鮮草烏頭

3~4척의 높이이며, 잎은 다섯 갈래로 각 잎의 길이는 비슷하다. 꽃은 가지 끝에 3~4개씩이고, 총상에 배열되어 그 색은 청색이고, 위쪽의 꽃받침은 모자 모양에 과실은 5개를 맺고 8~9월에 꽃이 핀다. 평야 · 삼림에 야생한다.

G. 참줄바꽃蔓附子

줄기는 덩굴 모양에 다른 것과 얽혀 있고, 길이는 수 척에 달하고, 잎은 세 갈래로, 양측의 잎 조각은 서로 교차하고, 잎모양은 가늘게 나뉘어져 있다. 꽃은 가지 끝 또는 잎겨드랑이에서 나고 총상을 이루고 그 수는 많다. 위쪽의 꽃받침은 모자 모양을 하고 부리의 돌기는 거의 없다. 개화시기 및 산지는 전자와 동일하다.

H. 노랑바꽃黃花草烏頭

줄기의 높이는 3척이고 잎은 다섯 갈래이며, 꽃잎은 날개 모양으로 나뉘어져 있다. 작은 꽃받침 조각닢은 바늘 모양을 이루고, 꽃은

23 길이가 비슷한 총상꽃차례 여러 개가 꽃줄기 아래에서 위까지 길게 모여 있는 꽃차례.

총상화서를 이룬다. 열은 황색, 또는 황색의 꽃으로 8~9월경에 핀다. 위쪽의 꽃받침은 배 모양을 하고, 종자는 세모 기둥의 모양을 하고, 그 표면은 평활하고, 수는 다섯 개로 중부 조선 이북의 산야에 야생한다.

## 여자 독살범에 대한 약간의 고찰

조선 여자의 남편살해에서 그 72%는 독약을 사용한다. 이것이 점차 증가하는 경향을 띄는 것은 앞에서 검토한 바와 같다. 남편살해뿐만 아니라, 여자가 살해죄를 범할 때는 대개 독약을 사용하고, 남자의 살해죄는 독약을 사용하는 것은 드물다. 그런데 독물을 사용하는 남자의 용모·체격 등을 보면, 히르슈펠트의 소위 제3의 성性 Das dritte Geschlecht[24]에 속하는 자로서, 제이차 성징第二次性徵[25]의 발달이 상당히 불량하고, 체격도 여자형에 속하는 남자이다. 따라서 적어도 독약을 사용하는 살해범은 조선에 있어서는 여자의 특징이라고 말해도 틀리지 않다.

어떠한 독약이라도 그 반면에 있어서는 치료 효용이 있다. 그 때문에 의학 발달의 과정에서 모든 나라가 한번은 통과하는 이른바, 종교의학의 시대에 있어서는 이러한 독약도 절에서 가장 많이 소장하고 있다. 일본에 있어서도 비석砒石을 가장 많이 저장하고 있는 곳이

---

24 마그누스 히르슈펠트(Magnus Hirschfeld) 1868~1935. 독일의 내과의사이자 세계 최초의 성소수자 인권 단체인 과학적 인도주의 위원회를 결성하여 동성애자의 인권을 옹호한 인물이다. '제3의 성'이라는 개념으로 동성애를 정당화하고자 하였다.

25 생식기관 이외의 신체 각 부위에서 나타나는 남녀의 특징을 말한다. 전신의 체형, 골격, 근육, 피부 등의 형태적 특징 및 기능적 특징을 말한다. 특히 남자의 변성이나 여자의 유방에 중점을 두며, 사춘기에 나타나는 남녀의 특징이라 정의 하기도 한다.

나라奈良의 오랜 사원이다.

원시 민족에게 독약의 소유는 하나의 세력이었다. 쿠라레시독curare矢毒, 포름산蟻酸의 작용은 야만인도 이것을 알고 전투·수렵에 이를 이용하고, 사할린 · 홋카이도 토인은 앞에서 언급한 조선 여자가 남편살해에 사용한 오두烏頭(아이누 말로, 시리코마)를 곰 사냥에 사용한다.

유전심리학遺傳心理學에 따르면 인류는 남녀를 통해서 '정복 본능'과 '파괴 본능'을 함께 갖고 있다. 따라서 때리고(打撲) · 베고(切創) · 찌르는(刺殺) 등의 용기와 결단, 역량과 숙련을 요하는 파괴와 정복은 여자의 체격과 체질로서는 이를 허용치 않는다.

이에 반해서 독물의 사용은 소리도 없고, 소요도 없고, 숙련함을 필요로 하지 않고 출혈을 보는 일도 없다. 다만 때에 따라 통증疼痛, 고통, 구토 등이 있지만, 여자는 본래 가정의 간호부로 이러한 증상에 놀라지 않는다.

비밀과 음험陰險함은 천성적으로 허약한 체질과 체격을 가진 여자의 무기로써, 독물의 사용은 타의 범죄보다 발각이 쉽지 않다고 생각하여 식품 안에 독물을 넣거나, 식품을 조리하는 주방이 그녀들의 전용 장소라서 더욱 독약 사용을 조장하는 이유이다.

여자의 생식기를 원인으로 하는 범죄가 법률상의 남편에 대한 혐오, 상처받은 애정의 복수 · 질투, 법률 · 습관 · 종교 · 윤리에 의해 제재된 성욕이 다른 행위에 의해 발로, 즉, 학술상의 용어인 등가Equivalent 현상에도 가장 먼저 취급되는 것은 독약이다.

구약성경에 제일 먼저 나오는 여자는 이미 독을 가졌고[26], 또한

---

26 구약 창세기에 가장 먼저 등장하는 여자는 아담의 아내 이브이다. 여기서는 남편에게

2400년 전에 에우리피데스Euripides가 갈파한 것처럼 '여자가 지닌 가장 예리한 무기는 독약'이었다.[27] 메데이아Media와 같은 독부는 이미 이 시대 때부터 독약 사용에 대한 역사상의 인물이 되었다. 각국의 동화에 나오는 마녀魔女 헥스hex는 있어도 마남魔男은 없고, 독부毒婦는 있어도 아직 독남毒男이라는 말은 들어보지 못했다. 불火과 독毒은 어떤 민족에게도 원시시대에 가장 널리 사용된 무기임은 이미 알려져 있다. 후술하는 격세유전[28]隔世遺傳Atavismus현상이 특히 여자에게 나타나고, 나약한 곤충이 적에 대해 그 체내에 독액을 주입하는 개미 · 벌 · 독사 등 그 예는 흔하다.

역사를 일별하면, 스루라, 시저, 티베리우스, 트라얀 시대의 상류여자는 거의 독살 클럽의 회원 아니면 독살 학교의 생도 같은 느낌이다.

이어서 이탈리아의 중고中古 · 법왕法王 알렉산드 6세 · 프랑스 루이 14세 시대는 여자의 독살사건이 너무나 빈번하여 결국 독살사건 전문의 재판소(샹브르 아르당트)를 설치하기에 이르고, 이어서 세 차례의 혁명시기[29]와 러시아 · 독일의 혁명시기에도 많은 여자 독살 사건이

---

먹도록 권한 사과에 독이 든 것을 의미하는 것 같다.

27 에우리피데스는 고대 그리스의 3대 비극시인의 한 사람으로 주로 종교 · 여자 · 전쟁을 주제로 다루었다. 기원전 431년으로 추정되는 그의 대표적인 ≪메데이아≫ 라는 저작은 주인공 메데이아가 남편 이아손에 대한 보복을 다룬 작품으로 질투와 분노에 휩싸였을 때 가냘픈 한 여인이 복수의 화신으로 표변하는 마성적인 힘은 공포와 전율을 불러 일으킬 정도이다. 극중 주인공 메데이아는 이아손이 사랑한 여인을 독약으로 살해하였다.

28 격세유전: 현재 보이지 않는 조상의 형질이 몇 세대 후에 발현하는 환원유전을 말한다. 조부모 세대의 형질이 부모 세대를 거쳐 자식 세대에 나타나는 현상을 주로 의미한다. 쉽게 말하자면, 인간이 오늘날보다 더 야만적이고 동물적이며 범죄적이었던 진화 초기로 돌아가는 것을 뜻한다. 범죄인류학의 창시자로 불리는 롬브로소(Cesare Lombroso)는 격세유전을 생래적범죄인의 지속적인 특성으로 보았다(참고: 이경재 옮김, 『범죄인의 탄생』 2010).

출현했다.

이를 부인과학적으로 논하자면, 가학적 성욕감정Das sadistische Machtgefühl의 발동에서 파괴적 성적 쾌감Das sadistische Zerstörungsgefühl을 누리고자 하는 성향으로 이를 일으키는 조건이 구비되면 격세유전 현상이 되어 나타난다.

## 폭력살해

### 폭력살해의 종류·빈도

독살에 비해서 폭력살해는 점차 그 빈도가 감소하는 것은 앞 장에서 논한 바와 같다. 이는 여자의 체질과 체격이 그 범죄에 적당하지 않기 때문이다. 그러나 오늘날 아직도 전체의 28%를 차지한다. 그 빈도 및 종류를 나타내면 다음과 같다.

**폭력적 남편살해의 종류 및 빈도**

| 종 류 | 실 수 | 백분율(%) |
|---|---|---|
| 1. 이도(利刀) | 7 | 41 |
| 2. 교살(絞殺) | 6 | 35 |
| 3. 둔기(鈍器) | 2 | 12 |
| 4. 익살(溺殺) | 1 | 6 |
| 5. 분살(焚殺) | 1 | 6 |
| 계 | 17 | 100 |

병합 당초의 폭력적 남편살해를 고쿠분 산카이國分三亥의 논문에서 인용 산출하면,

---

29 프랑스 시민혁명(1789년), 7월혁명(1830년), 2월혁명(1848년)을 뜻한다.

**폭력적 남편살해의 종류 및 빈도(1911~1915년)**

| 종 류 | 실 수 | 백분율(%) |
|---|---|---|
| 이도 | 28 | 53.8 |
| 2. 교살 | 18 | 34.6 |
| 3. 둔기 | 4 | 7.7 |
| 4. 분살 | 2 | 3.9 |
| 계 | 52 | 100 |

즉, 나(구도 다케키…번역자 주)의 조사와 대략 비슷한 결과로, 고쿠분의 조사에 있어서 날카로운 칼(利刀)을 이용하는 경우가 약간 많고, 물에 빠뜨려 살해(溺殺)하는 경우가 빠져있는 점이 다르다[30].

따라서 범죄 사실에 있어서 이를 조사하면 손도끼·곤봉을 사용하여 무수한 창상을 입히거나, 혹은 귀의 고막을 때려서 뜨거운 기름을 붓거나, 혹은 키스를 요구해서 그 혀를 씹어 자르는 등, 그 방법이 모두 심히 유치하다.

## 공범의 유무

### 독살

**남편 독살 공범 유무 비례**

| 종류 | 인원 | 백분율(%) |
|---|---|---|
| 1. 공범 | 8 | 19 |
| 2. 단독 | 34 | 81 |
| 계 | 42 | 100 |

---

30 참고로 1917년 고쿠분 산카이씨의 논문에서 남편살해 수단은 전체 128명 중에 毒殺(72명), 絞殺(18명), 斬殺(28명), 撲殺(4명), 燒殺(2명), 기타(4명)으로 되어 있다. p.13.

### 폭력살해

남편 폭력살해 공범 유무 비례

| 종류 | 인원 | 백분율(%) |
|---|---|---|
| 1. 공범 | 6 | 37.5 |
| 2. 단독 | 10 | 62.5 |
| 계 | 16 | 100 |

위의 두 표에서 보는 것처럼, 독살범의 경우에 공범 유무의 비례는 약 2 : 8이지만, 폭력살해범에 있어서는 4 : 6이다. 이 비율에 있어서 폭력살해범의 공범 수가 18.5% 증가하고, 실제 수에 있어서 배가 된다.

이 차이는 앞 장에서도 논한 바와 같이, 남녀 체격의 차이에 기인하는 것으로 독살사용에 완력이 필요하지 않고, 폭력살해범에는 타의 도움을 받거나, 혹은 약간의 숙련을 요하기 때문이다.

남편이라고 하면 누구라도 남에게 굴하지 않는 체구 당당한 남자를 상상한다. 하지만, 이를 범죄 사실에 근거해서 보면 아직 10세에 미치지 않은 남자를 훨씬 연장인 여자가 교살하는 등, 어떠한 곤란도 없이 수행 가능한 경우가 많다.

폭력적 남편 살해범에 있어서 공범자의 종류는 다음과 같다.

| | | |
|---|---|---|
| 1. 간부(姦夫)와 공범 | | 3 |
| 2. 가족과 공범 | ① 3남의 부인 | 1 |
| | ② 아들 | 1 |
| | ③ 매부 | 1 |

## 범죄시의 연령

남편살해범의 범죄 당시의 연령

| 연령 | 실 수 | 백분율(%) |
|---|---|---|
| 15세 | 7 | 10.45 |
| 16세 | 11 | 16.42 |
| 17세 | 13 | 19.40 |
| 18세 | 4 | 5.97 |
| 19세 | 2 | 2.98 |
| 20세 | 1 | 1.50 |
| (이상 15~20세) | (38) | (57.00) |
| 21세 | 1 | 1.50 |
| 23세 | 3 | 4.50 |
| 24세 | 1 | 1.50 |
| 25세 | 3 | 4.50 |
| 27세 | 3 | 4.50 |
| 28세 | 4 | 5.97 |
| 30세 | 1 | 1.50 |
| (이상 21~30세) | (16) | (23.00) |
| 32세 | 1 | 1.50 |
| 35세 | 1 | 1.50 |
| 36세 | 1 | 1.50 |
| 38세 | 1 | 1.50 |
| 39세 | 1 | 1.50 |
| 40세 | 2 | 2.98 |
| (31~40세) | (7) | (14.00) |
| 42세 | 2 | 2.98 |
| 45세 | 1 | 1.50 |
| (41~50세) | (3) | (3.00) |
| 51세 | 1 | 1.50 |
| 52세 | 1 | 1.50 |
| 60세 | 1 | 1.50 |
| (51~60세) | (3) | (3.00) |
| 계 | 67 | 100.00 |

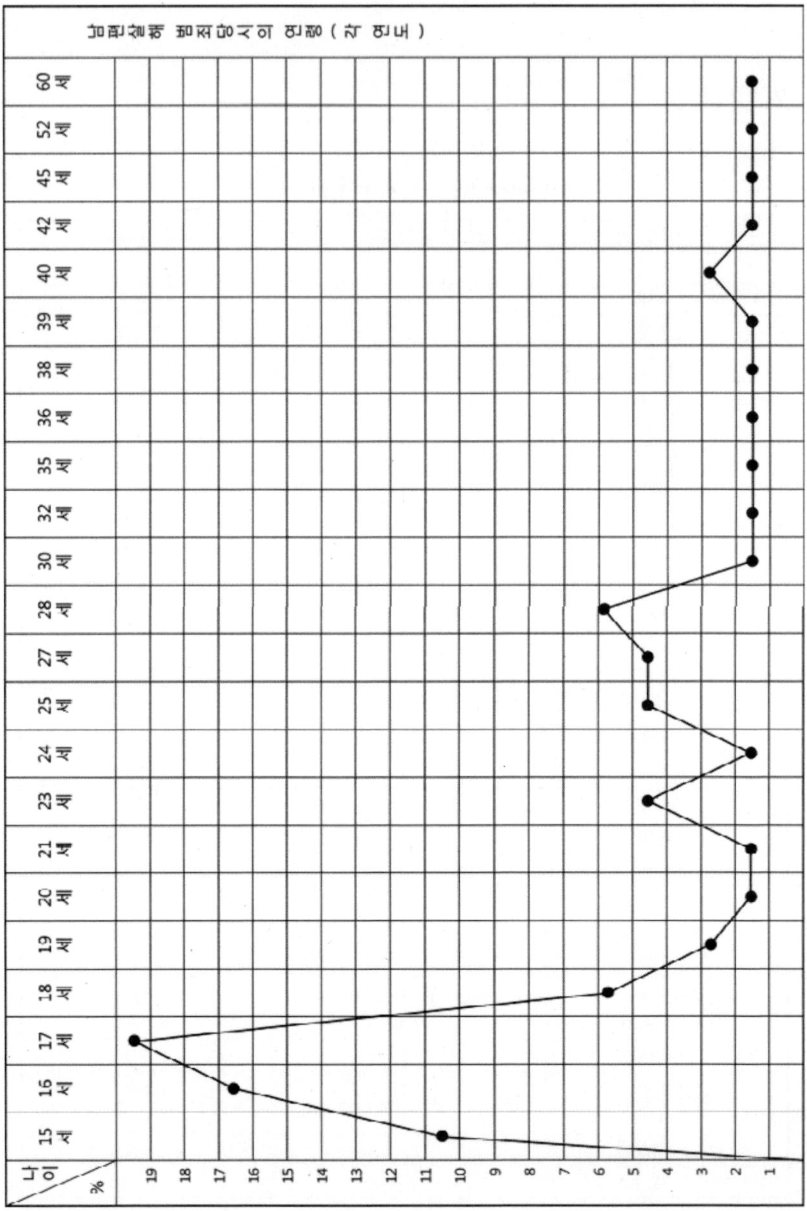

그래프 10

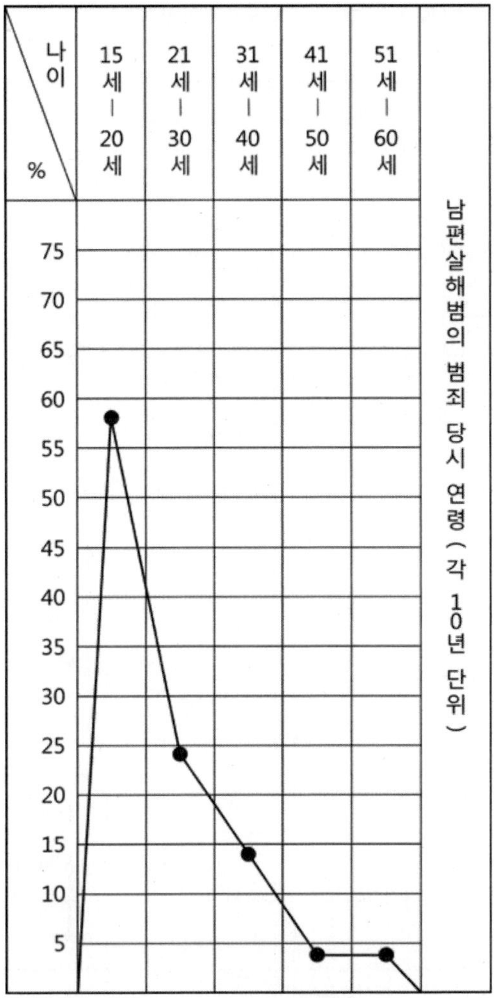
나이
%
15세-20세
21세-30세
31세-40세
41세-50세
51세-60세
75
70
65
60
55
50
45
40
35
30
25
20
15
10
5
남편살해범의 범죄 당시 연령(각 10년 단위)

그래프 11

## 범죄 당시의 역월曆月 및 그 기온의 관계

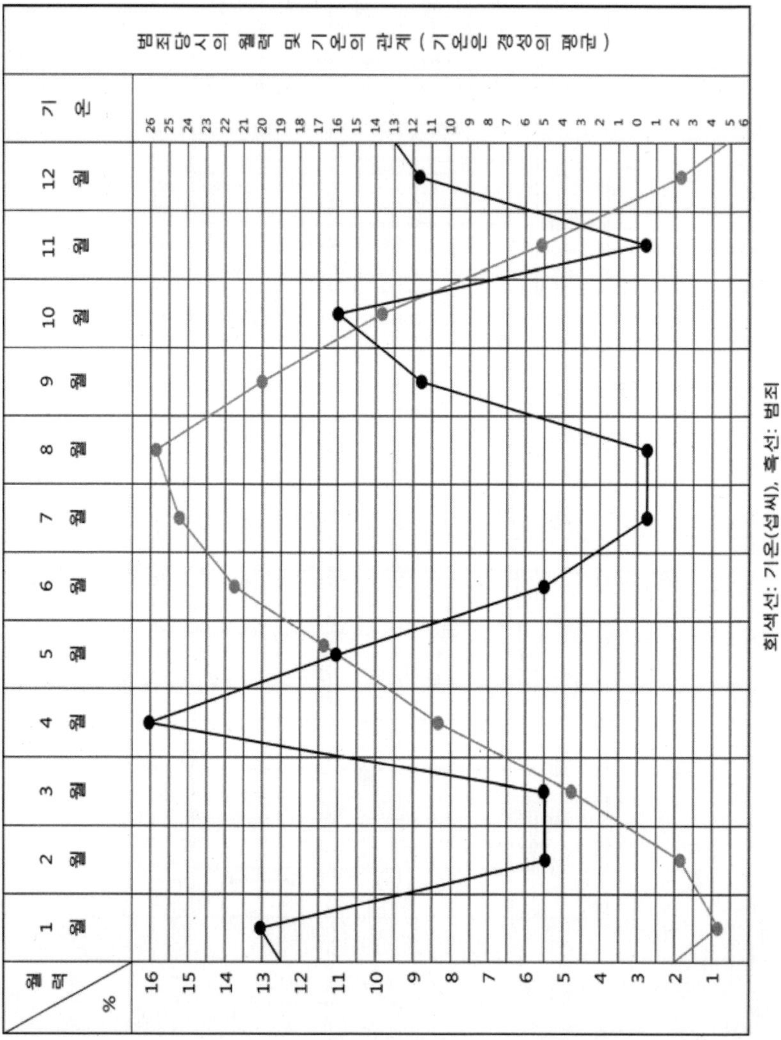


그래프 12

**범죄시와 역월 및 기온(경성의 평균기온)**

| 역월 | 수 | 백분율(%) | 기온 |
|---|---|---|---|
| 1월 | 5 | 13 | 영하4.6 |
| 2월 | 2 | 5.5 | 영하1.9 |
| 3월 | 2 | 5.5 | 3.4 |
| 4월 | 6 | 16 | 10.8 |
| 5월 | 4 | 11 | 16.1 |
| 6월 | 2 | 5.5 | 21.2 |
| 7월 | 1 | 2.75 | 24.7 |
| 8월 | 1 | 2.75 | 25.6 |
| 9월 | 3 | 8.80 | 20 |
| 10월 | 4 | 11 | 13.2 |
| 11월 | 1 | 2.75 | 5.0 |
| 12월 | 3 | 8.8 | 영하2.1 |
| 합계 | 34 | 100 | |
| 평균 | 2.83 | 8.30 | 11.0 |

위의 표에서 특히 기온과 범죄 빈도에 있어서 주목할 것은, 범죄가 가장 많이 일어나는 달은 기온이 가장 사람의 신체에 쾌적한 섭씨 10~20도에 이르는(화씨 50도에서 약 70도) 4월, 5월, 9월, 10월(경성지방에는 개와 고양이의 교미기에 해당)에 가장 많다. 그리고 2~3월, 6~8월은 두드러지게 감소한다. 단, 예외로써 12월 및 1월은 다시 빈도가 증가한다. 이 현상의 원인은 아마도 조선의 관습상 이 두 달은 '온돌'이라 하는 일종의 특별한 구조를 가지는 따뜻한 방에 칩거하여, 범죄 기회와 성적 자극이 기온 이외 인공적 온도의 영향을 입기 때문일 것이다. 이를 범죄 사실에 근거하면, 이 두 달간 거의 모든 범죄는 실내에서 일어남을 본다. 더욱이 기온과 범죄와의 관계에 있어서는 뒤에서 논할 본 범죄(남편살해)와 간통의 조목에서 상세히 서술하겠다.

## 월경과 범죄와의 관계

월경 상태에서 보이는 51명의 조선 여자 남편살해범에 대한 그 범죄 감행과 월경의 관계를 조사하면 다음과 같다.

### 초경 이전初經未潮

초경 이전

| 형무소 | 씨명번호 | 연령 |
|---|---|---|
| 평양 | 1175 | 15 |
| 해주 | 4 | 15 |
| 평양 | 1055 | 16 |
| 평양 | 599 | 15 |
| 해주 | 10 | 16 |
| 서대문 | 1681 | 16 |
| 함흥 | 38 | 17 |
| 서대문 | 952 | 15 |
| 서대문 | 1613 | 16 |
| 공주 | 24 | 17 |
| 광주 | 123 | 16 |
| 서대문 | 962 | 15 |
| 서대문 | 337 | 17 |
| 합계 | 13 | - |

### 갱년기 폐경후更年經閉後

갱년 폐경후

| 형무소 | 수감번호 | 연령 |
|---|---|---|
| 평양 | 1116 | 52세 |
| 대구 | 348 | 60세 |
| 합계 | 2명 | - |

### 임신경폐중妊娠經閉中

임신경폐중

| 형무소 | 수감번호 | 연령 | 임신월수 |
|---|---|---|---|
| 평양 | 806 | 30 | 3개월 |
| 평양 | 905 | 35 | 〃 |
| 서대문 | 229 | 25 | 〃 |
| 대구 | 477 | 25 | 5개월 |
| 평양 | 969 | 17 | 6개월 |
| 광주 | 200 | 32 | 8개월 |
| 평양 | 1493 | 40 | 9개월 |
| 광주 | 12 | 25 | 불명 |
| 합계 | 8명 | (임신월수평균5개월3분) | |

### 수유경폐중授乳經閉中

수유폐경중

| 형무소 | 수감번호 | 연령 | 산후경과시 |
|---|---|---|---|
| 함흥 | 51 | 27 | 2개월 |
| 평양 | 1377 | 28 | 12개월 |
| 합계 | 2명 | - | - |

### 월경주기중月經週期中

월경주기중

| 형무소 | 수감번호 | 연령 | 월경전후의 관계 |
|---|---|---|---|
| 평양 | 898 | 24 | 월경중 |
| 대구 | 311 | 17 | 월경중(제1일) |
| 대구 | 1070 | 42 | 월경중(제2일) |
| 해주 | 12 | 27 | 월경중 |
| 함흥 | 89 | 28 | 〃 |

| 형무소 | 수감번호 | 연령 | 월경전후의 관계 |
|---|---|---|---|
| 평양 | 855 | 16 | 〃 |
| 평양 | 1601 | 18 | 〃 |
| 해주 | 21 | 19 | 〃 |
| 서대문 | 467 | 19 | 〃 |
| 공주 | 14 | 17 | 〃 |
| 광주 | 133 | 16 | 〃 |
| 평양 | 185 | 23 | 월경중(제2일) |
| 광주 | 39 | 28 | 〃 |
| 함흥 | 90 | 17 | 〃 |
| 서대문 | 1708 | 17 | 〃 |
| 서대문 | 527 | 17 | 〃 |
| 서대문 | 850 | 17 | 월경전3일째 |
| 평양 | 372 | 27 | 〃3일째 |
| 해주 | 11 | 16 | 〃5일째 |
| 광주 | 410 | 21 | 〃8일째 |
| 평양 | 879 | 23 | 〃10일째 |
| 해주 | 13 | 23 | 〃10일째 |
| 해주 | 8 | 16 | 〃15일째 |
| 서대문 | 1184 | 15 | 월경후2일째 |
| 함흥 | 40 | 36 | 〃3일째 |
| 광주 | 304 | 17 | 〃4일째 |
| 해주 | 29 | 15 | 〃5일째 |
| 공주 | 26 | 17 | 〃7일째 |
| 평양 | 1738 | 43 | 〃8일째 |
| 공주 | 1 | 18 | 〃10일째 |
| 함흥 | 4 | 16 | 〃15일째 |
| 계 월경중 16 월경전 7 월경후 8<br>총계 31 | | | |

이상의 표를 종합하면,

| | | |
|---|---|---|
| 무월경상태중 | ① 초경전 | 13 |
| | ② 갱년후 | 2 |
| | ③ 임신중 | 8 |
| | ④ 수유경폐중 | 2 |
| 계 | | 25 |
| 월경주기중 | | 31 |
| 총계 | | 56 |
| **월경주기중만을 분류하면** | | |
| 월경중 | | 16(51.6%) |
| 간헐시 | | 15(48.4%) |
| 계 | | 31 |

월경의 가장 일반적인 형태인 즉 28일로 볼 때, 월경 지속을 평균 4일로 하면, 월경시와 간헐시의 빈도 비례는 4 : 0.625이다. 바꾸어 말하면, 월경시는 간헐시에 비해서 여섯 배 강한 범행이 일어나는 비율이 된다. 월경과 범죄 관계에서 가장 특징적인 것은 남편살해 중 아직 월경이 없는 어린 여자가 20%를 차지한다는 점이다.

### 임신 · 수유기와 범죄

무월경無月經 상태 중, 초경 전과 갱년 후를 제외하면 거의 임신 중에 또는 수유기 중에 범죄가 일어남을 볼 수 있다. 임신 3개월이 가장 많은 43%를 차지하고, 그 다음은 일정하지 않다.

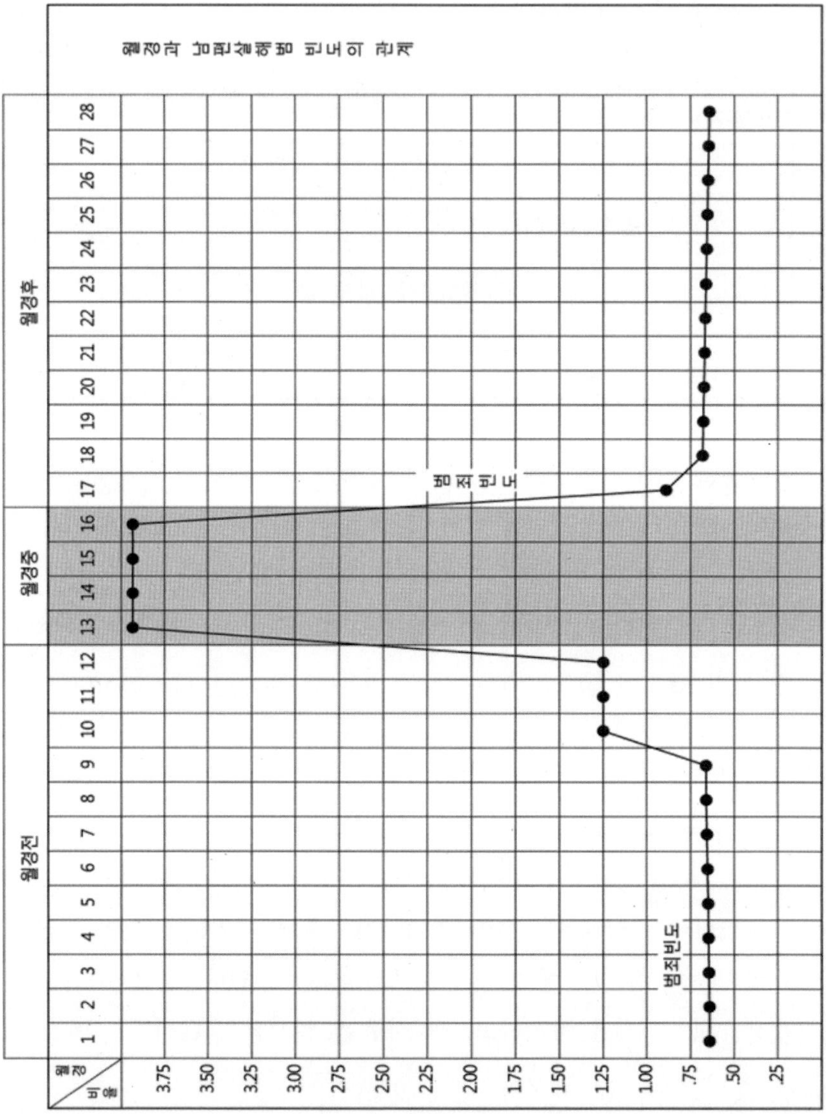
월경전
월경중
월경후
범죄빈도
범죄빈도
비율
월경
3.75
3.50
3.25
3.00
2.75
2.50
2.25
2.00
1.75
1.50
1.25
1.00
.75
.50
.25

그래프 13

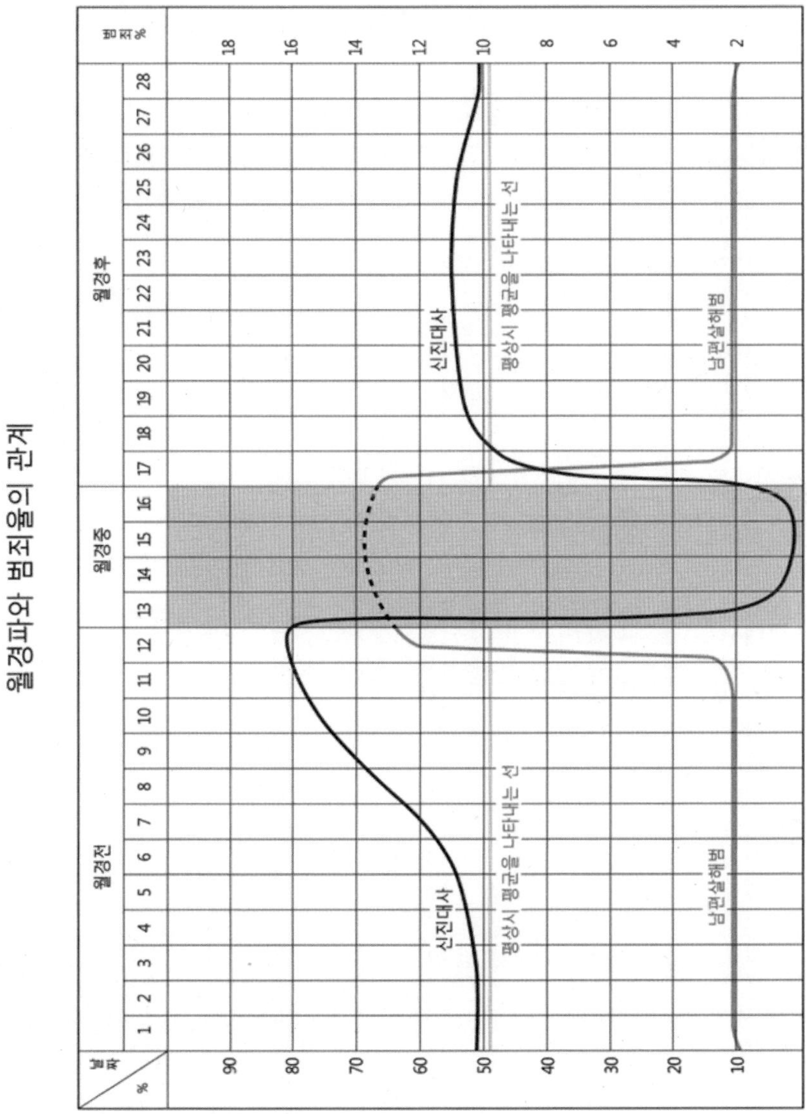
월경파와 범죄율의 관계
월경전
월경중
월경후
날짜
%
범죄%
신진대사
평상시 평균을 나타내는 선
남편살해범
신진대사
평상시 평균을 나타내는 선
남편살해범

그래프 14

## 결혼에서 남편살해에 이르기까지의 경과시

결혼에서 남편살해에 이르기까지의 경과시

| 형무소 | 수감번호 | 결혼연령 | 범행연령 | 경과시 |
|---|---|---|---|---|
| 함흥 | 9 | 17 | 17 | 해당연도 |
| 해주 | 29 | 15 | 15 | 〃 |
| 서대문 | 962 | 15 | 15 | 〃 |
| 해주 | 11 | 16 | 16 | 〃 |
| 해주 | 8 | 16 | 16 | 〃 |
| 서대문 | 952 | 15 | 15 | 〃 |
| 평양 | 1601 | 18 | 18 | 〃 |
| 서대문 | 1681 | 16 | 16 | 〃 |
| 서대문 | 850 | 16 | 17 | 1 |
| 서대문 | 1184 | 14 | 15 | 1 |
| 함흥 | 4 | 15 | 16 | 1 |
| 해주 | 4 | 15 | 16 | 1 |
| 서대문 | 237 | 15 | 16 | 1 |
| 평양 | 1175 | 13 | 15 | 2 |
| 대구 | 311 | 15 | 17 | 2 |
| 서대문 | 527 | 15 | 17 | 2 |
| 서대문 | 337 | 15 | 17 | 2 |
| 광주 | 123 | 14 | 16 | 2 |
| 광주 | 133 | 14 | 16 | 2 |
| 서대문 | 467 | 17 | 19 | 2 |
| 평양 | 969 | 15 | 17 | 2 |
| 함흥 | 38 | 15 | 17 | 2 |
| 해주 | 10 | 13 | 16 | 3 |
| 공주 | 26 | 14 | 17 | 3 |
| 함흥 | 90 | 14 | 17 | 3 |
| 공주 | 24 | 14 | 17 | 3 |
| 서대문 | 1613 | 13 | 16 | 3 |
| 해주 | 21 | 16 | 19 | 3 |
| 평양 | 855 | 13 | 16 | 3 |
| 광주 | 276 | 14 | 17 | 3 |
| 평양 | 599 | 15 | 19 | 4 |
| 광주 | 410 | 17 | 21 | 4 |
| 광주 | 304 | 13 | 17 | 4 |

| 형무소 | 수감번호 | 결혼연령 | 범행연령 | 경과시 |
|---|---|---|---|---|
| 평양 | 185 | 18 | 23 | 5 |
| 공주 | 14 | 12 | 17 | 5 |
| 공주 | 1 | 13 | 18 | 5 |
| 평양 | 1055 | 13 | 19 | 6 |
| 평양 | 58 | 14 | 20 | 6 |
| 서대문 | 229 | 17 | 25 | 8 |
| 광주 | 200 | 14 | 22 | 8 |
| 해주 | 13 | 15 | 23 | 8 |
| 서대문 | 233 | 9 | 18 | 9 |
| 대구 | 477 | 16 | 25 | 9 |
| 서대문 | 1708 | 8 | 17 | 9 |
| 함흥 | 89 | 19 | 29 | 10 |
| 평양 | 806 | 17 | 28 | 11 |
| 평양 | 879 | 12 | 23 | 11 |
| 광주 | 12 | 13 | 25 | 12 |
| 서대문 | 367 | 33 | 45 | 12 |
| 해주 | 12 | 15 | 27 | 12 |
| 평양 | 372 | 14 | 27 | 13 |
| 광주 | 39 | 15 | 28 | 13 |
| 평양 | 1377 | 14 | 28 | 14 |
| 평양 | 898 | 9 | 24 | 15 |
| 함흥 | 51 | 13 | 28 | 15 |
| 공주 | 5 | 14 | 30 | 16 |
| 함흥 | 40 | 15 | 36 | 21 |
| 평양 | 1493 | 15 | 40 | 25 |
| 서대문 | 581 | 13 | 39 | 26 |
| 대구 | 1070 | 16 | 42 | 26 |
| 대구 | 914 | 14 | 40 | 26 |
| 평양 | 905 | 15 | 42 | 27 |
| 평양 | 1738 | 14 | 42 | 28 |
| 대구 | 348 | 22 | 60 | 38 |
| 평양 | 1116 | 13 | 52 | 39 |
| 계 | 65 | - | - | - |

이것을 종합하면,

| 결혼후 경과시 | 실 수 | 백분율(%) |
|---|---|---|
| 해당연도내 | 8 | 12.30 |
| 1년내 | 4 | 6.15 |
| 2 〃 | 9 | 13.84 |
| 3 〃 | 8 | 12.30 |
| 4 〃 | 3 | 4.61 |
| 5 〃 | 3 | 4.61 |
| 6 〃 | 2 | 3.08 |
| 8 〃 | 3 | 4.61 |
| 9 〃 | 3 | 4.61 |
| 10 〃 | 1 | 1.54 |
| 11 〃 | 2 | 3.08 |
| 12 〃 | 3 | 4.61 |
| 14 〃 | 1 | 1.45 |
| 15 〃 | 2 | 3.08 |
| 16 〃 | 1 | 1.54 |
| 21 〃 | 1 | 1.54 |
| 25 〃 | 1 | 1.54 |
| 26 〃 | 3 | 4.61 |
| 27 〃 | 1 | 1.54 |
| 28 〃 | 2 | 3.08 |
| 29 〃 | 1 | 1.54 |

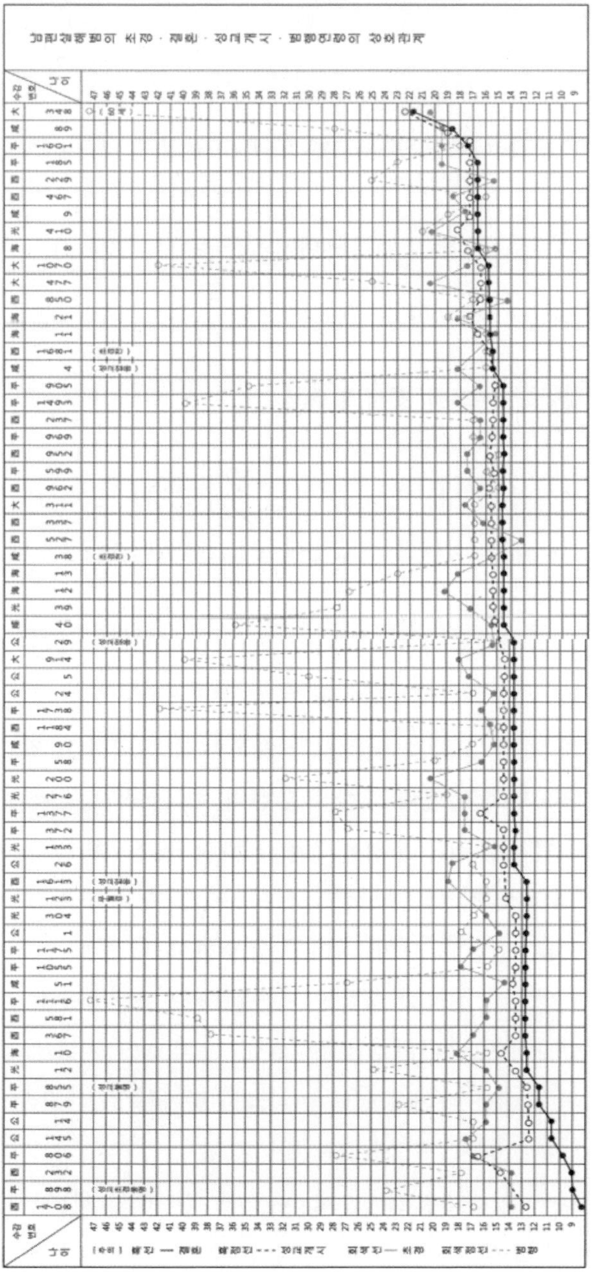

그래프 15

이상의 표에서 보면, 결혼 3년 이내가 전체 수의 44.6%를 차지한다. 이 비율은 명목상의 결혼에서 계산한 탓에, 실제 성적인 부부관계에 들어가는 시기로 계산하면 더욱 증가할 것이다.

## 남편 살해범에 부과된 조선의 형벌

남편 살해범은 모든 범죄 중 가장 중대한 것으로 취급 되어, 이른바 기강범紀綱犯의 첫째로 손꼽힌다. 당연히 범인을 극형에 처할 뿐 아니라, 그 향리에 대하여 오가통五家統 제재를 가한다.

'오가통 제재'를 가한다 함은, 그 통장(다섯 가구를 1통이라 하고, 거기에 통장統長을 둠), 이장里長, 향장鄕長, 좌수座首, 군주郡主의 오장五長이 그 직책을 등한히 하고 교화가 미치지 않았음으로 이러한 범죄가 일어난 것으로 생각하여 엄벌에 처함을 뜻한다. 그 소속 읍호邑號의 등급이 강등되고, 범인의 집은 부정한 집이라 하여 소각하여 그 가옥의 토지는 깊게 파서 멀리 야외에 소각하는 등, 그 죄가 구족九族에 미치는 것 이상으로 준엄한 형이 내려짐을 뜻한다.

조선의 법률은 중국의 당율唐律 · 명율明律을 모방하였다. 그 법령은 유교에 입각하여 남편의 지위를 부모 · 조부모의 존족尊族과 동렬에 두고, 남편에 대한 아내의 범행을 지극히 중악한 죄로 간주하여 일반 살인죄와 분명하게 구별을 한다.

즉, 구한국 형법대전刑法大全 제498조에 「본 장의 제1절 제2절 제3절 제4절의 소행(모살謀殺 · 고살故殺 · 투살鬪殺의 소행…인용자 주)으로 조부모 · 부모 또는 선조 이상의 친존장親尊長, 남편夫 혹은 남편의 조부모 ·

부모 또는 선조 이상의 친존장을 살인한 자는 교絞」[31]라고 규정하였다. 이는 당율에 이른바 십악十惡(모반謀反 · 모대역謀大逆 · 모반謀叛 · 악역惡逆 · 부도不道 · 대불경大不敬 · 불효不孝 · 불목不睦 · 불의不義 · 내란內亂)의 하나인 악역惡逆(악역이란 조부모 · 부모를 때리거나, 모살하거나, 백부 · 백모 · 숙부 · 숙모 · 시어머니 · 형 · 손위누이 · 외소부모를 살해하는 것을 말한다)에 해당한다. 또는 명율에 「무릇 조부모 · 부모 및 친존장 · 외조부모 · 남편 · 남편의 조부모 · 부모를 죽이기로 도모하고 실행한 자는 모두 처형하고, 이미 죽인 자는 모두 능지처사에 처한다(凡謀殺祖父母 · 父母及期親尊長 · 外祖父母 · 夫 · 夫之祖父母 · 父母已行者皆斬 · 已殺者皆凌遲處死).」는 것을 모방하였다.

메이지 45(1912)년 4월 형사령(朝鮮刑事令)이 실시됨에 따라 형법대전을 폐하였음에도, 본 조항은 그 효력을 존속시켜 조선인 부녀의 남편살해죄는 형법의 규정에 의거하지 않게 되었다. 이것은 조선 고래로부터 부부간의 의리와 이해를 잔존시켜 가정에 대한 법률상의 관념을 존중하고, 인륜의 변치 않는 도리(倫常)를 바르게 하고 공공의 질서公安를 지키고자 하는 취지임은 물론이다.

형사령에서는 이 취지에 의해 거의 예외 없이 사형을 법정화 하였으나, 병합 후에는 형사령 제41조의 지시에 준해서 천차만별의 정세와 상황을 감안하고, 범죄 소행의 경위를 고려하고 헤아려서, 미수와 그 외의 원인에 의해 법률상의 경감과 재판상의 작량감경酌量減輕(범죄의 정상을 참작하여 법관의 재량에 의하여 형을 감경하는 일)을 허락한다. 범행과 형을 부과하는 기준과 척도(權衡)를 헤아려, 반드시 엄벌만으로 대하지는 않더라 하더라도 다음의 표와 같이 중형에 해당한다.

---

31 『刑法大全』 제498조는 제5편(律例下) · 제9장 〈殺傷所干律〉 · 제12절 〈親屬殺死律〉에 속한다.

십악 중의 악역인 극형, 오가통의 제재, 교육의 보급, 유교의 훈계이 모두 조금도 효과를 내지 못하고, 타국에 없는 조선만이 해마다 다수의 남편살해범을 낸다. 그 진짜 원인인 여자의 생리生理에 입각하지 않는 법은 무효함을 여실히 드러내었다. 생리에 순행하면 처벌이 발생하는 일이 없고, 생리에 역행하면 어떤 처벌이라도 놀라지 않을 것이다.

**남편살해범 판결**

| 형의 종류/기간 | 실 수 | 백분율(%) |
|---|---|---|
| 사형 | 35 | 14.5 |
| 무기징역 | 16 | 8 |
| 징역20년 | 7 | 3.5 |
| 〃 15년 | 13 | 6.5 |
| 〃 12년 | 6 | 3 |
| 〃 11년 | 4 | 2 |
| 〃 10년 | 24 | 12 |
| 〃 8년 | 1 | 0.5 |
| 〃 7년 | 19 | 9.5 |
| 〃 6년 | 3 | 1.5 |
| 〃 5년 | 39 | 19.5 |
| 〃 4년 | 6 | 3 |
| 〃 3년 | 11 | 5.5 |
| 〃 2년 | 9 | 4.5 |
| 〃 1년 | 3 | 1.5 |
| 합계 | 196 | 100 |

## '선천성 범죄학설'과 '기회성 범죄학설' 그리고 조선 여자 남편살해범과의 비교

이탈리아의 의학자 체자르 롬브로소1836~1909, Cesare Lombroso는 그의 저서 『범죄생리학』에서 범죄자는 골격 · 체질 · 감각 · 용모 등에서 이미 선천성을 갖고 있으며, 이는 인간으로서 불완전하고 변성적變性的인 것으로 보았다. 이것은 범인을 완전한 인간으로서 범죄의 모든 책임을 범죄자 자신에게 부담시키고자 하는 학설에 반대하여, 범죄 책임을 선천적 · 유전적인 것으로 이해하는 학설을 세웠다. 같은 이탈리아의 앙리코 페리1856~1929, Enrico Ferri는 롬브로소의 학설에 반대하여, 개인적인 원인보다도 오히려 주위의 환경에 의한 경우가 많고, 그 범죄 책임은 사회가 짊어지지 않으면 안 된다고 하였다.

조선여자의 남편살해범이 과연 어떤 카테고리에 속하는지, 약간의 비교 검토를 하고자 한다.

### 선천성 범죄

(1) 다종다양한 범죄가 동일 여자에 의해 일어나는 일

선천성 여자 범죄의 특징으로써 항상 동일同一의 부인이 반복해서 다종다양한 범죄를 일으키는 현상으로 예를 들어 보자.[32]

〈브랑뷰女〉

1. 친부實父살해 2. 본부本夫살해 3. 친자實子살해 4. 간통
5. 음행매개 6. 근친상간 7. 절도 8. 방화 이상 여덟 종의 범죄

---

32 여기에 나오는 범죄인 여성 이름의 한글식 표기는 『여성범죄인』(이경재 옮김, 2013) pp.196-197, p.208 및 기타를 참고하였다.

〈안디안벨女〉

1. 간통 2. 유괴 3. 근친상간 4. 남편살해 5. 음행매개(더구나 친자식인 남매끼리 서로 간음하게 하고, 그들의 친아비인 자신의 남편을 살해하지 않으면, 남매간의 부정을 세상에 공표할 것이라는 공갈 재료를 만들기 위해) 6. 방화 이상 여섯 종의 범죄

〈고부레女〉

1. 매음賣淫 2. 절도竊盜 3. 사기詐僞 4. 살해殺害
5. 방화放火 이상 다섯 종의 범죄

〈봉파르女〉

1. 매음 2. 절도 3. 사기 4. 살해
5. 비방 · 훼손誹毁 이상 다섯 종의 범죄

〈트로살레로女〉

1. 매음 2. 절도 3. 간통姦通 4. 살해 이상 네 종의 죽일 죄(殺罪)

〈아그리피나女〉

1. 간통 2. 근친상간近親相姦 3. 살해 4. 살인교사殺人敎唆 이상 네 종

〈메살리나女〉

1. 간통 2. 매음 3. 절도교사竊盜敎唆 4. 살인교사 이상 네 종

〈오토랑기女〉

1. 매음 2. 절도 3. 독살 4. 장물고매贓物故買
5. 아동 성매매 알선(幼女淫事媒介) 이상 다섯 종의 범죄

(2) 잔인성

선천성 여자 범죄형의 제2의 특징으로써 지나친 잔인성을 지적할 수 있다. 즉, 이런 종류의 여자는 단순히 범죄 객체에 위해를 입히는 것으로 만족하는 것이 아니라, 그 방법도 지극히 잔인하며, 가급적

장시간에 걸쳐서 잔혹한 고통을 주고자 꾀한다. 살해 후에도 그 살을 씹고, 혹은 개 · 돼지에게 주어서 즐긴다. 살해의 방법도 유리의 가는 파편을 눈 속에 집어넣고, 귓구멍에서 가늘고 긴 흉기를 찔러 넣어 뇌수에 닿게 하거나, 전신에 황산을 붓기도 한다. 안구를 척출하거나 혀를 뽑거나 귓바퀴 · 콧방울을 잘라 내거나, 유방을 잘라 내거나, 신체를 토막 내거나 철을 지져서 몸에 붙이거나, 입속에 똥덩어리를 쑤셔 넣거나 혹은 생매장하거나 혹은 열탕 중에 넣어서 살해하는 등, 도저히 일반인이 상상할 수 없는 방법을 고안하여 이를 행하는 일이 보통이다.

(3) 신체 · 정신이 남자형Virilitat에 근사함

선천성 여자 범인은 항상 항진하는 성욕을 지니고, 거의 예외 없이 매음賣淫 행위를 하며 다수의 이성異性에 접근하는 일이 많다. 이러한 성적인 욕망 상태, 즉 본래 수동적인 성욕이 능동적으로 발동하는 것은 이미 남자형의 첫걸음으로 여자의 선천성 범죄형의 다른 여러 특징의 핵심을 이룬다.

다음으로 많은 것은 모성애를 소실하여 이에 수반하는 여자의 천성인 동정 · 자애심 등이 없다. 따라서 어린 자녀의 교육을 내팽겨치거나 혹은 타인의 손에 맡기거나 학대하고 심지어는 살해까지 한다.

그 성품이나 행동거지가 남성적이고, 늘 능동적으로 행동하고, 체격이나 제이차성징第二次性徵도 남자형에 가깝다. 어깨뼈와 둔부의 피하지방층皮下脂肪層의 발육 정도가 낮고, 목젖도 약간 돌출하였으며, 성조도 낮고 탁하여 남자에 가깝다. 그 애정이란 것도 말하자면 애타심Altruismus이 아니라 자기애의 발로에 지나지 않는다.

(4) 유전 관계

선천성 여자 범인은 유전적 관계가 깊고, 그 양친 · 백숙부모 · 조부모에게서 범죄와 정신병, 나병 · 간질 등을 발견할 수가 있다.

(5) 월경이상月經異常

선천성 여자 범인은 월경이상, 특히 조기월경이 가장 많고, 본장 제1절에 예로 든 봄바루는 8세에 월경을 시작했고, 프로스사렐로는 9세에 초경을 경험했다.

(6) 좌우 비대칭 신체, 전경후퇴前頸後退, 경골비대頸骨肥大 등

그 외, 계측상의 이상이 많다.

(7) 성욕이상性慾異常

본 절 제3항에 든 선천성 범죄형 여자가 항진하는 성욕을 지닐 뿐 아니라 거의 예외 없이 매음 행위를 하는 것 외에 종종의 병리적病理的 성욕을 지닌다.

### 유사[33] 또는 기회성 범죄

체격적으로 특별한 징후가 없으며, 모성애가 있고, 동일인이 여러 죄를 거듭하는 경우가 적으며, 잔인성을 띠지 않는다. 소위 남자형에 유사하지 않고 유전의 관계도 없다. 월경이상도 없고, 자기의 범죄를 바로 후회하고, 남자 범인처럼 감옥에서 악성을 증가하는 경향이 거의 없고, 매음의 여자와 같은 감방에 수용되는 것을 극단적으로 부끄러워한다. 일반인과의 차이는

33 원문에서는 '가성'(假性)으로 되어 있다.

| 유사 및 기회성 범죄의 특성 |
|---|
| 1. 암시에 대하여 예민한 것<br>2. 유혹에 대하여 저항력이 적음<br>3. 불우한 어린 시절<br>4. 모멸 또는 학대의 경험이 많음<br>5. 민족적 또는 지방적으로 여자 범죄를 유발하는 원인이 존재 |

예를 들면 스웨덴에서는 하류의 여자가 썰매 끄는 일을 업으로 삼는다. 그 때문에 갓 태어난 아이의 존재가 그녀들로부터 직업을 빼앗고 생활수단의 길을 끊어 생계를 위협하는 존재로 여겨지기도 한다. 이로 인해 초생아 살해범이 심히 많다. 혹은 문명과 야만이 교착하는 러시아에서는 남녀의 교제가 아무런 굴레 없이 행해지므로 낙태죄(현재는 국립낙태원에서 공인)와 영아嬰兒 살해범이 빈번히 일어나고 있다. 또한 백화점의 소매치기가 문명도시의 특유한 것처럼, 혹은 아메리카의 직업부인이 매음을 부업으로 하기 때문에 매음과 낙태가 빈번히 일어남과 같다.

그러나 위의 다섯 항목 중에 1과 2만이 범인 자신에게 속하고, 그 외 세 항은 모두 환경에서 기인한다. 남자의 기회적 범죄와 다른 점은 본래 경제적으로는 종속적 지위에 있음으로써 그 범죄율은 물가지수에 좌우되는 일이 적다.

### 남편살해범인과의 비교

1. 선천성 범죄형과의 비교

(1) 조선의 남편살해범은 단일성이고 다종다양하지 않다.

선천성 범죄형의 첫째로 들 수 있는 것은 한 여자가 다종다양한 범죄를 감행하는 점이다. 조선 남편살해범 66인에게 조사하면 누구도 초범자로서 재범 이상인 사람은 한사람도 없다. 단, 간통을 반복하는 자가 약 25%를 차지하기는 하나, 제2편 및 제3편, 제5편에서 언급한 것 같은 남편살해와 별개의 범죄가 아니고, 동일 원인에 의한 두 개의 징후로 간주해야 한다. 롬브로소 · 그라니엘 학파가 칭하는 다종다양한 범죄와는 성격이 전혀 다르다.

(2) 잔인성에 대해서

살해 그 자체가 이미 잔인한 일이지만, 선천성 범죄형에서 보여지는 것과 같은 성질의 것은 아니다. 남편살해는 단지 그 생명을 끊는 데에 목적이 있다. 고쿠분國分三亥의 보고처럼, 남편에게 키스를 요구해서 그 혀를 씹어 자르는 짓과 같은 잔혹한 방법도, 잔인성을 만족시키기 위한 행위라고 인정하기에는 부족하다.

1926년에서 1931년 사이에 범인을 접하는 여간수(女監取締)에게 관찰을 위탁한 결과, 반항적이고 집요한 자가 27%, 흥분성이 지나친 자가 17%, 교활한 자가 5%의 결과가 나왔으나, 잔인성의 항목에 해당하는 자는 한 사람도 없었다.

(3) 신체와 정신이 남자형에 근사한 점에 대해서

롬브로소 학파는 선천성 범죄형에 속하는 여자의 체형이 남자형에 가깝다는 점을 들고 있지만, 그 후 각국 의학자의 실험에서 모두 음성으로 판명되었고, 그 학파의 계통을 잇는 프랑스의 학파도 이를 폐기했다. 나 역시 이러한 실험을 시도하고자 법무국에 간청하였으나, 1932년 8월 12일 행형과장行刑課長으로부터 그것이 불가능하다는 통지가 왔음으로 이 점의 비교는 단념하지 않을 수 없다.

모성애의 소실의 경우, 20세 이하 대다수(57%), 분만을 경험한

산부 34명(54%)에 대하여 조사하였으나 모성애를 소실했다라고 인정할 만한 것이 없고, 또한 그 자식을 학대한 흔적은 없다.

(4) 유전적 관계

선전성 범죄형의 중요한 점을 이루는 유전적인 관계에 대한 부모·조부모·숙백부모·형제자매의 범위 내에 정신병·문둥병 및 간질·범죄자의 유무 조사에서도 한 사람도 이를 발견하지 못했다. 단, 양친의 어느 한쪽이 '술을 즐긴다(嗜酒).'라는 사람이 33%의 수치가 나오나, 그 기호의 정도가 의학상 어떤 정도인지는 불명하다.

말하자면, 유전적인 관계는 '술을 즐기는 것'을 제외하고는 전혀 관계가 없고, 음주국인 조선에 있어서 단순히 '술을 즐기는' 사람이 33%라는 것은 오히려 그 수가 적다고 할 것이다.

(5) 월경이상月經異常

월경이상, 특히 그 조기 월경 증세와 같은 것이 선천성 여자 범죄형의 특징이라 할 때, 남편살해범 조선인 여자의 경우 가장 빠른 시기는 12.6세, 평균 16.3세로 조선여자의 초경 평균 15세에 비하면 오히려 1년 3개월이 늦다.

(6) 골격·연부 표면의 특징

제3항에는 포함되지 않지만 육안으로 볼 때, 좌우비대칭·기형·모반母班 등을 발견하지 못했다. 일반인의 조선여자 보다도 오히려 조화로운 얼굴 생김새이며, 악감정을 일으키는 등의 영악한 사람은 한사람도 없고, 오히려 사악함이 없는 소녀 같은 느낌의 여자가 많다.

(7) 성욕상태

선천성 범죄형인 여자에게 성욕 이상자가 많다고 하나, 매음을 일삼는 자와 같은 사람은 없고, 조숙한 성욕(3%), 비교적 쾌감 결여(2%), 소년기호증(6%), 노년기호증(6%)이 드러나지만, 제2편 제18장에서 말한 것과 같은 일반여자와 비교하는 것이 도저히 불가능한 문제이다. 말하자면, 이상 일곱 항목은 모두, 선천성 범죄형으로서 취급할 만한 어떠한 것도 조선여자의 남편살해범은 이에 해당되지 않는다고 할 수 있다.

2. 기회성 범죄형과의 비교

(1) 암시에 대하여 민감

(2) 유혹에 대한 저항력 감소

어느 것이나 추상적인 것이므로 이를 비교하기는 곤란하나, 결과적으로 본다면 이 성질을 부정할 수는 없다.

(3) 어린 시절의 불우한 환경

남편살해범의 최대 다수는 양친의 손에서 자랐고, 혈연이 없는 사람의 손에서 양육된 사람은 전체의 8%에 지나지 않는다. 형제가 지나치게 많은 탓에 양육을 등한히 하여 기회범을 만든다는 주장도 있으나, 5인 이하의 식구인 경우가 전체의 87.3%를 차지하고, 6인 이상의 가족은 오히려 예외에 속하고, 조선인 일반 가정에 비해서 많다 라고는 할 수 없다.

막내는 양친의 지나친 사랑에 의해 기회성 범인이 많다고 하는 주장도 있으나, 조선여자의 남편살해 범인에 있어서는 장녀가 과반

수(51%)를 차지하고, 셋째 이상이 80%에 달하고 막내인 경우는 오히려 예외에 속한다. 따라서 남편살해범은 어린 시절의 경우가 불행했다고 말할 수 없다.

(4) 보별 또는 학대

조선에 있어서도 축첩을 당연시 하는 풍속에도 불구하고 서자·사생자는 사회에서 매우 모멸 당하는 것은 제6편 제2장 4절에서 언급하는 것과 같다. 그러나 남편살해범은 거의 대부분 적자(97%)이므로 사회에서 모멸 받는 위치에서 생장했다고 볼 수 없다. 남편 및 그 가정에서 모멸 학대를 당한 것이 거의 대부분이라는 것은 제3편 · 제6편에서 상술했다.

(5) 민족적 또는 지방적 원인 인자

이 점에 관해서는 제2편(제14장 · 제15장 · 제16장)과, 제6편(제1장 · 제6장 · 제7장)에서 언급한 것과 같이 조혼, 여자의 인격무시, 이혼의 불가능 등의 여러 가지 점들을 들 수 있다. 환언하면, 조선의 남편살해 범인은 전혀 선천적인 것과 관련이 없고, 완전히 기회성범죄에 속하고, 게다가 심히 제한된 일정한 원인에 의해 유발된 것이라 말할 수 있다.

# 제5장

# 남편살해범과 간통의 관계

## 조선에 있어서 부부의 의의 및 관념

조선에 있어서 결혼 습관은 총독부에 있어서도 여전히 일종의 편법으로써 다룰 정도로 특이하고 이례적인 것이다. '간통姦通'이란 남편이 있는 부인이 남편 이외의 남자와 임의의 간음을 행하는 것을 말하고, '유부녀有夫女'란 호적상 적법하게 혼인을 한 여자를 말하지만, 간단한 정의로써 규정할 수 없는 경우도 여럿 있다. 이 때문에 간통과 남편살해범의 관계에 있어서 그 본론에 들어가기 전에 조선에서 결혼의 형식, 방식의 개념에 관하여 약간의 언급할 필요가 있지 않을까 생각한다.

'부부夫婦'의 민법상의 해석은 극히 간단한 것으로 호적을 담당하는 관리에게 서류를 제출하고, 합법적으로 혼인하면 족하다(일본민법 제775조).[34] 단, 조선에 있어서는 약간의 차이가 있다. 반드시 호적등기를 필요로 하지 않고, 정식으로 혼인의 사실이 있으면 된다는 예외적인 경우를 총독부에 있어서도 인정하고 있다. 그러나 이러한 정식 혼인의 사실 여부가 곤란한 일에 속한다.

프리드리히는 '부부'를 정의하여 "적법적으로 인정된 남녀가 공동의 가정을 꾸미고, 성적인 관계를 이루고, 혹은 단순히 성적관계를 영위하는 것"이라고 하였으나, 형법조차도 강간에 의한 13세 이하의 여자와 혼인하는 것은 합법적이라고 말 할 수 없다. 또한 8~9세의 여아를 취하여 성적인 관계를 맺지 않는 것은, 조선에서는 부부라고

---

[34] 1898년에 시행된 민법(明治 31년 법률 제9호)에 의하여, 제755조는「第四編 親族」→「第三章 婚姻」→「第一節 婚姻の成立」→「第一款 婚姻の要件」에 "婚姻ハ之ヲ戸籍吏ニ届出ツルニ因リテ其効力ヲ生ス" 되어 있다.

하지 않는다.

혹은 현재 일본에서는 "부부란 법률에 의해 결합되어 일생 불가분의 공동생활을 영위하고, 성적 관계를 행하는 남녀를 말하며 애정과 존경, 희생과 인내의 상호 보조에 의해 성립하는 것"이라는 개념을 채택하고 있다. 민법 제788조의 '처는 혼인에 의해 남편의 집에 들어가는 것(妻ハ婚姻ニ因リテ夫ノ家ニ入ル)'을 강요하고 동일하게 제789조에는 '처는 남편과 동거함의 의무를 지(妻ハ夫ト同居スル義務チ負フ)'고, 제790조에는 '부부는 서로 부양할 의무가 있다(夫婦ニ互ニ扶養ヲ為ス義務ヲ負フ).'라고 하며 이를 위반하는 행위, 즉 '학대 · 모욕 등이 있으면 이혼을 청구할 수 있다'라고 민법 제813조의 규정이 있다.[35]

이러한 의의를 확장해서 부부재산제夫婦財産制에 이르고, 민법 제793조에서 제807조의 15개의 조목에 걸쳐 확연히 제삼자와의 재산과 구별한다. 그러나 이러한 법제는 국가의 체제를 갖춰 법률의 통제가 있는 일부일부제一夫一婦制를 인정할 때만 행해지고, 조선의 실생활에 적합한지의 여부는 의심이 있다. 남편살해범과 같이 타국에 있어

---

35 일본민법 813조는 다음과 같이 제한된 경우에 한해서 "이혼 소송 제기"를 할 수 있다.
1. 배우자가 중혼(重婚)을 하였을 때 2. 처가 간통을 했을 때 3. 남편이 간음죄로 인해 형을 받았을 때 4. 배우자가 위조, 뇌물, 외설, 절도, 사기로 재물을 취함(詐欺取財), 기부받은 재물(受寄財物取消), 장물에 관한 죄 또는 형법 제175조 · 제260조에 언급된 죄로 인하여 경죄(輕罪) 이상의 형을 받거나 그 외의 죄로 인하여 중금고(重禁錮) 3년 이상의 형에 처해졌을 때 5. 배우자로부터 동거할 수 없는 학대 또는 중대한 모욕을 받았을 때 6. 배우자로부터 악의적인 버림(遺棄)을 받았을 때 7. 배우자의 직계존속으로부터 학대 또는 중대한 모욕을 받았을 때 8. 배우자가 상대의 직계존속을 학대하거나 중대한 모욕을 하였을 때 9. 배우자의 생사가 3년 이상 분명하지 않을 때 10. 사위양자 연조(壻養子緣組)의 경우에 있어서 이연(離緣)이 있을 때 또는 양자가 집안의 자녀와 혼인을 할 경우에 있어서 이연 또는 연조(緣組)의 취소가 있을 때

서는 극히 드문 범죄가 조선에서만 일상에서 끊임없이 발생하는 것을 보면 이러한 결혼 양식에 있어서 무언가 그 원인이 되는 결함이 존재하는 것으로 조사할 필요가 있음을 확신한다.

인류의 원시시대에 있어서는 어떠한 민족도 '절도 없는 남녀관계 Promiskuität'의 상태에서 그 성적 행동은 본능적 충동에 따를 뿐이다. 그곳에 종교·도덕·법률 등의 정신생활을 규율하는 어떠한 굴레도 없고 간통과 같은 것도 전혀 그 의의가 없다. 조선도 공동혼共同婚·잡혼雜婚[36]·군혼群婚[37]·다부다처혼多夫多妻婚·다부혼多夫婚의 시대를 지나서 일부일부一夫一婦의 선행인 일부다처혼一夫多妻婚의 과도시대에 있음과 같다.

조선이 채용하는 당제唐制 황실전범은 일황후一皇后·구부인九夫人·팔빈八嬪·구첩부九婕婦·구미인九美人·칠세인七歲人, 합계 43명을 한 왕이 첩으로 삼는 규정이다. 이는 이토 공(伊藤博文)이 조선 왕실 개혁에 착수하기 까지 이러한 상태를 지금도 여전히 계승하여 그 모습을 유지하고 글로 형용하기 어려운 실상에 있다. 따라서 서민 사이에도 범죄 실례에 보는 바와 같이 다처혼에 대한 어떠한 사회적 제재도 없고 국교로서 채용한 주자학에 있어서는 처첩妻妾과 병기하는 실정이다.

첩은 본래 '신辛'과 '여女'를 합친 글자로써 신辛은 죄罪의 옛 문자이다. 죄 있는 여자는 종(婢)으로 삼는 옛 조선의 제도이며, 이는 여자를 재물로 삼는 제도 습관의 유습이다. 여기에 대해서는 '남편살해범의 원인론'을 다룰 때 다시 언급하겠다.

---

36 일정한 부부관계가 없이 무질서하게 행한 성적인 결합상태.
37 여러 명의 남녀가 서로 공동의 배우자가 될 수 있는 결혼 형태.

## 조선의 결혼 방식

### 약탈혼掠奪婚

본래 '약탈혼'[38]이란 포로의 남자는 노예로 여자는 처첩으로 삼는 것을 말한다. 하지만 조선의 각 도에서 현재 행해지는 약탈혼이란 것은, 첫째는 결혼비용(婚費)을 절약하기 위하여 쌍방 합의적인 것이 많다.

총독부가 심혈을 기울여 박멸하고자 하는 악습의 하나는 혼례婚禮와 장례葬禮에 막대한 비용이 드는 문제이다. 혼인과 장례에 자산을 쏟는 것이 모두 그렇다. 따라서 약탈혼이라는 편법을 취하는 것도 말하자면 예로부터 이러한 결혼 관습이 있기 때문이라고 할 수 있다.

둘째로, 종래의 조선 법률·관습은 과부寡婦의 재혼再婚을 전혀 인정하지 않았기 때문에, 여기서 또한 쌍방이 합의적으로 결혼하는 양식이다.

### 매매혼賣買婚[39]

『위지魏志』[40]의 기록에 의하면, 고대 조선 동옥저東沃沮 시대[41]에 혼담을 결정한 후, 처가는 돈과 교환하여 여자를 남자의 집으로 건네

---

38 원시시대에 신부될 사람을 다른 부족으로부터 빼앗아 오는 결혼 형태.

39 신랑이 신부 집에 금품을 지급함으로써 성립되는 혼인 형태. 신부의 노동력에 대한 보상의 의미를 지닌다.

40 중국 삼국시대 위(魏) 나라의 사서(史書)로 중국 진(晉) 나라 진수(陳壽)가 펴낸 삼국지의 하나로써 본기(本紀) 4권, 열전(列傳) 26권으로 구성되어 있다. 이 책의 〈동이전〉은 우리나라의 고대사를 연구하는데 중요한 사료가 된다.

41 중국에서 옥저를 달리 이르던 말. 고구려의 동쪽에 있다는 말이다. 함경도 일대에 위치한 고조선의 일 부족.

주는 풍습이 있었다. 오늘날에도 남자의 집안에서 여자의 집안에 납폐금納幣金[42] 또는 혼전婚錢이라는 적지 않은 금액을 교부하는 관습이 위아래로 널리 행해진다. 따라서 다음에 열거하는 변칙적인 결혼이 존재하는 이유이다.

### 사역혼使役婚

이 결혼 양식은 조선에만 있는 것이 아니라 슬라브Slav족 · 코카사스Caucasus족에게도 행해지던 것이나, 조선의 경우는 앞에서 언급한 것처럼, 빈곤한 남자가 다액의 납폐금 또는 혼전을 지불할 능력이 없고, 일정 기간 여자의 집에서 노동을 함으로써 혼전 즉, 납폐금을 대신하고 그 대가로서 여자를 데리고 집으로 돌아온다. 일종의 매매혼의 변형으로써 지금도 여전히 함경남도, 특히 북청北靑 지방에서 널리 행해지는 결혼 양식이다.

### 소아허혼小兒許婚

(1) 아동혼兒童婚

조선에서는 지금도 여전히 이 결혼 양식이 널리 행해지고 있다. 해주海州 형무소 여죄수 제29호, 서대문형무소 여죄수 제1613호, 제962호, 제237호의 6세에서 10세 전후에 이르는 아동과 결혼한 것이 그 예증이다. 조선에서 이 아동혼을 예혼預婚이라 한다(「세종칙령世宗勅令」 참고).[43]

---

[42] 혼인 때 신랑 집에서 신부 집으로 보내는 예물이나 돈. 결납금(結納金)이라고도 한다.
[43] 세종실록 21년 6월 26일자를 보면, "근자에 사대부의 집에서 혼인하는 일을 예제에 따르지 아니하옵고, 남녀의 나이가 겨우 열 살이 지나면 문득 혼인하며, 열 살에 이르

### (2) 여아혼女兒婚

조선에 있어서 여아혼은 그 근원이 심히 오래 되었다. 옥저시대에 있어서 여아가 10세에 달하면 혼인하는 관습이 있음은 『위지』에 기록되어 있고, 삼국시대 · 고려조 · 이조李朝로 연이어 이러한 관습을 이어 왔다. 위정자도 그 폐해를 인정해서 누누이 엄중한 금령을 내려 갑오년의 개혁(1909년)인 이대왕李大王[44]의 여아혼을 금하는 칙령에 이르기 까지 여러 번 금지를 위해 노력하였다. 그럼에도 바뀌는 바가 없고, 1931년의 조사에 의하면 8923인이 15세 이하의 여아결혼을 하였음을 알 수 있다. 1927년에서 1931년에 이르는 최근 5년간의 여아혼의 수는 5만 5519인에 이른다. 본인의 실례에 있어서도 서대문 형무소 여죄수 1708호, 동 233호처럼 8~9세의 여아혼에 해당된다.

조선의 풍습은 미혼 남자를 업신여기는 경향이 심하고, 장년이 되어서도 한 사람의 남자로서 대우하지 않고 이를 총각[45]이라 부르고, 하인이나 미혼의 주인에 대해서는 호칭을 버리는 습관조차 있다.

그러나 매매혼의 조목에서 언급했듯이 다액의 혼전 · 납폐금을 도저히 가난한 집의 남자가 감당할 수 있는 것이 아니다. 여기서 일종의 편법으로 7~8세 정도에서 10세 정도의 여아를 데리고 오는데 이를 양부養婦 또는 예부預婦라 칭한다. 이 예부를 소유한 남자는 사회에서 미혼의 총각이란 모욕을 받지 않고, 그 비용도 결혼의 약 십분의 일로 족하다.

---

지 못하였는데 납채와 납폐하여 임시 혼인을 하고 **예혼**이라고 이르는 자까지 있사옵니다" 라는 기록이 보인다(국사편찬위원회, 『조선왕조실록』).

44 이대왕은 고종(高宗)을 가리키며, 갑오개혁은 1894년인데, 구도의 원문에는 1909년으로 표기되어 있다.

45 원문에는 '雙角(천가)'로 표기 되어 있다.

이러한 관습이 오늘날 가장 성행하는 지방은 전라남도의 담양潭陽·곡성谷城·구례求禮, 경상북도의 영양英陽·봉화奉化·청송青松, 함경남도 일원 등지이다.

## 간통의 원인 및 수치

**간통 원인 비교표**

| 구별 | 내지 | | 조선 | | 대만 | |
|---|---|---|---|---|---|---|
| | 실 수 | 백분율 | 실 수 | 백분율 | 실 수 | 백분율 |
| 1. 이욕(利慾) | 1 | 4% | 12 | 7% | 2 | 2% |
| 2. 우발적 충동 | 2 | 8% | 8 | 2% | 3 | 3% |
| 3. 가정불화 | 3 | 12% | 18 | 11% | 12 | 15% |
| 4. 색욕 | 18 | 72% | 149 | 80% | 65 | 80% |
| 합계 | 24 | 100% | 181 | 100% | 82 | 100% |

참고 : 〈日本帝國司法省:第二十五行刑統計年報〉, 〈朝鮮總督府:統計年報 第六編〉, 〈臺灣總督府:司法事務集計表〉

'이욕' 및 '우발적 충동'이 원인인 경우는 극히 적고, '가정불화'가 원인인 경우도 드물다. 대만은 내지에 비해서 다섯 배, 조선은 네 배로, 삼자를 통해서 '색욕'이 원인인 경우가 최대 다수를 차지하고, 내지 72%, 조선 및 대만은 함께 전체의 80%에 달한다.

'가정불화'와 '색욕' 관계의 원인을 자세히 조사하면, 이것을 부인과학의 관점에서 볼 때 거의 불가분의 관계임을 알 수 있다. 즉,

① 남편을 혐오하거나, 혐오를 당함

② 남편이 술주정뱅이로 규방에서 폭력을 행사

③ 발기부전 또는 불능, 혹은 남편이 생식기 질환이 있거나 어려서 정사情事를 모름
④ 남편이 금전욕에만 몰두하고, 그 외에 어떠한 취미에도 몰이해하는 경우

위와 같은 경우에서 성적인 위로를 남편 이외의 이성에게 구하는 것에 기인한다. 남편살해죄에 있어서 간통은 그 특징이 특히 농후하고 현저하다.

간통죄는 내선內鮮 어디에나 친고죄親告罪에 해당하므로, 표면에 나타난 수치가 반드시 실제의 수치를 나타내는 것은 아니라 하더라도 내지에 있어서 최근 일 년간 간통죄는 25~35명, 평균 29명이다. 이는 인구 1만 명당 0.013%, 대만은 그 비례가 가장 많고, 일 년간 평균 82명, 0.4%를 나타낸다. 참고로 독일의 경우, 일 년간 평균 4인, 인구 1만 명에 0.00066%에 지나지 않는다. 내선의 간통죄 수를 비교하면, 수에 있어서 조선은 내지에 4배이고, 기혼 부인의 수에 비해 8배에 해당한다. 형법범의 총수에 비하면, 조선여자는 내지의 여자에 비해 20배에 상당한다. 단지 친고죄라고 소홀히 취급할 문제가 아니다. 마땅히 의학자도 법학자도 신중히 연구해야 할 책임이 있다고 생각한다.

### 조선에서 간통에 대한 형벌

남편살해범과 간통죄 같은 사회악은 사회의 질환이다. 단, 그 드러난 증상치료만을 시행하고 원인 치료를 시행하지 않는 한 이를 없앨

수는 없다. 다년간 문헌을 섭렵하더라도 예로부터 이러한 사회질환의 원인치료 방법에 관한 정책을 실시한 흔적을 발견할 수 없다.

이와 반대로 그 증상치료 방법에 관한 문헌은 풍부하다. 간통을 전혀 제재하지 않는 야만족이 있다. 그 결혼 양식상 간통을 인식하지 못하는 야만족이 있다. 이에 반해서 일본의 신영토인 마셜제도 Marshall Islands 토인의 경우 간통하는 남녀를 부족민이 모여서 박살내는 경우도 있다. 아바시, 인디안의 경우는 간통하는 부인의 코를 베고, 간통하는 남편(姦夫)은 제2의 첩을 들여 비용을 지불하면 되는 경우도 있다. 본래 간통은 그 학술용어 아둘테리움Adulterium이 뜻하는 것처럼 '이물질을 섞다Adultare' 라는 라틴어로 부양 의무가 있는 아이와 손자에 대하여 다른 종자를 섞는 것을 방지하는 부계父系제도의 소산이다. 영국법에 오랫동안 채용된 소위 정신적 간통 Spiritual offence은 성서의 '마음에 간음하는 자는......'의 영향을 입은 것이다.

따라서 혈통을 극단적으로 존중하는 조선에서는 간통에 대한 제재는 지극히 중하다. 고려조 성종왕成宗王 14년에 상서형부尙書刑部가 편제한 형률에는 노비가 주인의 첩과 간통할 때는 함께 목 졸라 죽인다. 또 아비와 할아버지父祖의 첩·백숙모·시어머니·자매·자손의 며느리·형제의 여자 상호간의 간통은 어느 것이든 교살絞首 등, 상대로 하여금 매우 번잡하고 준엄한 형벌로 임해도 조금도 감소하는 경향이 없다. 현행법은 일본의 형법에 준해 3년 이하의 징역에 처하더라도 딱히 증가하는 경향도 없다.

## 간부姦婦의 연령

조선은 여자의 생식기의 생리적 발육을 무시하고 상당히 조혼이 행해지고 있다. 따라서 그 성생활이 인위적으로 촉진되는 경향이 있다. 또는 조혼으로 말미암아 어린 시절부터 이미 남의 아내라 부르고, 혹은 단순히 혼약만으로 그 남편 될 사람이 사망하여도 남의 아내라는 이름으로 부른다. 때문에 다른 지방에서는 미혼부의 화간和姦인 경우도 조선에서는 이미 간통으로 간주된다.

내지의 경우, 20세 이하의 간통은 최근 5년간 한 사람도 통계에 올라있지 않았다. 대만에서는 겨우 전체의 8%에 지나지 않는 반면에 유독 조선만 20세 이하의 간통이 실로 전체의 4분의 1, 구체적으로 말하면 24.5%의 놀라우리만큼 다수를 차지한다.

지금 이 관계를 명료히 하기 위해서 다음의 표를 작성하였다. 그 근거는 제3장 간통 원인의 조목에 든 것과 같다.

**간부 연령 비교표**

| 연령 | | 인원 | 백분율(%) |
|---|---|---|---|
| 내지 | 20세 이하 | - | - |
| | 21~30세 | 9 | 36 |
| | 31~40세 | 7 | 28 |
| | 41~50세 | 9 | 36 |
| | 51~60세 | - | - |
| | 합계 | 25 | 100 |
| 조선 | 20세 이하 | 43 | 24.5 |
| | 21~30세 | 100 | 55.5 |
| | 31~40세 | 25 | 20 |
| | 41~50세 | 10 | 5.5 |
| | 51~60세 | 1 | 0.5 |
| | 합계 | 136 | 100 |

| 연령 | | 인원 | 백분율(%) |
|---|---|---|---|
| 대만 | 20세 이하 | 7 | 8 |
| | 21~30세 | 55 | 70 |
| | 31~40세 | 18 | 20 |
| | 41~50세 | 2 | 2 |
| | 51~60세 | - | - |
| | 합계 | 82 | 100 |

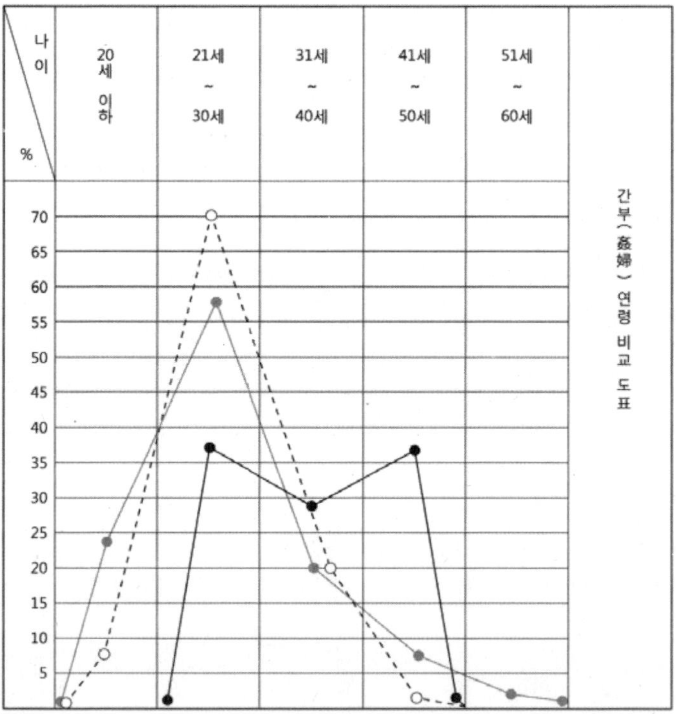


[주의] 흑선 : 내지간통여자, 회색선 : 조선간통여자, 흑점선 : 대만간통여자

……………………………………

그래프 16

## 간통을 시작한 달月 및 기온의 관계

간통을 시작한 달

| 형무소 | 수감번호 | 범죄당시 주소 | 범죄시 연령 | 간통 시작한 달 |
|---|---|---|---|---|
| 평양 | 709 | 황해도 | 27년5개월 | 9월 |
| 부산 | 10 | 경상남도 | 17년 | 2월 |
| 해주 | 37 | 황해도 | 34년11개월 | 4월 |
| 공주 | 39 | 충청북도 | 34년10개월 | 2월 |
| 부산 | 3 | 경상남도 | 18년9개월 | 9월 |
| 공주 | 23 | 충청북도 | 18년4개월 | 8월 |
| 부산 | 12 | 경상남도 | 34년6개월 | 8월 |
| 해주 | 17 | 황해도 | 43년 | 5월 |
| 평양 | 898 | 평안북도 | 24년 | 9월 |
| 〃 | 969 | 평안북도 | 17년 | 4월 |
| 〃 | 806 | 평안남도 | 28년6개월 | 12월 |
| 〃 | 1055 | 평안남도 | 16년11개월 | 9월 |
| 〃 | 1738 | 평안북도 | 42년2개월 | 12월 |
| 서대문 | 1681 | 경기도 | 16년 | 12월 |
| 공주 | 5 | 충청북도 | 30년11개월 | 1월 |
| 공주 | 14 | 충청남도 | 17년6개월 | 1월 |
| 평양 | 747 | 평안북도 | 26년 | 3월 |
| 해주 | 39 | 황해도 | 37년 | 5월 |
| 해주 | 20 | 〃 | 38년5개월 | 7월 |
| 평양 | 1459 | 평안북도 | 35년 | 4월 |
| 평양 | 547 | 평안북도 | 45년5개월 | 2월 |
| 공주 | 4 | 충청북도 | 41년10개월 | 10월 |
| 평양 | 447 | 평안북도 | 41년11개월 | 4월 |
| 해주 | 35 | 황해도 | 43년11개월 | 9월 |
| 공주 | 18 | 충청남도 | 44년6개월 | 1월 |
| 부산 | 22 | 경상남도 | 35년1개월 | 3월 |
| 대구 | 1413 | 경상북도 | 41년4개월 | 3월 |
| 공주 | 29 | 충청북도 | 31년11개월 | 4월 |
| 〃 | 30 | 〃 | 41년11개월 | 4월 |
| 〃 | 34 | 충청남도 | 40년10개월 | 5월 |
| 평양 | 694 | 평안북도 | 40년1개월 | 2월 |
| 〃 | 533 | 〃 | 34년4개월 | 2월 |
| 〃 | 390 | 〃 | 29년9개월 | 8월 |

| 형무소 | 수감번호 | 범죄당시 주소 | 범죄시 연령 | 간통 시작한 달 |
|---|---|---|---|---|
| 〃 | 555 | 〃 | 33년7개월 | 8월 |
| 〃 | 1677 | 〃 | 40년3개월 | 4월 |
| 부산 | 33 | 경상남도 | 41년5개월 | 1월 |
| 〃 | 7 | 〃 | 45년 | 10월 |
| 공주 | 35 | 충청남도 | 26년10개월 | 12월 |
| 해주 | 23 | 황해도 | 23년4개월 | 2월 |
| 부산 | 16 | 경상남도 | 34년10개월 | 8월 |
| 해주 | 1 | 황해도 | 31년4개월 | 3월 |
| 대구 | 597 | 경상남도 | 35년2개월 | 3월 |
| 평양 | 434 | 평안남도 | 45년3개월 | 2월 |
| 서대문 | 1609 | 경기도 | 33년11개월 | 10월 |
| 〃 | 301 | 〃 | 19년 | 7월 |
| 〃 | 196 | 〃 | 39년4개월 | 2월 |
| 〃 | 854 | 〃 | 42년10개월 | 4월 |
| 〃 | 1543 | 〃 | 42년1개월 | 10월 |
| 공주 | 40 | 충청남도 | 30년6개월 | 4월 |
| 평양 | 104 | 평안북도 | 28년6개월 | 10월 |
| 〃 | 1082 | 평안남도 | 25년 | 10월 |
| 〃 | 904 | 평안북도 | 27년8개월 | 4월 |
| 서대문 | 580 | 경기도 | 30년5개월 | 5월 |
| 평양 | 1371 | 평안북도 | 18년 | 10월 |
| 〃 | 417 | 평안남도 | 39년 | 7월 |
| 〃 | 441 | 평안북도 | 22년11개월 | 5월 |
| 〃 | 1014 | 평안남도 | 35년11개월 | 4월 |
| 〃 | 1115 | 〃 | 24년8개월 | 2월 |
| 부산 | 15 | 경상남도 | 20년11개월 | 12월 |
| 〃 | 11 | 〃 | 22년3개월 | 10월 |
| 〃 | 18 | 〃 | 40년7개월 | 4월 |
| 공주 | 3 | 충청북도 | 40년3개월 | 4월 |
| 〃 | 6 | 〃 | 22년5개월 | 1월 |

이상 65건의 간통을 개시한 시기를 달 별로 명료히 나타내면 다음과 같다.

간통을 시작한 월별표

| 월별 | 실 수 | 백분율(%) |
|---|---|---|
| 1월 | 5 | 7.7 |
| 2월 | 8 | 12.3 |
| 3월 | 5 | 7.7 |
| 4월 | 14 | 21.5 |
| 5월 | 5 | 7.7 |
| 6월 | - | - |
| 7월 | 3 | 4.6 |
| 8월 | 5 | 7.7 |
| 9월 | 4 | 6.1 |
| 10월 | 7 | 10.8 |
| 11월 | - | - |
| 12월 | 5 | 7.7 |
| 합계 | 65 | 100 |

이상 백분율과 기온(京城)과의 관계, 해당 각 달에 있어서 남편살해범 감행의 백분율을 할당해서 도표를 작성하면 위와 같다.

이 표에 의해 일목요연한 것처럼 간통 개시의 시기도, 남편살해범 감행도, 그 빈도는 서로 평행하고 화씨 50도 내지 70도, 섭씨 10도 내지 20도에 상당하는 시기에 그 빈도가 가장 많다. 기온이 그 이하로 내려가거나 그 이상으로 올라가면 간통과 범죄도 그 빈도가 점차 감소하고, 특히 기후가 상승하는 7월 및 8월에 가장 낮다.

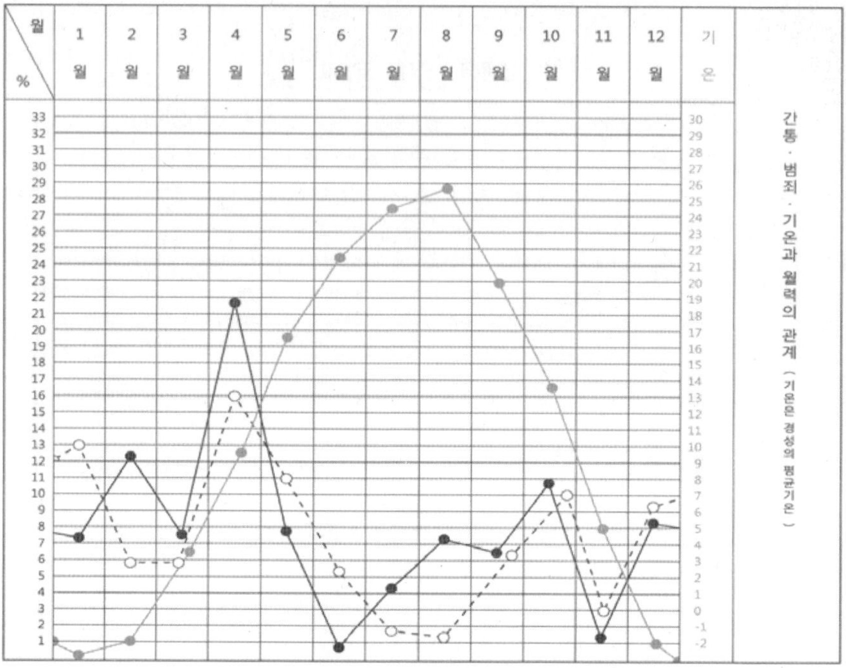


[주의] 흑선 : 간통개시, 흑점선 : 남편살해시, 회색선 : 기온은 경성 평균기온

..................................

그래프 17

## 임신, 간통 발생 시점, 남편살해범과 기온의 관계

임신력姙孕力은 기온의 영향을 입고, 그 풍토에 의해 일 년에 두 번, 그 땅의 기온이 사람의 신체에 쾌적한 달月曆에 임신 빈도가 가장 높은 것은 주지의 사실이다. 조선에 있어서도 과연 이러한 현상이 있는지 또는 그 달이 간통 발생 시점(姦通開始)과 남편살해와 어떠한 관계가 있는지 확인해 보고자 한다.

### 1930년 경성京城에 있어서 임신 월별표

| 출산월 | 임신월 | 내지인 | | 조선인 | | 외국인 | | 합계 | | 총계 | 백분율(%) |
|---|---|---|---|---|---|---|---|---|---|---|---|
| | | 남 | 여 | 남 | 여 | 남 | 여 | 남 | 여 | | |
| 1월 | 4월 | 145 | 125 | 414 | 363 | - | - | 559 | 488 | 1047 | 8.07 |
| 2월 | 5월 | 100 | 90 | 514 | 449 | - | - | 614 | 539 | 1153 | 9.06 |
| 3월 | 6월 | 113 | 106 | 446 | 457 | - | - | 557 | 563 | 1120 | 9.03 |
| 4월 | 7월 | 105 | 83 | 358 | 325 | - | - | 463 | 408 | 871 | 7.03 |
| 5월 | 8월 | 89 | 71 | 374 | 327 | - | - | 463 | 398 | 861 | 7.15 |
| 6월 | 9월 | 66 | 53 | 321 | 304 | - | - | 387 | 357 | 744 | 6.20 |
| 7월 | 10월 | 91 | 92 | 372 | 345 | - | - | 463 | 437 | 900 | 7.50 |
| 8월 | 11월 | 89 | 82 | 377 | 350 | - | - | 466 | 432 | 898 | 7.48 |
| 9월 | 12월 | 114 | 107 | 598 | 543 | - | - | 712 | 650 | 1362 | 11.35 |
| 10월 | 1월 | 124 | 106 | 452 | 405 | - | - | 576 | 511 | 1087 | 9.06 |
| 11월 | 2월 | 121 | 105 | 405 | 386 | - | - | 526 | 491 | 1017 | 8.48 |
| 12월 | 3월 | 78 | 65 | 424 | 448 | - | - | 572 | 513 | 1085 | 9.04 |
| 합계 | | 1,235 | 1,085 | 5,123 | 4,702 | - | - | 6,358 | 5,781 | 12,145 | - |

### 1931년 경성(京城)에 있어서 임신 월별표

| 출산 | 임신 | 내지인 | | 조선인 | | 외국인 | | 합계 | | 총계 | 백분(%) |
|---|---|---|---|---|---|---|---|---|---|---|---|
| | | 남 | 여 | 남 | 여 | 남 | 여 | 남 | 여 | | |
| 1월 | 4월 | 115 | 138 | 426 | 386 | - | - | 583 | 524 | 1107 | 8.99 |
| 2월 | 5월 | 106 | 95 | 448 | 431 | - | - | 594 | 526 | 1120 | 9.09 |
| 3월 | 6월 | 121 | 119 | 468 | 452 | - | - | 589 | 571 | 1160 | 9.41 |
| 4월 | 7월 | 106 | 79 | 375 | 348 | - | - | 481 | 427 | 908 | 7.37 |
| 5월 | 8월 | 88 | 76 | 383 | 342 | - | - | 471 | 418 | 889 | 7.22 |
| 6월 | 9월 | 71 | 55 | 332 | 307 | - | - | 403 | 362 | 765 | 6.21 |
| 7월 | 10월 | 99 | 91 | 399 | 351 | - | - | 498 | 442 | 940 | 7.63 |
| 8월 | 11월 | 84 | 83 | 381 | 371 | - | - | 465 | 453 | 918 | 7.45 |
| 9월 | 12월 | 109 | 101 | 568 | 522 | - | - | 677 | 623 | 1200 | 9.74 |
| 10월 | 1월 | 113 | 89 | 446 | 407 | - | - | 559 | 496 | 1055 | 8.56 |
| 11월 | 2월 | 123 | 108 | 416 | 391 | - | - | 539 | 499 | 1038 | 8.43 |
| 12월 | 3월 | 82 | 67 | 507 | 456 | - | - | 589 | 523 | 1112 | 9.03 |
| 합계 | | 1,217 | 1,101 | 5,191 | 4,763 | - | - | 6,448 | 5,864 | 12,312 | - |

최근, 이 두 해의 백분율을 평균하면,

**1930~1931년에 있어서 각 달 분만(分娩)의 백분율**

| 임신월 | 연월 | 분만수(1930~1931년평균) | 백분율(%) |
|---|---|---|---|
| 4월 | 1월 | 1,077 | 8.54 |
| 5월 | 2 | 1,136 | 9.07 |
| 6월 | 3 | 1,140 | 9.22 |
| 7월 | 4 | 889 | 7.20 |
| 8월 | 5 | 875 | 7.18 |
| 9월 | 6 | 754 | 6.20 |
| 10월 | 7 | 920 | 7.56 |
| 11월 | 8 | 908 | 7.46 |
| 12월 | 9 | 1,281 | 10.54 |
| 1월 | 10 | 1,071 | 8.81 |
| 2월 | 11 | 1,028 | 8.46 |
| 3월 | 12 | 1,098 | 9.04 |
| 합계 | | 12,177 | 100 |

비고 : 임신월은 분만신고 날로부터 280일을 역산한 달에서 산출한다.

이상의 여러 표에 의해 간통·남편살해·임신은 모두 기온의 영향을 받는 동일 조건하에 있음을 알 수 있다. 임신 도표에서 주의할 것은 호적계에 따르면 출생신고는 지연되는 것이 기본이다. 따라서 호적법 제69조에 의해 14일 이내에 신고를 하도록 되어있지만, 이보다 지연되면 그 출생 연월일은 실제 출생일보다도 한 달 뒤의 월일을 기재하는 경우가 많기 때문에 약 1개월 정도 늦는 걸로 바꾸어 생각하면 실제에 가깝다.

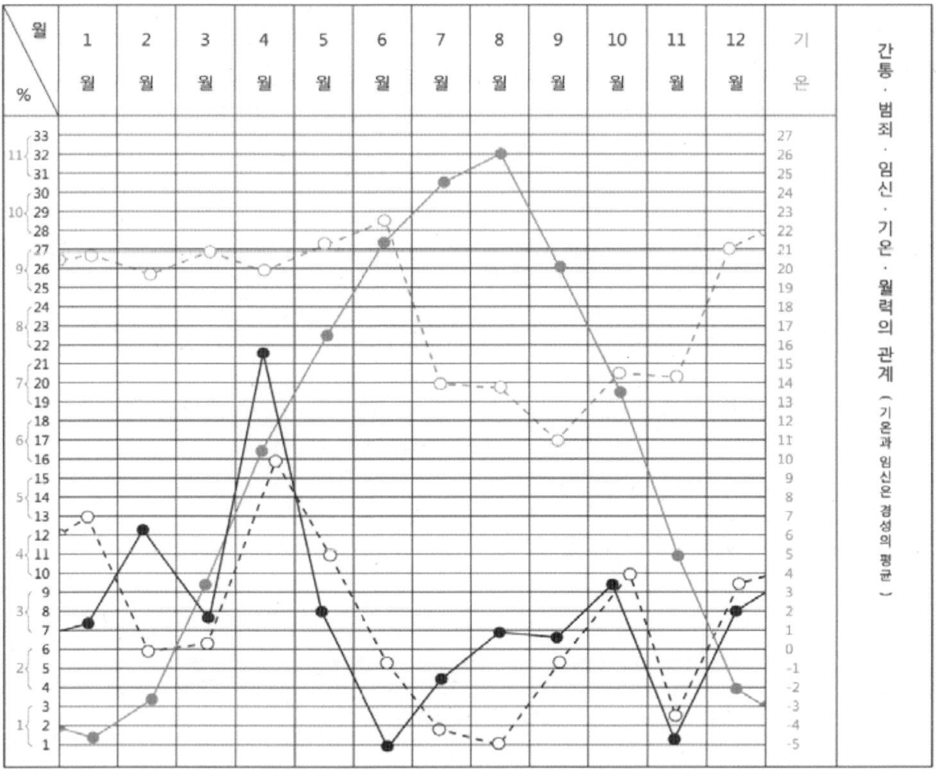


[주의] 흑선 : 간통시작한 달, 흑점선 : 남편살해한 달, 회색선 : 평균기온(京城),
회색점선 : 임신한 달(京城)

* 임신 백분율은 좌측의 회색 숫자

그래프 18

환언하면 기온의 영향으로 임신력, 간통, 남편살해는 성적으로 흥분되는 계절에 최고조에 달한다. 동절기에는 협소한 온돌 구조하에 실내에서 남녀가 칩거하는 조선의 풍습으로 인해 기온표에 나온 1월 및 12월에 있어서 이 삼자가 모두 인위적으로 만들어진 온도의 영향을 받아 기온과 역행한 수치를 나타내고 있다.

**조선 각지의 평균 기온표**

| 지명 | 월력 | | | | | | | | | | | | |
|---|---|---|---|---|---|---|---|---|---|---|---|---|---|
| | 1월 | 2 | 3 | 4 | 5 | 6 | 7 | 8 | 9 | 10 | 11 | 12 | 평균 |
| 웅기 | -9.4 | -6.5 | -1.3 | 5.3 | 9.7 | 14.7 | 19.6 | 21.4 | 16.6 | 9.9 | 0.8 | -6.5 | 6.2 |
| 중강진 | -3.2 | -15.3 | -4.3 | 6.5 | 13.2 | 18.6 | 22.6 | 21.8 | 13.9 | 6.4 | -3.7 | -15.7 | 3.6 |
| 성진 | -6.0 | -4.2 | 0.6 | 6.6 | 10.9 | 15.3 | 20.5 | 23.1 | 17.8 | 11.6 | 3.6 | -3.7 | 8.0 |
| 용암포 | -9.0 | -6.2 | 0.4 | 7.9 | 14.0 | 19.3 | 23.1 | 23.8 | 18.1 | 11.4 | 3.6 | -3.4 | 8.0 |
| 원산 | -3.6 | -2.4 | 2.5 | 9.4 | 14.7 | 19.2 | 22.8 | 23.4 | 18.8 | 13.1 | 5.5 | -1.1 | 12.2 |
| 평양 | -8.0 | -4.9 | 1.4 | 9.5 | 15.3 | 20.5 | 24.0 | 24.4 | 18.8 | 11.9 | 2.9 | -5.3 | 9.2 |
| 강릉 | -1.3 | 0.2 | 4.6 | 11.3 | 16.0 | 20.5 | 24.3 | 24.6 | 19.7 | 14.4 | 8.0 | 1.7 | 12.0 |
| 경성 | -4.6 | -1.9 | 3.4 | 10.8 | 16.1 | 21.2 | 24.7 | 25.6 | 20.0 | 13.2 | 5.0 | -2.1 | 11.0 |
| 인천 | -3.6 | -2.1 | 2.9 | 9.6 | 14.7 | 19.5 | 23.4 | 24.8 | 20.2 | 14.1 | 5.9 | 1.3 | 10.7 |
| 대구 | -1.5 | 0.4 | 5.4 | 12.2 | 17.3 | 22.0 | 25.6 | 26.1 | 20.8 | 14.3 | 7.0 | 0.5 | 12.5 |
| 전주 | -1.8 | -0.3 | 4.8 | 11.5 | 16.7 | 21.4 | 25.6 | 26.1 | 20.5 | 13.7 | 6.9 | 0.9 | 12.2 |
| 부산 | 2.1 | 3.1 | 7.1 | 12.3 | 16.3 | 20.0 | 23.9 | 25.6 | 21.8 | 16.4 | 10.1 | 4.2 | 13.6 |

## 조선 각도의 기온과 남편살해 간통의 관계

| 도 | 월력 | | | | | | | | | | | |
|---|---|---|---|---|---|---|---|---|---|---|---|---|
| | 1월 | 2월 | 3월 | 4월 | 5월 | 6월 | 7월 | 8월 | 9월 | 10월 | 11월 | 12월 |
| 함북 | △ | | | | | | | | | | | |
| 함남 | | | | | | | | | | | | |
| 평북 | ○○○ | ○ | △△○○○ | ○ | | | ○ | ○△ | ○○△ | | | |
| 평남 | △ | ○ | △△ | △△○ | | | ○ | | ○ | △○ | | ○ |
| 황해 | △△ | ○ | △△△△○ | △○ | △○ | | ○ | | ○ | △△△○○○ | △ | |
| 강원 | | | | △ | | | | | △ | | | |
| 경성 | △ | ○ | | ○ | ○ | | ○ | | | △○○ | | △ |
| 충북 | ○○ | ○ | | △○○○○ | | △ | △ | ○ | | △ | | ○ |
| 충남 | ○○ | | △ | ○ | ○ | | | | △ | | | △○ |
| 경북 | | △ | ○ | | △ | | | | | | | |
| 경남 | ○ | ○ | ○○ | ○ | | | | ○ | | ○○ | | ○ |
| 전북 | | | | | | △ | | | | | | |
| 전남 | | | | | | | | | | | | |

비고 : △남편살해, ○간통

# 제6장

# 범죄의 원인으로써 조선특유의 풍속습관

## 조혼早婚

이상의 각 편에서 상술했듯이, 남편살해범은 통계를 갖고 있는 나라에서는 유례를 찾아 볼 수 없는 범죄로써 어디까지나 홀로 조선만이 예부터 빈번히 발생하였다. 이는 조금도 감소하는 경향이 없고 전율할 만큼 이러한 범죄가 발생하는 것은 특유한 원인이 숨어있을 것이다. 나는 이러한 연구로부터 범죄 주체에 있어서는 유전의 관계·체격·용모·월경상태·성욕상태, 그 외의 범죄학자가 말하는 이른바 '선천성범죄형'에 속하는 것이 아님을 확신한다.

따라서 범죄자 자신에게 원인이 없다고 한다면, 이 원인을 환경에서 구하지 않으면 안 된다. 바꾸어 말하면, 조선의 사회 상태가 이러한 범죄를 양성하고 유도한 원인이 있는 것이다.

나는 그 원인을 조혼과 여자를 재물시財物視하고 그 개체 품성을 인정하지 않는 조선의 사회악에 있다고 본다. 범죄 주체편에서 든 결혼 적령을 다시 여기에 언급하면,

**범인의 결혼 연령**

| | |
|---|---|
| 8세 | 1.5% |
| 9세 | 3.0 |
| 12세 | 3.0 |
| 13세 | 17.0 |
| 14세 | 22.0 |
| 15세 | 23.8 |
| 16세 | 11.0 |

즉 전체 수의 81%는 16세 이전에 결혼한 자이다. 화간和姦이라할지라도 국법에서 강간强姦으로 정한 13세 이하로 결혼한 자는 전체의

25%에 해당한다.[46]

부인과학의 측면에서 이를 논하면 여자의 생식기가 완전히 발육을 하는 것은 20세에 이르러야 한다. 흔히 춘기발동기를 바로 가혼기可婚期로 혼동하는 것도 학명學名 '춘기발동기Puberität'는 라틴어 퓨베레pubere(부끄러워하다)에서 전래한 것으로, 초경의 연령에 이르면 남성에 대해서 일종의 수치의 감정을 느끼기 때문에 명명된 것이다.

'가혼기'는 학명을 Nubirität라 하는데, 이는 여자의 생식기가 완전히 발육하여 결혼생활에 들어가도 장애가 없는 시기를 말한다. 그러므로 그 어원은 라틴어의 누베레Nubere(결혼하다)에서 전래했다.

그런데 남편살해범을 감행한 조선여자의 대부분은 초경 이전에 결혼하였고, 가혼기에 들어서 결혼한 자는 겨우 한 사람, 전체의 1.5%에 지나지 않는다. 이는 범죄주체론에서 언급한 유녀결혼幼女結婚, Mädehenehe의 폐해이다. 범죄객체의 측면에서 보면,

---

46 참고: 일본형법176조; 13세 이상의 남녀에게 대하여 폭행 또는 협박으로 외설의 행위를 하는 자는 6개월 이상 7년 이하의 징역에 처하고, 13세 미만의 남녀에 대하여 외설의 행위를 하는 자도 동일하다(十三歲以上ノ男女ニ対シ暴行又ハ脅迫ヲ以テ猥褻ノ行為ヲ為シタル者ハ六月以上七年以下ノ懲役ニ処ス十三歲ニ満タサル男女ニ対シ猥褻ノ行為ヲ為シタル者亦同シ).
일본형법 177조; 폭행 또는 협박으로 13세 이상의 부녀를 간음하는 자는 강간죄로 보고 2년 이상의 유기징역에 처하고 13세 미만의 부녀를 간음하는 자도 동일하다(暴行又ハ脅迫ヲ以テ十三歲以上ノ婦女ヲ姦淫シタル者ハ強姦ノ罪ト為シ二年以上ノ有期懲役ニ処ス十三歲ニ満タサル婦女ヲ姦淫シタル者亦同シ).

**범죄객체 즉, 남편의 결혼 연령**

| | |
|---|---|
| 7세 | 3.33% |
| 10세 | 5.00% |
| 13세 | 3.33% |
| 14세 | 5.00% |
| 15세 | 5.00% |

즉, 범죄 희생의 객체에 있어서도 일본형법이 강간을 규정한 연령에 있어서 약 12%가 결혼을 하고, 15세 이하로는 22%의 다수가 결혼하였다. 동시에 이 어린 나이란 그 자체가 범죄를 낳는 원인임은 이미 범죄객체론에서 상술했다. 이는 조선 결혼 양식의 조목에서 논한 '아동혼Knadenehe'으로써 조선에 있어서는 이를 '데릴사위'라 부르며 일상화되어 있다.

세종 치세 6년에는 12세 이하 여자의 결혼을 금하고(世宗6(1424)년9월25일(丁酉)), 그 효력이 없자, 더욱이 치세 22년에는 남자 16세 이상, 여자 14세 이상이 아니면 결혼할 수 없다는 금령을 내렸다(세종22(1440)년3월8일(庚戌)). 가장 최근의 금령은 이대왕李大王의 갑오개혁 때, "남녀의 조혼은 마땅히 엄금할 것으로 남자 20세, 여자 16세 이상이 아니면 가취嫁娶를 허락하지 않는다(고종31년(1894甲午)6월28일(癸酉), '男女早婚, 亟宜嚴禁, 男子二十歲, 女子十六歲以後, 始許嫁娶事')."는 내용을 발령하였으나, 조혼을 행하는 원인을 제하지 않고 단지 그 결과만을 제하고자 하는 것도 도저히 효과가 있을 리 없다[47]. 게다가 발령자의 가족이 늘

---

[47] 순종실록 1907년 순종 즉위년(隆熙 1년) 8월 14일(양력)의 기사를 보면 다음과 같다. 조령(詔令)을 내리기를, "사람이 서른 살에 아내를 두며 스무 살에 시집가는 것이 옛날 3대(三代) 때의 훌륭한 법이었는데 근래에는 조혼(早婚)의 폐단이 국민의 더없는 병폐가 되었다. 그러므로 연전에 금령(禁令)을 내렸으나 아직까지 실시되지 않고

상 국민에 앞서 어기기 때문에 민중은 이를 경솔히 여기고 따르지 않는다. 주문공가례朱文公家禮에서 취한 수차의 금령도 말하자면 빈말에 지나지 않는다. 참고로 각국의 결혼연령 허가 최저 연령을 들면 다음과 같다.

결혼허가연령

| 국가 | 남자 | 여자 |
|---|---|---|
| 일본 | 17세 | 15세 |
| 이탈리아 | 18세 | 15세 |
| 프랑스 | 18세 | 15세 |
| 독일 | 20세 | 16세 |
| 네덜란드 | 18세 | 16세 |
| 러시아 | 18세 | 16세 |
| 벨기에 | 21세 | 21세 |

내가 조사한 남녀 모두 너무 어리기 때문에 그 자료를 과거로 거슬러 병합 당시의 5개년 간 남편살해범의 결혼연령 및 그 당시의 남편 연령을 조사해서 다음과 같은 결과를 얻었다.

---

있으니 어찌 유사(有司)의 과오가 아니겠는가? 지금 정사를 새롭게 하는 시기를 만나 풍속을 개량하는 것이 가장 급선무이다. 부득이 옛날과 지금을 참작하여 남자의 나이는 만 17살, 여자의 나이는 만 15살 이상이 되어야만 비로소 시집가며 장가를 가도록 하되 엄하게 준수하여 어김이 없게 하라."하였다(詔曰: "人生三十而有室과 二十而嫁ᄂᆞᆫ 古昔三代盛法이어늘 挽近早婚의 弊가 國民의 病源이 莫甚ᄒᆞᆫ 故로 年前禁令이 有ᄒᆞ되 迄未實施ᄒᆞ니 豈非有司之過리오? 今에 維新之秋를 際ᄒᆞ야 風俗을 改良ᄒᆞᆷ이 最是急務라. 不容不參古酌今ᄒᆞ야 **男年滿十七女年滿十五已上으로 始許嫁娶ᄒᆞ야** 懍遵無違케 ᄒᆞ라.").
국사편찬위원회
http://sillok.history.go.kr/inspection/inspection.jsp?mTree=0&id=kda 참고.

### 병합 당시의 남편살해범 부부의 결혼연령

| 부인의 연령 | 남편의 연령 | | | | | | | | | | | | | | |
|---|---|---|---|---|---|---|---|---|---|---|---|---|---|---|---|
| | 6 | 7 | 11 | 12 | 13 | 14 | 15 | 16 | 17 | 18 | 19 | 21 | 23 | 24 | 계 |
| 11세 | | | | | | 1 | 1 | | | | | | | | 2 |
| 12 | | | | | 1 | | 1 | 1 | | | | | | | 3 |
| 13 | | | | | | | | 2 | | | | | | | 2 |
| 14 | | | | | | | | | 2 | | | | | | 2 |
| 15 | | | 1 | | | 1 | | 3 | | | | | | | 5 |
| 16 | 1 | | | | | | 2 | | 1 | | 1 | | | | 5 |
| 17 | | | | | | | 3 | | 2 | | | | | | 5 |
| 18 | | | 1 | 1 | | | 3 | 1 | 2 | 2 | | | | | 10 |
| 19 | | | | | | | 1 | 3 | 3 | | | | | | 7 |
| 20 | | | | | 2 | | 1 | 3 | 1 | | | | | | 7 |
| 21 | | | 1 | 1 | | 1 | | 2 | 3 | | | | | | 8 |
| 22 | | | | | 2 | 2 | 2 | | 1 | | | | | | 7 |
| 23 | | | | | | 1 | | 3 | | | | | | | 4 |
| 24 | | | | | | 3 | 2 | 3 | 1 | 1 | | | | 1 | 11 |
| 25 | | 1 | | | 1 | 2 | | 1 | | | | | | | 5 |
| 26 | | | | | | 2 | 3 | 2 | | | | | | | 7 |
| 27 | | | | | | | 1 | | | | | | | | 1 |
| 28 | | | | | | | | | 1 | 1 | | | | | 2 |
| 29 | | | | | | | | | | 1 | | | | | 1 |
| 30 | | | | | | | | | 1 | | | | | | 1 |
| 31 | | | | | | | 1 | 1 | | | | | 1 | | 3 |
| 32 | | | | | | | 1 | | 1 | | | 1 | 1 | | 4 |
| 33 | | | | | | | | | 1 | | | | | | 1 |
| 34 | | | | | | 1 | | | | | | | | | 1 |
| 합계 | 1 | 1 | 3 | 2 | 6 | 14 | 22 | 25 | 20 | 5 | 1 | 1 | 2 | 1 | 104 |

**현재의 남편살해 부부의 결혼연령**

| 부인의 연령 | 남편의 연령 | | | | | | | | | | | | | | | | |
|---|---|---|---|---|---|---|---|---|---|---|---|---|---|---|---|---|---|
| | 6세 | 7 | 8 | 9 | 11 | 12 | 13 | 14 | 15 | 16 | 17 | 18 | 19 | 21 | 22 | 23 | 24 | 계 |
| 7세 | | | | | | | 2 | | | | | | | | | | | 2 |
| 10 | | | | 1 | | | | | 1 | | | | | | | | | 2 |
| 11 | | | | | | | | 1 | 1 | | | | | | | | | 2 |
| 12 | | | | | | | 1 | | 1 | 1 | | | | | | | | 3 |
| 13 | | | | | | | | | 2 | 2 | | | | | | | | 4 |
| 14 | | | | | | | 2 | | | | 3 | | | | | | | 5 |
| 15 | | | | | 1 | | 1 | 1 | 1 | 4 | | | | | | | | 8 |
| 16 | 1 | | | | | 1 | | 3 | 3 | | 1 | | 1 | | | | | 10 |
| 17 | | | | | | | | | 3 | | 3 | 1 | | | | | | 7 |
| 18 | | | 1 | | 1 | 1 | | 1 | 3 | 1 | 2 | 2 | | | | | | 12 |
| 19 | | | | | | | 2 | 1 | 2 | 4 | 3 | | | | | | | 12 |
| 20 | | | | | | | 1 | 1 | 3 | 4 | 2 | | | | | | | 11 |
| 21 | | | | | 1 | 1 | | 2 | 1 | 2 | 3 | | | | | | | 10 |
| 22 | | | | 1 | | | 3 | 3 | 3 | | 1 | | | | | | | 11 |
| 23 | | | | | | | | 2 | 1 | 5 | | | | | | | | 8 |
| 24 | | | | | | | 1 | 4 | 4 | 3 | 1 | 1 | | | | | 1 | 15 |
| 25 | | 1 | | | | 1 | 1 | 4 | 2 | 2 | 1 | | | | | | | 12 |
| 26 | | | | | | | 1 | 4 | 3 | 3 | | | | | | | | 11 |
| 27 | | | | | | | | | 2 | | | | | | 1 | | | 3 |
| 28 | | | | | | | | | | | 1 | 1 | | | | | | 2 |
| 29 | | | | | | | 1 | | 1 | | 1 | 1 | | | | | | 4 |
| 30 | | | | | | | | | 1 | | 1 | | 1 | | | | | 3 |
| 31 | | | | | | | | | 1 | 1 | | | | | | 1 | | 3 |
| 32 | | | | | | | | | 1 | | 1 | | | 1 | | | | 3 |
| 33 | | | | | | | | | | | 1 | | | | | | | 1 |
| 34 | | | | | | | | | | | 1 | | | | | | | 1 |
| 35 | | | | | | | | | | | | | | | | | | - |
| 40 | | | | | | | | 1 | | | | | | | | | | 1 |
| 합계 | 1 | 1 | 1 | 2 | 3 | 4 | 16 | 28 | 40 | 32 | 26 | 6 | 2 | 1 | 1 | 1 | 1 | 166 |

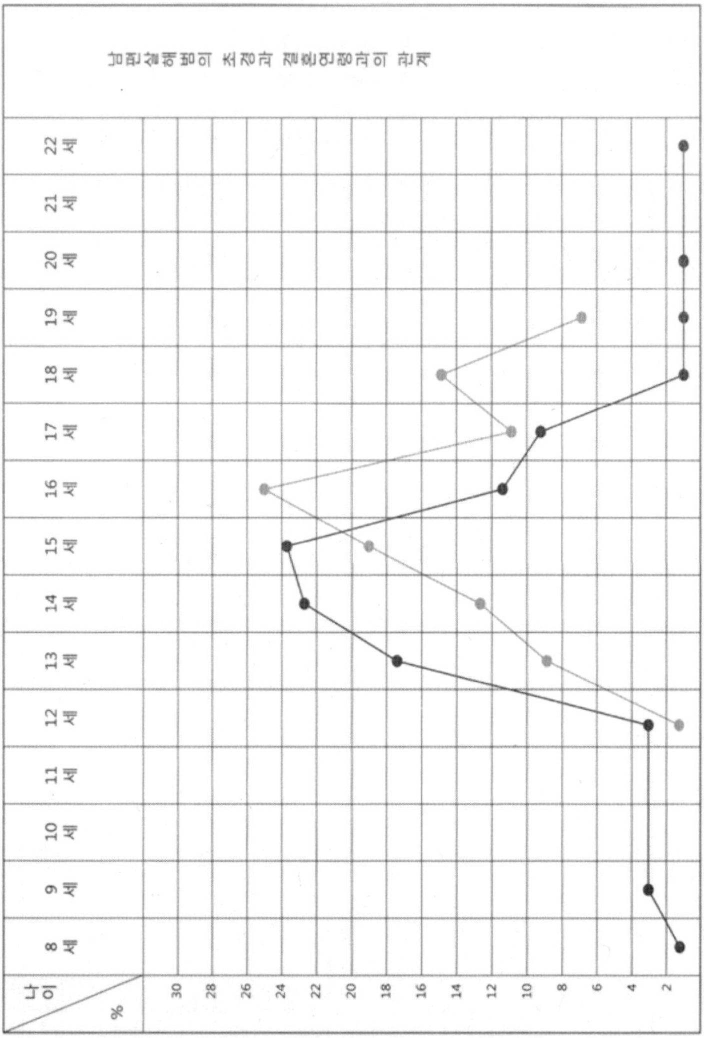


[주의] 흑선 : 결혼연령, 회색선 : 초경연령

그래프 19

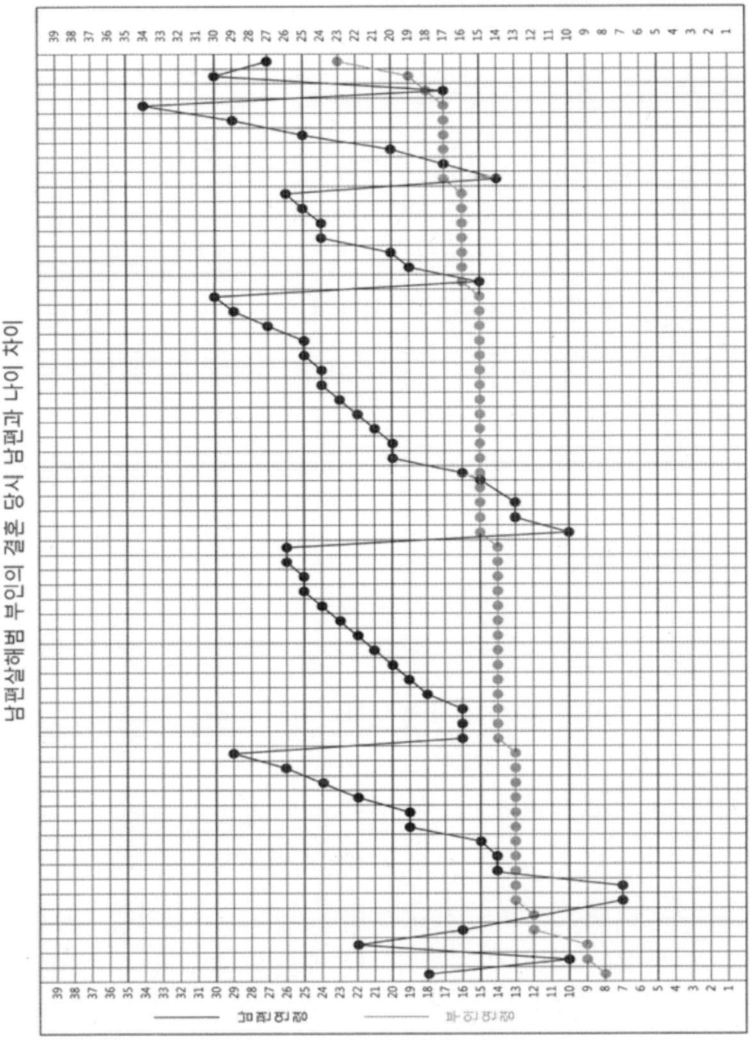


[주의] 한 부부는 동일 선상에 두었다. 좌우의 숫자는 연령을 나타낸다.

..................................

그래프 20

## 왕자 결혼 기간에 미혼여자의 금혼령

왕자가 결혼을 행할 때는 이에 앞서 반드시 국민 가운데 미혼 여성 모두를 향하여 금혼령禁婚令을 발령한다. 이 기간 종실宗室의 여자·과부·하천민(일본 도쿠가와德川 시대의 천민 에 해당) 출신의 여자를 제외하고 기타 그 왕비를 선정하는 세 차례의 수속을 행하고, 왕비의 후보자가 결정되기까지는 언제까지라도 전 조선의 미혼 여자는 모두 결혼을 엄금한다.

이러한 금령은 너무나 엄격하고 가혹하여 이성호李星湖 저술의 간택揀擇에 관한 조목에 기록된 바에 의하면, 이속李續이라는 자가 이 금령을 받들지 않고 자신의 딸을 결혼시키는 죄로 인하여 모든 재산을 몰수당하고 결혼을 취소당할 뿐만 아니라 평생 동안 그 딸의 결혼을 엄금시켰다[48].

이 금혼령이 어떠한 때에 발생하는지는 민중이 모두 예상할 수 없는 것이다. 왕자가 생리적으로 가혼기의 연령에 이르러 발포되는 것이라면 인민도 미리 각오하는 바이나, 왕자의 연령이 5~6세도 있고, 혹은 7~8세, 12~3세, 혹은 적령기에 이르러 발포되는 경우도 있다. 부가하자면, 왕비 후보의 경쟁이 심하고, 그 사이에 소론·노론·남인·소북[49] 네 종의 당파의 가계싸움, 금혼 기간이 언제 어느

48 이익(李瀷, 1681~1763)의 호는 성호(星湖)이며, 조선시대 후기의 실학자. 그의 문답집인 『성호사설星湖僿說(人事門)』 「國昏揀擇」에 그 내용이 보인다(『국역성호사설 IV』 민족문화추진회, 1978, p.90-91).

49 소북(小北)은 북인에서 갈라져 나온 당파.

때에 계속하는지도 모두 예단을 허락지 않는다.

왕자의 수가 많고, 혹은 그 왕비의 사망 시에 이러한 금혼은 수차 반복된다. 당연한 결과로 여자는 그렇지 않더라도 후술하는 여러 가지의 좁은 결혼 범위에 국한된 조건 아래에서 그 혼기를 놓지는 경우가 많다. 따라서 부모형제는 이러한 금혼령의 간극을 보고 신속히 그 딸들을 결혼시킬 필요가 있다. 연령을 문제 삼을 여유가 없으므로 조혼을 행하는 하나의 원인이 된다.

왕자의 결혼을 앞두고 민중 금혼령의 폐해에 대해서 식자는 이미 이를 간파하였다. 유명한 유학의 대종大宗 이율곡李栗谷은 이 금령이 전혀 예법에 어긋나는 것으로 보고, “왕자의 비 한 사람을 선택하기 위해서 국내의 소녀의 혼을 금하고 세 번 간택을 행하여 세월을 낭비하는 것은 예의지국으로써 예의에 위반하는 행사임을 말하지 않을 수 없다. 하물며 왕비王妃 · 동궁비東宮妃 · 왕자부인王子夫人 등, 왕가에 관한 결혼에 있어서 일일이 금혼령을 내리는 것은 국내의 처녀를 물품시物品視하는 것으로 천하 어느 나라에도 이러한 악례는 없다. 태종太宗 이래 이미 400여 년, 오늘에 이르러서도 아직까지 이를 개혁하지 못하는 것은 어찌 개탄하지 않을 수 있겠는가”라고 아뢰었으나, 때의 선조宣祖왕은 완고히 귀를 닫고, 빈번히 금혼령을 내렸다 (이긍익 저, 『연려실기술 별집練藜室記述 別集』, 「平論」).

이 금혼령 탓에 곤혹스러운 민중은 조혼의 폐해를 알아도, 어쩔 수 없이 오백 년간 조혼의 관습을 낳았다. 단 한 번의 조혼 금지에 의해 교정하기에는 너무나 그 뿌리가 깊다. 하물며 윗사람에게 아첨하는 세속의 관리 등은 더더욱 이러한 폐풍을 조장하였다. 선조왕 신축辛丑년 11월의 실록, 예조의 계상문啓上文 중에 “종실의 여자 · 이씨 집안李姓家의 여자 · 과부 · 비천한 집안의 여자 이외, 일반여자의 결혼을 금함에도 불구하고, 민중의 다수는 이미 혼약하고, 또는 이미 납폐結納[50]한 것으로 이를 모면하고자 하였다. 그런데 호적부에는 혼약 · 납폐의 항목은 없고, 이를 벌하고자 하여도 근거가 없다. 따라서 장래는 혼약 · 납폐도 일일이 허가를 요하는 것으로 고쳐서 도피를 방지하고, 그 외는 어떠한 구실로도 국가지존의 연중의 가례가 마칠 때 까지, 엄중히 민중처녀의 결혼을 금지"[51]하는 것을 주상하여, 선조왕은 이를 가납하고 더더욱 이 금령을 권면하여, 국민이 유일하게 안전을 대신하는 혼약 · 납폐도 금지당하여 엄벌을 면하기 위해서는 실제의 결혼을 행하지 않을 수 없는 궁지에 몰려서, 조혼의 폐풍은 전 조선을 풍미하여 뽑을 수 없는 관습이 되었다.

### 공녀貢女의 여폐

몽고족이 흥기하여 고려의 안효왕安孝王 시대에 원元은 여섯 번이나 대병을 일으켜 조선을 정벌하고 이를 자신의 동번東藩이라 하여 속국으로 삼았다. 중국支那은 매년 조공朝貢으로써 공녀貢女를 강요했다. 중국은 이 공녀 징집을 위해 특별 관리를 임명하고 비단 처녀뿐

---

50 납폐(納幣): 결혼날짜가 정해진 후 신랑의 아버지가 신부의 아버지에게 결혼을 서약하는 '납폐서'(婚書紙)와 함께 청단, 홍단 2필의 비단으로 이루어진 '폐백'을 들고 신부의 집에 가서 전하는 절차.

51 선조 34년(1601 辛丑) 11월 12일 禮曹啓曰: "中外一切禁婚事, 今日爲始, 已爲掛榜知委. 庶孽, 下賤, 當不在禁婚之中, 而如宗室之女, 姓李之女, 寡婦之女, 及未禁婚前, 已爲納幣者, 前例不爲捧單子, 故本家呈本曹, 本曹憑閱許婚云, 此言出於傳聞, 非謄錄可據. 臣等之意, 宗室女, 姓李女, 寡婦女, 則分明易知, 雖許婚可也, 至如已納幣之人, 則雖不可捧單, 而若使呈本曹許婚, 則不無混淆紛擾之弊. 何以爲之敢稟." 傳曰: "允. 不多月間矣, 已納幣人, 姑爲幷禁, 俾勿紛擾, 不妨."(국사편찬위원회,「조선왕조실록」참고).

만 아니라, 때로는 이미 결혼한 여자도 그 용모가 아름다운 자를 발견하면 잡아서 공녀로 잡아갔다.

조선이 중국에 대해서 속국 상태에 있던 시기, 조선의 여자는 이 공녀사냥을 심히 두려워하였고, 각 집의 14~15세 이상의 부녀는 처녀든지 첩이든지 무론하고 안방內房 깊이 이를 봉쇄·밀폐하여 은닉하였다. 가끔 외출할 때는 양반兩班(문무양반, 관리가 될수 있는 가계)의 여자는 남몰래 가마에 몸을 숨기고, 상민常民 이하의 여자는 복면의覆面衣(장옷, 쓰개치마)를 머리에 쓰고 겨우 두 눈만 노출시켜 외출하여 공녀의 난을 피하기 위하여 조심하였다. 여자에게 문자를 가르치는 자는 부모형제나 혹은 집안에 여유가 있는 계급은 가정교사를 청빙하든지, 가정에서 서당에 통학하는 여자든지, 남장을 하고 공녀 약탈의 난을 면한다.

이러한 풍습은 오늘날에도 여전히 지방에 잔존함을 볼 수 있다. 공녀의 역사적 실제는 심히 많다. 그 예증으로 몇 가지 들면 다음과 같다.

**원종왕**元宗王 15년 갑술;

지나支那은 '매빙사媒聘使'를 파견하여 남편 없는 여자 140명을 신속히 조공할 것을 명하다. 원종왕은 크게 두려워하여 결혼도감이라는 관제를 급히 설치하고, 마을의 예쁜 처녀를 탐색하고 이를 민가에서 약탈하여 공녀로서 봉헌하였다.

**충렬왕**忠烈王 2년;

지나는 관리를 파견하여 500인의 공녀를 요구하다. 충렬왕은 '과부처녀추고별감寡婦處女推考別監'인 관리 수십을 새롭게 임명하여 각 도에 보내어 민가에서 미인인 처녀 500명을 약탈하여 이를 지나에 받치다.

**충렬왕**忠烈王 24년; 동 26년;

계속하여 수백의 공녀를 지나로부터 요구받다. 충렬왕은 민중이 여자를 내방에 숨기고, 혹은 남장해서 왕명을 거역하려는 것을 알고, 수백의 탐정을 전국에 보내어 이를 탐색하게하고, 문무백료 및 천하에 상금을 걸고 숨은 처녀를 내보하게하고, 밀고자는 이를 포상하고 숨기는 부형은 벌하여, 요구받은 수를 채워서 지나에 봉헌하다.

**충선왕**忠宣王 원년; 충숙왕 4년;

둘 다 다수의 공녀를 지나로부터 요구받다. 전국에서 잡혀온 공녀 후보의 처녀를 궁정에 모아서 왕 자신이 친히 나가서 이를 선발하여 지나에 받치다.

**충숙왕**忠肅王 7년; 동 11년; 충혜왕 원년; 동 4년; 동 6년;

어느 때나 모두 지나의 명에 의해 각 왕은 다수의 공녀를 진헌한 역사적 사실이 있다. 그 수가 얼마나 다수를 차지하는지는 충렬왕 원년, 태부경太府卿 박유朴褕가 상소하기를 "이처럼 연년세세에 다수의 공녀를 진헌하여 우리나라의 인구가 감소함에 이르게 되었다."[52] 라고 말하는 것에도 상상할 수 있을 것이다.

이러한 공녀는 충숙왕 15년 무진년戊辰年(1328)에 화평군化平君 김심金深의 딸이 궁중에 들어와 왕후가 되었고, 충숙왕 원년 경진년庚辰年에, 행주기씨幸州奇氏 자오子敖의 딸(기황후)이 공녀가 되어 원나라에 보

52 고려 충렬왕 원년 乙亥年(1275) 2월의 기록에 보인다. "我國, 男少女多, 而尊卑, 止於一妻, 其無子者, 亦不敢畜妾, 異國人來, 娶妻, 無定限, 臣, 恐人物皆將北流, 令臣僚, 許娶庶妻, 隨品降殺其數, 至於庶人, 得娶一妻, 一妾, 其庶妻所生之子, 得仕于朝, 皆比適子, 怨曠以消, 人物不流, 戶口日增矣"(『東國通鑑』 권37,「高麗紀」참고).

내져 원나라 순제順帝의 첩이 된 것 같은 예를 볼 수 있는 것도 있다. 하지만 이곡李穀이 원나라 제왕에 올린 상소문처럼 그 대부분은 얼굴색이 초췌하며, 길거리에 버려져 생을 마치는 것을 아는 자가 없고, 참으로 아주 무참한 말로를 겪는 것이 보통이다.

원나라에 바치는 조선의 공녀가 얼마나 조선 민중에게 공포심을 주었는지는 충숙왕 시대의 전의부령典儀副令 이곡李穀이 원의 인종仁宗 황제에게 올린 상소문을 보면 명백하다.

> 「해마다 숫처녀를 데려가니, 끊임없이 가마가 왕래합니다. 이는 남의 딸을 데려다가 윗사람에게 아첨하여 자신의 이익을 챙기는 짓으로 시실 고려 스스로 초래한 일이기는 하나……」[53]

과연, 공녀는 비단 중국에서 요구한 것일 뿐만 아니라, 악한 관리가 뇌물로써 자국의 가련한 여자를 공녀로서 중국에 보낸 것이 분명하다.

> 「자주 특별 명령을 내리시어 남의 집 딸을 빼앗는 것은 심히 옳지 않습니다. 무릇 사람이 자식을 낳아 기르는 것은 뒷날 자식들의 봉양을 기대하는 까닭이니 화이華夷의 구별이 없이 그 천성은 같습니다. …… 통상 부모 봉양해 주기를 밤낮으로 바라는 것입니다. 그런데 하루 아침에 품안에서 빼앗겨 이를 사천 리 밖으로 보내버리니 한번 문을 나서면 죽을 때까지 돌아오지 못하는 것을 뻔히 아는 그 마음이 어떠하겠습니까? (중략) 요즘 고려에 사신으로 가는 자들은 모조리 처녀만 데려가는데 그치지 않고 자기 처첩까지 얻으려

---

53 『고려사』 권 109, 「列傳」 22, 李穀 편.

합니다. 무릇 다른 나라로 사신 가는 일은 황제의 은덕을 널리 펴고 백성들의 고통을 살피려고 하는 것이니 …… 그런데 지금 외국으로 사신가는 자들은 재물과 여색으로 독직瀆職을 저지르고 있으니 이를 엄금하지 않을 수 없습니다. 듣기로는 고려 사람들은 딸을 낳으면 바로 숨겨 놓고서 비밀이 샐까봐 걱정한 나머지 비록 이웃이라도 볼 수 없도록 한다고 합니다.

그리고 중국에서 사신이 올 때마다 대경실색해 서로 돌아보며 '무엇하러 왔는가? 처녀를 데려가는 것이 아닌가? 처첩을 데려가는 것이 아닌가?' 하고 수근댑니다. 군과 관리가 곳곳에서 와서 집집마다 탐색하고, 만약 누가 이를 숨기면 그 이웃마을에 가두고, 그 친족을 속박하고 채찍질하다가 처녀가 나타난 뒤에 그만둔다고 합니다. 사신이 한번 오기만 하면 나라가 온통 소란에 싸여 개나 닭이라도 편안할 수 없습니다. 처녀들을 모아놓고 그 중에서 데려갈 사람을 뽑는데 얼굴이 예쁘든 못났든 간에 사신에게 뇌물을 주어 그 욕심만 채워주면 비록 예쁘더라도 되돌려 줍니다. 그리고 되돌려 준 처녀 대신 다른데서 여자를 벌충하느라 또 수백 집을 뒤집니다. 이 모든 것은 오로지 사신의 판단에 의해 이루어지고 누구도 감히 어기지 못하는데 그 까닭이 무엇 때문이겠습니까? 황제의 뜻이라고 말하기 때문입니다. 이와 같이 하는 것이 한 해에 두 번 혹은 한 번이거나 한 해씩 거르기도 하는데, 그 수가 많게는 마흔 내지 쉰 명이나 됩니다. 이미 집안의 여자가 선택당하면 부모와 친척들이 모두 모여서 밤낮으로 통곡소리가 끊이지 않습니다. 도성의 문에서 보낼 때에는 옷자락을 붙잡고 쓰러지기도 하고 길을 막고 울부짖으며 슬프고 원통해서 괴로워합니다. 우물에 몸을 던져 죽는 자도 있고, 스스로 목메어 죽는 자도 있으며, 근심과 걱정으로 기절하는 자도 있고, 피눈물을 쏟고 실명하는 자도 있는데, 이 같은 일은 이루 다 기록할 수 없습니다. …… 삼가 생각하건대 조정의 덕화가 미치는 곳에 만물이 모두 열매를 맺는데 고려 사람만은 무슨 죄가 있어 이토록 고통을 받고 있는 것 입니까? 옛날에 동쪽 바다에 사는 한 아낙네가 한을 품자 3년 동안 큰 가뭄이 들었다는데, 지금 고려에는 한을 품은 아낙네들이 얼마나 많겠습니까? 몇 년 사이 고려에 홍수와 가뭄이 계속 이어져 백성들 가운데 굶어 죽은 자가 매우 많으니, 이야말로 그 원망과 탄식이 조화로운 기운을 상하게 한 것이 아니겠습니까? 이제 귀국의 당당한 천자의 조정으로써 어찌 궁녀가 부족하여 외국에서 구하지 않으면 안 되는 것입니까? 그들이 비록 조석으로 총애를 받는다 하더라도 오히려 부모와 고향을 생각하는 것이 사람의 당연한 정인데, 지금 궁궐에 두고 시기를 놓쳐 헛되이 늙게 하거나 때로는 내보내어 환관에게 시집을 보내지만 결국 자식을 두지 못하는 자가 열에 대여섯이나 되니 그 원망하는 마음과 조화를 상하게 하는 것이 또한 어떠하겠습니까? (중략) 바라옵건대 은혜로운 명령을 발포하시어, 감히 천자의 명을 어겨 위로는 성스러운 귀를 더럽히고 아래로는 자기의 이익을 위하여 처녀를 데려가는 자 및 그 나라에 사신으로 가서 처첩을 취한 자가 있거든 금지하는 조목을 명시하셔서 차후로 그런 일을 하지 못하게 해 주십시오.」[54]

중국이 조선 공녀를 요구하는 참상은 이와 같다고 볼 수 있다. 이러한 사정을 피할 수 있는 길은 왕가의 금혼령이 내리기 전에 그 틈을 보고 속히 결혼시키는 일이다. 어린나이의 여자幼女이지만 부인이라는 이름으로 관선 밀고자의 눈을 피해 공녀의 위험으로부터 면하고자 천하를 다투어 조혼시키는 것이다. 이는 참으로 어쩔 수 없는 정세라 할 수 있다.

---

54 『고려사』 권 109, 「列傳」 22, 李穀 편.

**양부와 예부의 폐**

조선에 있어서는 남녀 모두 미혼일 경우에 이를 '총각總角'이라 부르고, 아무리 장년壯年에 이를지라도 사회에서는 한 인격으로서 이를 인정하지 않는다. 계급이 엄숙한 풍속임에도 불구하고, 기혼의 노비는 미혼의 주인에 대하여 그 이름 호칭을 버려도 이상하지 않고, 주인은 여기에 경어敬語로써 대하지 않으면 안 된다. 그렇기 때문에 집안이 부유하고 재산이 풍부한 가정에서는 만난을 물리치고 그 숫총각(童男) 숫처녀(童女)를 가급적 속히 결혼시켜 사회적 모멸로부터 면하게 하고자 하였다. 이에 연령이 가혼기에 달하였는지 여부는 문제가 되지 않게 되었다.

그러나 개국 이래의 폐습으로써 여종(婢)의 매매가 공인되어 부녀자를 일종의 재물로 보는 폐풍은 견고하여 흔들리지 않았다. 그 관념은 은밀하게 여전히 작용하여, 결혼에 있어서도 납폐금 또는 혼전을 필요로 하는 매매혼의 유풍이 남아있고, 더구나 그 금액이 적지가 않다. 빈민계급 · 노동사회에 있어서는 일종의 변형인 노동혼勞動婚의 형식을 낳기에 이를 정도로 가볍지 않은 부담이 되었다.

하지만 결혼하지 않는 이상, 영구히 한 사람의 인간으로서 대우를 받지 못한다. 여기에 이르러 예부 · 양부의 관습을 낳기에 이르렀다.

예부預婦 · 양부養婦란, 7~8세의 어린여자를 저렴한 납폐금으로 아내를 삼고, 이를 세상에 알리어 한 사람의 남자로서 대우 받는 편법을 낳음에 이르렀다. 전라남도의 담양 · 곡성 · 구례, 경상북도의 영양 · 봉화 · 청송, 함경남도의 전반에 걸쳐 그 하층사회에 지금도 여전히 성행하고 있는 풍속이다. 또 황해도의 반율般栗 · 장련현長連縣 지방의 빈곤한 남자도 동일하게 10세 이하의 유녀幼女를 저렴한 납폐금으로 예부를 삼는 풍습이 성행하고 있다.

이 변형된 결혼도 처음은 단지 명분뿐이고, 실제는 남자가 기혼자로서 사회에서 대우받는 수단이었다. 다만, 협애한 온돌가정에 동거생활 하며, 여자가 결혼기에 달하기까지 기다릴 수 없어 유약한 소녀에게 성적 행위를 강제함으로써 이에 전율할 만한 살해범이 발생하게 된 것이다.

**제21 예)** 서대문형무소 여죄수 제233호(범죄당시 연령18세)

본 죄수는 9세에 예부가 되었다. 누차 남편에게 이혼을 요구하였으나, 받아들여지지 않았다. 경찰서에 청원서를 제출하였으나 '우선 납폐금을 돌려줄 것, 그 금액을 갚지 못하면 동거해야 한다.'라고 오히려 주의를 받아 결국 참을 수 없어 예부의 주인, 즉 남편을 살해하게 된 자이다.

**제22 예)** 서대문형무소 여죄수 제1708호(범죄당시 연령17세)

본 죄수는 8세에 예부가 되어 13세부터 여색이 지나친(過房) 남편으로부터 정교상情交上의 고통을 견디지 못하여 그를 살해하게 된 자이다.

**제23 예)** 평양형무소 여죄수 제898호(범죄당시 연령24세)

본 죄수는 9세에 최모 씨의 처(預婦)가 되었다. 나이가 많은 남편이 싫으나, 조선의 관습상 이혼은 도저히 허용되지 않아, 남편에게 복어알(河豚卵)을 먹여 살해한 자이다.

### 과도히 제한된 결혼범위

(1) 동성동본同姓同本은 결혼할 수 없다.

조선인의 성姓은 490(1932년 조선총독부조사)여개, 보통 88개, 가장 일반적인 성은, 김金 · 이李 · 박朴 · 최崔 · 조趙 · 신申 · 윤尹 일곱 가지에 지나지 않는다.

이와 같은 동성同姓은 꼭 동족同族이 아니더라도 신라시대 육촌六村과 같이 특종 부락部落 제도의 잔존으로써 조선시대에도 당쟁의 폐와 더불어 동족제도가 밀접하고 백 호 이상의 부락이 실로 135개에 이른다. 이 동성동본에 속하는 자는 결코 결혼을 할 수 없다. 총독부도 이 구습을 어떻게 할 수 없어 1921년 12월 3일에 정무총감政務總監은 다음과 같이 회답하였다.

> "조선의 관습에 있어서는 동성동본의 혼인을 인정할 수 없고, 이같은 자가 행한 혼인은 무효로 한다."

1923년 11월 25일, 조선 호적령戶籍令 시행에 있어, 동일하게 회답의 형식으로 다음과 같이 결정했다.

> "조선 호적령의 시행은 혈족간 혼인 금지의 관습에 어떠한 영향을 미치지 아니한다."

조선에 있어서 동성 금혼은 그 연원이 심히 오래 되었고 경국대전經國大典의 속전續典(婚嫁編)에 보면, "관향(본관)이 비록 다르더라도, 성이 같으면 서로 결혼하지 못 한다"로 제정하여, 본래 동성의 결혼은 절대 금하였으나, 원래 남계男系의 혈족 간에 있어서 혼인을 금한다는 취지를 갖고 실제에 있어서는 동성同姓이라 하더라도 동본同本이 아닌 자(즉, 남계 혈족이 아닌 동성)는 혼인이 가하고 형법대전刑法大全 제572조에 있어서 "씨관이 같은 사람이 서로 결혼하거나, 첩을 삼는 자는 태 100대에 처하고 서로 이혼한다."[55]라고 고쳤다.

다음으로 여계女系의 동성 혈족 및 인척 사이에도 번잡한 제한이 있다. 조선시대의 ≪대명율大明律≫ 호율戶律의 혼인婚姻의 조목에, '아래 위로 혼인하는 일(尊卑爲婚)'에 대하여

> "무릇, 외족의 복제가 있는(상복을 입어야 할 관계에 있는) 손윗사람들과 손아래 사람들이 서로 혼인하며, 어머니는 같고 아버지는 다른 자매와 처의 전남편 소생녀(의붓딸)와 혼인하거들랑 각각 간음한 것으로 죄를 논한다."

> "아버지의 삼촌인 고모와 어머니의 삼촌인 숙부와 숙모의 어머니의(할머니, 외할머니) 동기자매 등의 소생 및 어머니의 동기 자매, 어머니의 사촌자매, 어머니의 삼촌인 고모 및 오촌인 여자, 처의 사촌자매 및 육촌자매, 나의 사촌자매 소생녀, 만약 사위가 있어서 사위의 자매 및 아들 손자의 처의 자매들과는 모두 혼인하는 것을 허락하지 않는다. 어기는 자는 각 장 일 백을 친다."

> "나와 성이 같은 삼촌인 여자(고모)와 성이 다른 삼촌인 남자(외삼촌)와 성이 다른 삼촌인 여자(이모)의 소생과 혼인하는 사람은 장杖 팔십을 치고 모두 이혼시킨다."

라고 규정하고, 또한 '친족의 처첩을 취하는 일(娶親屬妻妾)'에 있어서는

> "무릇 성이 같고 복제 없는 일가와, 복제 없는 일가의 처와 혼인하거들랑 각 장일백을 치고, 시마복緦麻服(익힌 가는 베로 지은 상복)을 입는

---

55 형법대전(1905년) 제572조, "氏貫이 俱同혼 人이 相婚ᄒᆞ거나 或 妾을 作혼者는 笞一百에 處ᄒᆞ고 離異홈이라"

관계에 있는 친족의 처와 어머니의 오라비의 처와(외숙모) 누이 아들의 처(질부)와 혼인하거들랑 장 육십을 치고 도형徒刑(일정 기간 동안 자유를 구속하고 고된 노동을 시키는 형벌)을 1년 산다. 소공小功을 입는 관계에 있는 일가의 손윗사람이거든 각기 간음을 범한 것으로 논한다."

"아버지의 첩과 할아버지의 첩과 백부·숙부의 처들을 거둬들이거들랑 각기 목베어 죽인다. 형이 죽었거든 형의 아내와 아우가 죽었거든 아우의 아내를 거둬들이거들랑 각기 목매달아 죽이고, 첩이거든 각기 두 등급을 감한다."

"만약 같은 집안이면서 시마복을 입는 관계에 있는 손윗숙모와 질녀와 자매들과 혼인하거들랑 각 간음을 범한 것으로 논하고 모두 이혼시킨다."

로 되어 있지만, 형법대전의 제573조에 의하면,

"동성의 무복친無服親[56] 혹은 무복친의 처를 취는 자는 징역 1년, 시마친緦麻親의 처는 징역 2년에 처하고, 첩은 두 등급을 감한다. 시마친 또는 소공小功 이상 아버지와 처에게는 각 간음율에 따라 판단하고, 모두 이혼시킨다."[57]

동 제574조에는, "내외친속이 서로 혼인하는 자는 다음과 같이 처하고 모두 이혼시킨다."[58]

---

56 복제(服制)에 따라 상복을 입어야 하는 가까운 친척을 복친(服親)이라 하고, 상례에서 상복을 입을 촌수를 벗어난 친척을 무복친(無服親)이라 한다.

57 형법대전(1905) 573조, "同姓無服親或無服親에 妻를 娶ᄒᆞᆫ者는 懲役一年이며 緦麻親에 妾에는 懲役二年에 處호되 妾 에는 二等을 減ᄒᆞ고 緦麻親이나 小功以上親或小功以上親妻에는 各히 奸淫律에 依ᄒᆞ야 科斷ᄒᆞ고 幷히 離異ᄒᆞᆷ이라."

58 원문에서 '570조'로 되어 있는데, 오기인 듯 하다. "內外親屬이 相婚ᄒᆞᆫ者는 左開에

① 어머니가 같고, 아버지가 다른 자매는 징역 5년
② 외숙의 처 또는 생질의 처는 징역 1년 반, 첩은 징역1년
③ 처첩 전 남편의 딸에는 징역 3년
④ 내외종 또는 이종자매는 태 100
⑤ 부모의 내외종, 또는 이종자매, 또는 조모, 혹은 외조모의 본종종자매, 또는 어머니의 본종종자매, 또는 자기의 종자매의 딸, 또는 여매의 자매, 자손부의 자매에게는 모두 태 100 으로 규정함〈조선총독부관습조사보고서〉.

(2) 성이 달라도(異姓) 뿌리가 같을(同根) 때는 결혼하지 못한다.
광무 7년에 발포된 형법대전 제71장 제11절에 든 수십 항의 혼인 위반율은 그 항목 종류의 번쇄한 결혼금지는 조선인이 아니면 도저히 이해할 수 없는 것이나, 현재에 있어서는 더욱 그 정도가 심해져 번쇄한 경향이 있다. 그 한 둘 예를 들자면, 1924년大正13 10월 28일 법무국장의 회답에

"김해김씨 성 가운데는 동일 남계의 혈족이 아닌 자가 있으므로 이러한 경우(예를 들면, 신라 경순왕敬順王의 후손과 대가낙수로왕大駕洛首露王의 후손 사이와 같은)에는 혼인할 수 있으나, 김해허씨金海許氏는 김해김씨金海金氏(대가낙수로왕)의 후예이므로 이 같은 경우는 혼인할 수 없다."

---

依ᄒᆞ야 處호되 幷히 離異홈이라 一 同母異父姉妹에는 懲役五年, 二外戚의 妻나 甥姪의 妻에는 懲役一年半이며 妾에는 懲役一年, 三 妻妾前夫의 女에는 懲役三年, 四 內外從或姨從姊妹에는 笞一百, 五 父母의 內外從或姨從姊妹나 祖母或外祖母의 本宗從姊妹나 已에 從姊妹의 女나 女婿의姊妹 或子孫婦의 姊妹에는 幷히 笞一百".

다이쇼 14(1925)년 3월 26일 법무국장 회답

> "김해김씨 성 중에는 동일 남계의 혈족이 아닌 자 끼리는 혼인이 가능하다는 관습이 있다. 하지만 원래 동성동본이란 본관 및 성이 같은 남계의 혈족을 지칭하는 것으로 가령 임금에게 받은 성(賜姓)에 의해 이성異姓이라 부르는 경우도 있다고는 하나, 그 간에는 동일 남계의 혈족 관계로써 혼인을 할 수 없게 된다. 그 외의 성에 대해서도 동일하다."

형법대전 제572조의 주해에도, "가령, 성이 달라도 사성賜姓에 의한 이성異姓은 남계의 혈족이므로 서로 혼인을 할 수 없다"라고 기재되어 있다. 원래 조선에 있어서 성의 수는 앞에서 말한 것처럼 적은데다가, 위에서 언급한 갑갑한 제한이 있기 때문에, 이것만을 보더라도 혼인이 허락되는 범위는 매우 국한되어 있다.

(3) 적출자嫡出子 · 서자庶子 · 사생자私生子 서로간은 결혼할 수 없다.

(4) 양반 · 상민 · 천민 서로간은 결혼할 수 없다.

양반 즉, 문무양반의 관리로 등용될 수 있는 집안과 서민 즉, 상민·특종계급인 천민 사이는 절대로 결혼할 수 없다. 단, 양반의 집안에서 상민으로 시집가는 것을 낙혼落婚이라 하여 매우 치욕으로 간주되었고, 상민의 집안에서 양반의 집안으로 시집가는 것을 앙혼仰婚이라 하여, 매우 명예로 여김도 거의 드문 일에 속한다.

(5) 소속 당파를 달리하면 서로 혼인하지 않는다.

예부터 조선에는 동인(소론) · 서인(노론) · 남인(오인) · 북인(소북)의 네 종류의 당파가 있다. 조선인인 이상, 각 가문은 반드시 어느 쪽이든

속하고, 자자손손 서로 전하고, 당파가 다른 집안과는 결코 혼인하지 않는다.

(6) 상중喪中에는 혼인을 금한다.

유교를 국교로 하고, 특히 엄숙한 주사학파朱子學派를 받느는 조선에 있어서는 존친족尊親族의 상喪에 대한 규정은 심히 엄중하고, 부모의 상은 각 3년, 부모가 만약 조부모보다 먼저 사망시에는 조부모의 상도 각 3년, 따라서 적게는 6년, 길게는 12년, 거기에 국왕 · 왕후의 상을 당하면 또 6년, 이 사이에는 결혼이 완전히 금지된다. 이러한 것을 합산하면 거의 결혼이 허락되는 기간은 없다고 볼 수 있다.

(7) 명궁命宮59이 맞지 않으면 혼인하지 않는다.

조선에 있어서 믿기 어려운 명궁설은 내지에 있어서 상성相性 · 상성相星이라 부르는 것과 같은 것으로, 이 보다 훨씬 복잡한 원인이 있다. 방위方位 · 갑을甲乙 · 자오子午에 생년월일, 풍수風水를 배치하여 번잡하기 짝이 없는 명궁설을 조직하여 이에 맞지 않는 남녀는 결코 혼인시키지 않는 풍습이 있다.

(8) 일단 사제지간師弟之間은 서로 혼인할 수 없다.

스승의 아녀자와 서로 혼인할 수 없다는 법률은 고대 희랍에서도 본다. 조선에 있어서도 하루라 하더라도 사제의 관계에 있는 자는 결코 결혼할 수 없다.

이상의 예로 든 조선에 특유한 여덟 가지의 결혼시기를 제한하고

---

59 생년월일의 방위.

결혼 범위를 축소시킨 결과는 시간적으로 짧게 제한된 범위 내에, 공간적으로 좁게 국한된 범위 내에, 배우자를 선택하게 되었다. 이에 따라 그 연령을 문제 삼을 경우는 전혀 혼기를 잃어버리기 때문에 자연히 연령은 차선의 문제가 되어 조혼의 풍습을 양성하게 되었다.

### 조선에 있어서 결혼범위 한정의 역사적 고찰

조선에 있어서 넓은 범위의 '친족 결혼Consanguinie'이 엄중히 금지되어 동성同姓 결혼과 같은 '부락 내 결혼Endoguinie'이 배척당하여 여덟 개의 금칙과 '부락 외 결혼Exoguinie'이 장려된 것은 과연 그 기원이 언제일까?

삼국사기三國史記에 의하면 신라시대에 있어서 그 왕통에는 심히 빈번하게 혈족결혼이 반복됨을 본다. 민간에 있어서도 배우자의 선택은 심히 자유스러웠음을 상상할 수 있다.

고려조에 이르러 혜왕惠王이 공주(왕녀)를 아우인 왕소王昭의 처로 삼은 것을 효시로써, 광덕光德 원년에 광종光宗은 누이동생을 내세워 왕후로 삼아 성을 황보皇甫씨라 부르고 태목왕후太穆王后라 하였다.

경종景宗은 숙부의 딸 욱旭을 맞아들여 왕비로 삼아, 동일하게 황보皇甫 씨라 불렀다. 성종成宗은 문덕왕후文德王后 유劉씨를 취하여 왕비로 삼았다. 유 씨는 광종의 딸로서 어머니의 성母性을 사칭하여, 처음 태조의 손자인 홍덕원군弘德院君에게 시집가서 후에 재가하여 성종의 왕후가 된 자이다.

현종顯宗은 즉위 후 기유己酉(1009)년 5월에 성종의 딸을 세워서 왕후로 삼고 김 씨라 불렀다. 이가 바로 원정왕후元貞王后이다. 다음으로 그 누이동생을 넣어서 상춘전常春殿이라 하였다. 이는 곧 원화왕후元和

王后이다. 덕종德宗은 즉위 후, 신미辛未(1031)년에 왕씨(王氏)를 세워서 왕비로 삼아 현비賢妃라 하였고, 갑술(1034)년 2월에는 그 누이동생을 세워서 왕후로 삼아 성을 김씨金氏라 칭했다. 더욱이 현종의 딸, 원순숙비김씨敬成王后, 원혜태후김씨孝恩王后의 자매를 세워서 왕비로 삼았다. 환언하면 혈족의 두 자매 네 사람을 세워서 왕후로 삼아 이와 결혼하였다.

문종文宗은 즉위 후, 병술년에 누이동생을 세워 왕후로 삼아, 김씨라 칭하고, 인평왕후仁平王后라 불렀다.

선종宣宗은 그 즉위 3년 병인(1086)년에 왕의 누이동생 적경궁주積慶宮主를 왕제 부여후扶餘候 수燧의 비妃로 삼았다. 즉 형제의 결혼이다.

예종睿宗은 그 원년 병술(1106)년 6월에 선종 정신현비이씨貞信賢妃李氏의 딸 연화궁주延和宮主를 세워 왕비로 삼아, 후에 경화왕후敬和王后라 불렀다. 16년 신축년 정월에 진한후辰韓候 유愉의 딸 왕씨, 참정대경용湧의 딸 최씨崔氏를 넣어서 왕후로 삼았다.

그 외에 왕족의 전기를 읽으면 더욱 무수한 혈족 결혼을 발견할 수가 있다.

이처럼 광종·덕종·문종 세 왕은 자매를 포함하여 왕후로 삼아 종형제從兄弟 자매는 물론 형제자매의 결혼조차 행하였는데, 이때쯤 점차 유교가 세력을 얻어 민간에 보급됨에 이르러 근친近親결혼을 꺼려하는 듯 임시로 왕후의 성씨를 변경하여 천하의 이목을 덮고자 하는 움직임이 있음을 간취할 수 있다.

이처럼 고려조의 여러 왕들이 근친결혼을 반복하므로 이종휘李種徽는 그의 저 『수산집修山集』에서 고려 왕가는 용의 종족으로 겨드랑이 밑에 용 비늘龍鱗이 있으며, 태조는 이러한 종족을 다른 씨족에 전파하고자 하였으며 혈족의 결혼을 장려하고자 한 속설을 든다. 이로써 얼마나 동족결혼이 빈번하였는지를 알 수 있다.

고려의 문화는 태조가 삼한三韓을 통일한 신라로 부터 전해진 것으로 그 결혼양식도 신라에 바탕 한 것임은 본 항의 처음에 언급한 것과 같다. 민간의 결혼도, 왕가에서 행해지는 것과 같이 극단적이지 않은 것도, 오늘날 조선의 관습법에서 보는 바와 같은 갑갑한 것이 아님은 말할 필요도 없다.

조선시대에 들어서 불교세력이 땅에 떨어지고 유교 특히 정주학程朱學[60]이 이를 대신하게 되었다. 소위 '동성금혼'의 사상과 그 외, 여러 가지 조선 특유의 원인이 서로 작용한 탓에 세상에 비교할 수 없는 협애한 배우자 선택이라는 부자연스러운 범위로 제한되게 되었다. 그 결과, 이러한 협애한 범위에서 배우자를 구하기 위해서는 나이를 고려할 여유가 없어져 결국 '조혼의 폐단'을 낳게 되었다.

## 조혼 방지의 칙령, 법령

### 경국대전經國大典(「예전(禮典)」 혼가조(婚嫁條))

○ 남자는 15세, 여자는 14세가 되면 혼인을 허락한다. 자녀 나이가 만 13세에 혼사를 논의할 수 있다. 만약 양가 부모 중에 한 사람이 지병이 있거나 혹 나이 만 50에 자녀 나이가 12세 이상인 자는 관가에 혼인을 알린다(男年十五 女十四 方許婚嫁, 子女年滿十

60 중국 송(宋) 나라의 정호(程顥)·정이(程頤) 및 주희(朱熹)가 주장한 유학을 가리키는 말이며, 성리학(性理學)이라고도 부른다.

三歲許議婚, 若兩家父母中一人有宿疾, 或年滿五十而子女十二以上者, 告官婚嫁).

○ 종실宗室은 그 자녀가 혼인 연령에 이르면, 정혼할 집 주인의 직함과 시어미의 이름을 종부시에 알린다(宗室則具其子女年齡及定婚家主職姑名告宗簿寺).

보충 : 종부시에서 조사하여 밝혀 아뢰기를 두 집안 자녀의 나이가 만 10세에 달하면 바야흐로 의혼하도록 허락하되, 연령의 차가 6세에 달하고 진정으로 원하는 자가 아니면 서로 혼인하도록 허하지 아니하며, 연령을 가감하거나 감추고 숨겨 성혼한 후에 발각된 경우에는 그 가장을 위혼망모율[61]로써 논죄한다(宗簿寺檢覈啓聞, 兩家子女, 滿十歲方許議婚, 年六歲相差而非情願者, 勿許相婚, 加減隱諱後現者, 家長以爲婚妄冒律論).[62]

○ 사대부는 아내가 죽은 후 3년이 지나야 다시 혼인할 수 있고, 만약 부모의 명령 혹은 나이 사십이 지나서 자식이 없는 경우에는 일 년 후에 다시 혼인할 수 있다(士大夫妻凶者三年後改娶若因父母之命或年過四十無子者許期年後改娶).

**세종장헌대왕실록世宗莊憲大王實錄(37권 제24장)**[63]

정미년 가을 7월(丁未秋七月) 예조에서 아뢰기를 "삼가 살펴보옵건

61 '위혼망모율(爲婚妄冒律)'은 거짓으로 혼인을 하기 위하여 속인 것에 대하여 처벌하는 법률로서, "여자 집에서 속이면 장 80이고, 남자 집에서 속이면 1등을 더한다(女家妄冒, 杖八十, 男家妄冒, 加一等)."로 되어 있다(『譯註經國大典註解』(한국법제연구원, 2009, p.191 참고).

62 ㅁ속의 한자는 구도의 원문에는 각각 害, 覩, 妾으로 잘못 표기되어 있다.

63 한글 번역은 『세종장헌대왕실록6』(세종대왕기념사업회), p.53-54.

대, 주문공가례朱文公家禮에, '남자는 나이 16~30세까지, 여자는 나이 14~20세까지 자신과 혼주에게 기년 이상의 상喪이 없으면 혼인을 성취시킬 수 있다'고 하였는데, 주註에는, '옛날에 남자는 30세가 되어 장가가고, 여자는 20세가 되어 시집갔는데, 지금 법령 조문에 남자는 나이 15세, 여자는 나이 13세 이상이 되면 모두 장가들고 시집가는 일을 허락한다.' 했으니, 지금 이를 설說하는 것은 고금의 도리를 참고하고 예령禮令의 중도를 참작하여 천지의 이치에 순응하고 인정의 적당함에 합하게 하는 것입니다. 우리 국가에서는 빈궁한 사람이 혹시 시기가 지나치도록 능히 혼가하지 못한 사람이 있을까 염려하여, 서울과 지방의 맡은 관사로 하여금 엄중히 방문하게 하여 시기를 잃지 않도록 하고, 이를 어긴 사람에게는 죄를 주게 되니, 이것이 예전禮典에 기재되어 있지마는, 그러나 연한을 정하지 않은 까닭으로 모든 혼인하는 집에서 서둘러 급하게 하고자 하는 뜻이 없으며, 서울과 지방의 맡은 관사에서도 또한 증거 할 바가 없으므로 고찰함이 점점 쇠퇴하여 시기를 잃게까지 되니, 다만 음양의 화합에만 어긋날 뿐만 아니라 여자들이 혹은 남에게 몸을 더럽히게까지 되어 풍속이 아름답지 못하게 되니 진실로 미편합니다. 지금부터는 한결같이 문공가례文公家禮에 의거하여 여자는 나이 14~20세 안까지 모두 혼인을 하도록 하고, 만약에 부득이하여 기한을 넘기는 사람이 있으면 그 사유를 갖추어 서울은 한성부에 알리고 외방은 그 고을에 알리게 하고, 서울과 외방의 맡은 관사에서는 다시 사실을 조사하여 만약에 까닭도 없이 기한을 넘기는 사람이 있으면 그 혼주婚主되는 사람은 형률에 의거하여 논죄할 것입니다." 하니, 그대로 따르다.

**세종장헌대왕실록**世宗莊憲大王實錄(제85권)64

기미년 21년 6월 26일(己未二十一年六月壬寅) "남녀가 있은 뒤에 부부가 있고, 부부가 있은 뒤에 부자父子가 있고, 부자가 있은 뒤에 군신이 있사오니, 남녀가 동거하는 일은 사람의 큰 윤리이므로 성인이 매우 중히 여긴 바이옵니다. 그러므로 성인이 음양의 이치에 순응하고 인정의 마땅함을 참작하여 혼인의 시기를 정하였습니다. 주문공朱文公이 제정한 가례에도 이르기를, '남자는 나이 16~30세까지, 여자는 나이 14~20세까지이어야 성혼成婚함이 가하다.'고 하였사옵니다. 그러하오면, 혼인의 시기는 성인이 제정한 바이온데 감히 미치지 못할 수 없고 지나칠 수도 없거늘, 근자에 사대부의 집에서 혼인하는 일을 예제禮制에 따르지 아니하옵고, 남녀의 나이가 겨우 열 살이 지나면 문득 혼인하며, 열 살에 이르지 못하였는데 납채納采와 납폐納幣하여 임시 혼인을 하고 예혼預婚이라고 이르는 자까지 있사옵니다. 성인의 제도에 어긋남이 있을 뿐만 아니오라, 더욱 음양의 이치에도 어그러짐이 있습니다. 비옵건대, 이제부터 일체 성인의 제도에 의하여 남자 16세, 여자 14세 이상인 자이어야 혼인하기를 허락하옵고, 어기는 자에게는 법으로 엄하게 다스리시옵소서."

**세종실록**世宗實錄(제88권제27장)

세종 22년 3월 8일(庚申二十二年三月庚戌), 의정부에서 예조의 정문呈文에 의거하여 아뢰기를, "삼가 ≪가례家禮≫를 상고하옵건대, 남자는 나이 16~30세, 여자는 나이 14~20세에 이르러야 성혼成婚할 수 있

64 한글 번역은 『세종장헌대왕실록13』(세종대왕기념사업회), p.335.

사오니, 이는 주문공朱文公이 고금古今의 도道를 참고하고, 예법의 중화中和를 작량酌量하고, 천지天地의 이치를 따르고, 인정人情의 마땅함을 합습하여 말한 것이온데, 후세에 욕심이 많고 마음이 야비한 자가 사위나 며느리의 성행性行을 살피지 아니하고 한갓 한때의 부귀를 흠모하여 동유童幼를 면하지 못하였는데도 앞을 다투어 혼인을 의논하오니, 그 폐해를 이루 말할 수 없습니다. 그러므로 한漢나라 왕길王吉이 말하기를, '부부는 인륜의 대강大綱으로서 요수夭壽의 싹틈인데, 세속에서 시집보내고 장가들이기를 너무 일찍 하여, 사람의 부모되는 도리를 알지 못하고 자식을 두는 고로, 교화敎化가 밝지 못하고 백성이 많이 요사夭死한다.' 하였고, 송宋나라 사마광司馬光이 말하기를, '세속이 좋아서 어린 때(襁褓)에 가볍게 혼인할 것을 허락하고, 또는 태중胎中을 가리켜 혼인하는 자가 있으므로, 그 장성하기에 미쳐서는 혹은 불초不肖하고 무뢰無賴하며, 혹은 몸에 악질惡疾이 있고, 혹은 집이 가난하여 얼고 굶주리며, 혹은 상복喪服이 서로 잇따르고, 혹은 먼 시골에 벼슬하기도 하므로, 드디어 옥에 갇히고 송사訟事하는 자가 많았다. 그러므로 선조先祖 태위공太尉公이 일찍이 말하기를, 「우리 집에서는 반드시 이미 장성한 연후에야 혼인을 의논하고 서신을 통한 지 두어 달이 못되어서 반드시 성혼하기 때문에, 종신토록 이런 뉘우침은 없다.」고 하였으니, 자손으로서 마땅히 본받을 바이다.' 하였습니다. 선현先賢의 훈계가 이와 같사온데, 지금의 풍속은 오히려 그 부귀를 사모하여 혼인을 의논하기를 너무 이르게 하고, 고관의 유식한 자들까지도 모두 이러하오니, 이성二姓의 좋은 것을 합하게 하여 위로는 종사宗祀를 받들고 아래로는 후세를 잇는 도리가 아니옵니다. 이제 3월 초팔일 이후부터는 한결같이 주문공의 ≪가례家禮≫

에 의하여 남자는 나이 16세 이상, 여자는 나이 14세 이상이라야 혼인을 허락하게 하옵고, 그 부모로서 나이 50이 지나서 진정으로 자녀의 혼인을 원하는 자는 본국本國의 미리 사위 되는 예例에 의하여, 남녀의 나이 12세 이상이라야 허락하여 관가에 고하고 성혼하게 하오며, 그 혼인을 의논하는 자는 만약 사마씨 집의 법에 의하여 서신을 통한 지 두어 달이 못되어서 성혼하게 하오면, 혼수의 준비를 갑자기 판비하기가 어려울 것이오니, 납채納采한 뒤에 기년期年을 지나지 못하게 하고, 그 법령을 범한 자는 경중京中에서는 사헌부와 한성부에서, 외방外方에서는 감사와 수령이 고찰하여 율律을 상고하여 단죄하며, 그 나이를 속인 자는 이혼시키되, 비록 사면을 받았어도 역시 다 이혼시켜서 적폐積弊를 없애어 풍속을 바르게 하소서." 하니, 그대로 따랐다.

**세종실록世宗實錄(제99권제3장)**

세종 25년 1월 7일(二十五年正月癸亥), 예조에 전지하기를, "남자는 16세 이상, 여자는 14세 이상으로 혼인을 허가하되, 그 중에 부모의 나이가 50이 지나서 사정상 혼인시킬 것을 원하는 자는, 남자나 여자가 모두 나이 12세 이상이면 관에 고하고 성혼成婚시킨다는 것을 이미 앞서 수교受敎하였으나, 이제 남자나 여자의 부모가 다 같이 50세가 지나야만 혼인시킬 것을 허가한다면 사정상의 소원을 이루지 못하는 자가 있을 것이니, 금후로는 남녀의 부모 중 한 사람이라도 연세가 50에 차면, 남녀가 다 12세 이상으로 혼인하도록 허가하라."하였다.

**경국대전經國大典 · 혼가조婚嫁條**

남자는 15세, 여자는 14세로 혼인을 허가하고(자녀가 만 14세가 되면 혼인을 논의)[65], 만약 양가 부모 중에 한 사람이 병이 있거나, 혹은 나이 50세에 자녀가 12세 이상인 자는 혼인을 허가하라(제1에서 같은 내용이 언급).

**개국503년(1894년)[66] 허혼연령의안許婚年齡議案**

남녀의 조혼은 엄금함이 지극 당연하여 남자는 20세, 여자는 16세에 이르러서 비로소 결혼을 허할 것.

**융희隆熙 원년(메이지40년, 1907년) 조칙詔勅**

조령을 내리기를, "사람이 서른 살에 아내를 두며 스물 살에 시집가는 것이 예날 3대 때의 훌륭한 법이었는데 근래에는 조혼의 폐단이 국민의 더없는 병폐가 되었다. 그러므로 연전에 금령을 내렸으나 아직까지 실시되지 않고 있으니 어찌 유사有司의 과오가 아니겠는가? 지금 정사를 새롭게 하는 시기를 만나 풍속을 개량하는 것이 가장 급선무이다. 부득이 옛날과 지금을 참작하여 남자의 나이는 만 17세, 여자의 나이는 만 15세 이상이 되어야만 비로소 시집가며 장가를 가도록 하되 엄하게 준수하여 어김이 없게 하라."[67]

---

65 본 구절은 앞에 언급된 〈제1〉의 내용과 동일한 것이다. '자녀가 만 14세가 되면 혼인을 논의'는 '만 13세'를 오기한 듯하다. 구도의 원문 인용에는 오자가 유독 많음을 지적할 수 있다.

66 1894년 갑오개혁을 의미함.

67 純宗 卽位年(1907), 8월 14일, "十四日. 詔曰: 人生三十而有室과 二十而嫁 古昔三代盛法이어늘 挽近早婚의 弊가 國民의 病源이 莫甚 故로 年前禁令이 有 되 迄未實施 니

현행법

민법 제3장 제1절 제1관 765조 '남자는 만 17세, 여자는 만 15세 이하는 혼인이 성립되지 않는다.'

## 조선여자 조혼早婚의 현상

제3장에서 언급한 대로 조선에서의 결혼 허가 연령은 유교 주문공가례朱文公家禮[68]에 따라 빈번한 조혼금지령을 볼 수 있다. 그것은 한편 얼마나 조혼이 보편적으로 행해졌는가를 알 수 있다. 그러나 앞서 지적한 조혼의 원인에 대하여 어떠한 방책도 강구하지 않고 있다. 따라서 빈번한 칙령도 전혀 쓸모없이 끝나고, 병합 이후에도 더욱 고쳐지지 않았음은 다음의 통계에서 보는 바와 같고 남편살해에 내재된 원인인 조혼이 쇼와 6(1931)년에 8923명에 이르고, 쇼와 원년(1926)에서 작년까지 6년간 법률에서 금하는 연령 이하의 여자가 결혼하는 숫자는 6만 6716명에 이른다.

내지여자(內地女子, 일본여자)의 경우도 15세 이하의 결혼이 전혀 없지는 않다. 쇼와 5(1930)년에 34명이 15세 이하의 결혼이다. 이는 전체 결혼 숫자 만 명에 한 명 꼴이다. 조선에 있어서는 같은 연도에 15세

---

豈非有司之過리오? 今에 維新之秋 際야 風俗을 改良 이 最是急務라. 不容不參古酌今야 男年滿十七, 女年滿十五已上으로 始許嫁娶 야 전懍遵無違케 라."〈순종실록〉 참고.

68 남송(南宋)의 주희(朱熹)가 편찬한 관(冠) · 혼(婚) · 상(喪) · 제(祭)의 의례서. 통상 ≪가례≫ 혹은 ≪주자가례≫라고도 일컫는다. 주문공가례에 따르면, "남자는 나이 16세에서 30세까지, 여자는 나이 14~20세까지 자신과 혼주에게 기년 이상의 상(喪)이 없으면 혼인을 성취시킬 수 있다."고 되어 있다.

미만 여자의 결혼 숫자 1만 683명으로 만 명당 541명, 말하자면 내지여자에 비해 540배의 다수를 확인할 수 있다.

**쇼와 원년(1926)에서 6년(1931)까지 조선 여자 결혼 연령표**

| 연차 / 연령 | 1926년 | 1927년 | 1928년 | 1929년 | 1930년 | 1931년 |
|---|---|---|---|---|---|---|
| 15세 미만 | 11,197 | 11,659 | 12,243 | 12,011 | 10,683 | 8,923 |
| 15~19세 | 99,949 | 101,410 | 107,344 | 106,229 | 105,980 | 101,947 |
| 20~24세 | 40,296 | 43,952 | 52,428 | 54,088 | 58,881 | 52,673 |
| 25~29세 | 9,779 | 10,805 | 12,082 | 12,621 | 13,655 | 11,914 |
| 30~34세 | 3,669 | 4,173 | 4,606 | 4,710 | 5,125 | 4,445 |
| 35~39세 | 1,533 | 1,593 | 1,816 | 1,756 | 1,988 | 1,694 |
| 40~49세 | 755 | 844 | 968 | 1,025 | 979 | 889 |
| 50~59세 | 197 | 182 | 206 | 236 | 224 | 199 |
| 60세 이상 | 36 | 35 | 40 | 37 | 47 | 31 |
| 계 | 167,411 | 174,653 | 191,733 | 192,713 | 197,562 | 182,715 |

**쇼와 원년(1926)에서 쇼와 6년(1931)까지 조선여자 결혼 연령 천분율**

| 연차 / 연령 | 1926년 | 1927년 | 1928년 | 1929년 | 1930년 | 1931년 | 평균 |
|---|---|---|---|---|---|---|---|
| 15세 미만 | 66.9 | 66.8 | 63.9 | 62.3 | 54.1 | 48.8 | 60.4 |
| 15~19세 | 597.0 | 580.6 | 559.9 | 551.2 | 536.4 | 557.9 | 563.8 |
| 20~24세 | 240.7 | 251.7 | 273.4 | 280.7 | 298.0 | 288.3 | 272.1 |
| 25~29세 | 58.4 | 61.9 | 63.0 | 69.5 | 69.1 | 65.2 | 63.8 |
| 30~34세 | 21.9 | 23.9 | 24.0 | 24.4 | 26.0 | 24.3 | 24.1 |
| 35~39세 | 9.2 | 9.1 | 9.5 | 9.1 | 10.1 | 9.3 | 9.4 |
| 40~49세 | 4.5 | 4.8 | 5.0 | 5.3 | 5.0 | 4.9 | 4.9 |
| 50~59세 | 1.2 | 1.0 | 1.1 | 1.2 | 1.1 | 1.1 | 1.1 |
| 60세 이상 | 0.2 | 0.2 | 2.2 | 0.3 | 0.2 | 0.2 | 0.5 |
| 계 | 1,000 | 1,000 | 1,000 | 1,000 | 1,000 | 1,000 | 1,000 |

쇼와 원년(1926)에서 쇼와 5년(1930)까지 내지여자 결혼 연령표

| 연차 / 연령 | 1926년 | 1927년 | 1928년 | 1929년 | 1930년 | 1931년 미발표 |
|---|---|---|---|---|---|---|
| 15세 미만 | 116 | 62 | 27 | 27 | 34 | - |
| 15~19세 | 123,677 | 120,584 | 117,694 | 109,115 | 105,467 | - |
| 20~24세 | 239,763 | 231,869 | 243,966 | 250,233 | 262,962 | - |
| 25~29세 | 77,831 | 75,979 | 78,086 | 77,795 | 77,755 | - |
| 30~34세 | 27,712 | 26,673 | 27,480 | 27,656 | 27,432 | - |
| 35~39세 | 13,930 | 13,114 | 13,297 | 12,963 | 12,797 | - |
| 40~49세 | 14,086 | 13,633 | 13,223 | 13,557 | 13,049 | - |
| 50~59세 | 4,666 | 5,860 | 4,735 | 4,926 | 5,087 | - |
| 60세 이상 | 1,066 | 1,076 | 1,047 | 1,138 | 1,091 | - |
| 계 | 502,847 | 488,850 | 499,555 | 497,410 | 505,674 | - |

쇼와 원년(1926)에서 쇼와 5년(1930) 내지여자 결혼 연령 천분율

| 연차 / 연령 | 昭和원년 | 昭和2년 | 昭和3년 | 昭和4년 | 昭和5년 | 평균 |
|---|---|---|---|---|---|---|
| 15세 미만 | 0.2 | 0.1 | 0.1 | 0.1 | 0.1 | 0.12 |
| 15~19세 | 246.0 | 247.2 | 239.6 | 219.4 | 208.2 | 278.0 |
| 20~24세 | 476.8 | 475.3 | 488.4 | 503.1 | 521.0 | 492.9 |
| 25~29세 | 154.8 | 155.7 | 156.3 | 156.4 | 153.2 | 155.3 |
| 30~34세 | 55.1 | 54.7 | 55.0 | 55.6 | 54.1 | 54.9 |
| 35~39세 | 27.7 | 26.9 | 26.6 | 26.1 | 25.3 | 26.5 |
| 40~49세 | 28.0 | 27.9 | 26.5 | 27.3 | 25.8 | 27.1 |
| 50~59세 | 9.3 | 10.0 | 9.5 | 9.9 | 10.0 | 9.7 |
| 60세 이상 | 2.1 | 2.2 | 2.1 | 2.3 | 2.2 | 2.2 |
| 계 | 1,000 | 1,000 | 1,000 | 1,000 | 1,000 | 1,000 |

## 노비제도의 여폐

서구에서 가정家庭을 의미하는 문자 파밀리에Familie는 처妻가 사는 집을 가리키지만, 본래 뜻은 파물러스Famulus(노예)에서 나온 말이다. 즉, 문명을 자랑하는 구라파의 부인도 노예에서 발달한 것을 암시한다.

『일본서기』 오우진기應神紀 기록(9년 4월의 조목)에 따르면[69] 우마시우치노 스쿠네甘美內宿禰[70]가, 이복형 다케시우치노 스쿠네武內宿禰가 모반을 일으키고자 한다고 참언한 일로, 시키磯城라는 강변에서 구가다치(探湯 : 일의 시비를 가리기 위해서 神意를 묻는 것)를 행하여,[71] 결국 다케시우치가 승리하여 우마시우치는 참소한 죄로 인해 '노예奴'가 되고 그 처는 '종婢'이 되었다는 기록이 있다. 또한 일본 수백 년 전통을 깨고, 민족제도를 일소하고, 토지의 사유제를 철폐하고, 사유민私有民을 해방하는 이른바 다이호율령大寶律令[72]은 메이지 18년(1885)의 관제官制 개혁까지 천 이백여 년 간 그 형태를 존속하였으나 형부성刑部省 소관

---

69 成殷九 역주,『日本書紀』(卷第十), "九年夏四月,……時武內宿禰弟甘美內宿禰, 欲廢兄, 卽讒言于天皇, 武內宿禰, 常有望天下之情. 今聞, 在筑紫而密謀之曰, 獨裂筑紫, 招三韓今朝於己, 遂將有天下.(중략)天皇則推問武內宿禰與甘美內宿禰. 於是,…天皇勅之, 令請神祇探湯. 是以, 武內宿禰與甘美內宿禰, 共出于磯城川湄, 爲探湯. 武內宿禰勝之. 便執橫刀, 以毆仆甘美內宿禰, 遂欲殺矣. 天皇勅之令釋. 仍賜紀直等之祖也", 정음사, 1987, pp.231-232 참고.

70 일본 역사서인『日本書紀』·『古事記』등에 전하는 고대 일본의 인물로써, 제8대 고겐천황(孝元天皇)의 손자 또는 3대손으로 전해지고 있다.

71 구가다치(探湯: くがたち)는 神에게 祈誓한 뒤에 손을 熱湯에 넣어 데어서 벗겨진(爛) 자를 邪로 여기는 일종의 神判.

72 701년에 제정된 일본의 율령. 당(唐)의 율령을 참고한 것으로 일본 역사상 처음으로 율과 령을 갖춰 성립된 본격적인 율령이다.

의 심문, 형명刑名 중에 "소송을 심문하고, 형명을 정하고, 의옥사건을 판결하고, 양민과 천민의 명부, 죄인을 가두고, 부채의 일을 담당한다."라고, 노예란 명칭의 존속을 볼 수 있다.

다이호 율령大寶律令의 모범을 수隨·당唐에서 찾는 것은 그 시대의 조선에서도 또한 마찬가지였다. 우마시우치의 참소장에도 '독열축자 초삼한獨裂筑紫 招三韓'73이라는 것을 봐도, 조선과의 교통왕래가 얼마나 빈번하였는지를 알 수 있다. 법제와 같은 것도 공통점이 많음을 상상하기에 족하다. 그러나 이 노예제도는 일본의 국민성에 적합하지 않아 자연히 소멸되어, 양천(良賤. 양민과 천민)·노비 같은 문자가 법령상 남아있을 뿐, 역사상 사실로 드러난 적은 없다.

이에 반해서, 조선에 있어서는 기자조선 개국의 당초부터 최근 이조 말기에 이르기까지 끊임없이 이 제도가 행해졌으며, 여러 차례 천하를 어지럽게 한 원인이 되어, 부녀를 재물시하는 사상을 함양해 온 것과 같다.

문헌 비고에 나타난 바에 의하면, 기자箕氏가 조선에 봉해져 평양에 도읍을 정한 후, 형률을 정하고, '훔친 여자'를 가비家婢로 삼고, 같은 책 고구려의 항목에는 '사채를 지불할 능력이 없는 여자를 비婢'로 삼았고, 논밭의 매매를 엄금한 시대조차 비녀婢女의 매매는 허용되었다.

중국 서진西晋의 역사가 진수(陳壽. 233~297)는 삼국지 「위지동이전魏志東夷傳」 부여의 항목에서 '형벌을 내림이 엄하고 급하여, 사람을 죽

---

73 "獨裂筑紫, 招三韓"는 우마시우치노가 형인 다케시우치노를 참소한 내용의 일부로 '홀로 즈쿠시(筑紫)를 나누고 삼한을 불러들여…장차 천하를 지배하겠다.'에서 나온 말.

이는 자는 사형에 처하고, 그 아내와 딸을 노비로 삼는다.', '고구려는 감옥이 없고, 죄 있는 자는 제가(諸家, 관리 및 호족의 단체)의 평의회에서 이를 죽이고, 처자를 노비로 삼는다.'고 하였다.

당나라 장종莊宗 시대에 유구劉昫가 쓴 『구당서舊唐書』에는 삼국시대에서 신라통일시대, 즉 서력 4세기부터 9세기에 이르는 기록 가운데, 고려시대의 풍습을 기술하여, '우마牛馬를 죽인 여자는 노비로 삼는다.'고 하였다.

고려 인종仁宗 때(1145년), 김부식이 지은 『삼국사기』(제18권), 소수림왕 3년(373년)의 항목에도 율령을 반포하여 노비의 제도를 언급하고 있다.

전술한 유구의 『구당서』 백제전百濟傳의 조목에서는 '사람을 죽이는 자는 노비로써 죄를 갚는다'라고 하여, 노비가 금전과 같이 취급되어, 속죄의 재료로써 사용되었음을 명확히 입증하고 있다.

정인지(鄭麟趾, 1396~1478)의 『고려사高麗史』에는 노비(婢)에 관한 문헌이 곳곳에 산견하고, 문종文宗 때 이르러, 노비의 부적과 결송을 담당하는 관아奴婢簿籍決訟都官를 설치하여 여자 노예인 비婢가 조세와 속매贖賣의 금전대용일 뿐만 아니라, 자기의 자식을 노비로서 매각하는 일이 빈번하였다.

> "자손의 아이나 부녀자를 쌍방 협의하에 팔아(和賣) 종(婢)으로 만든 자는 도형(徒) 1년, 남의 아이나 부녀자를 약취하여 팔아넘긴(略賣) 자는 1년 6개월에 처하되, 협의하여 고의로 매매(故賣)한 자는 한 등급을 더해 처벌한다."

> "친동생 · 조카 · 외손을 화매하여 노비로 만든 자는 도형 2년 6개월, 약매(略賣)할 때는 3년에 처하며, 미수에 그친 자는 한 등급을

감해 처벌한다. 협의하여 내다 판(放賣) 경우는 한 등급을 감해 처벌한다."

"당제나 당형의 자손을 화매하여 노비로 만든 자는 유배(流) 2천리, 약매한 자는 유배 3천리에 처하며, 미수에 그쳤으면 한 등급을 감해 처벌한다."

이처럼 노비는 조선에 있어서 완전히 재물과 동일시되어 매매증여세의 대물代償·속죄贖罪·상속相續 그 밖의 처분이전이 공공연하게 행해졌다. 신분이 높은 여자의 결혼에 있어서는 노비는 중요한 지참재산의 하나로써 갖고 갔다. 특히 이 왕가의 공주(왕녀)가 시집갈 때(降嫁)는 수십의 노비가 지참 재산으로써 증거 문서와 함께 예물을 말에 보내는 예로써, 경성제국대학 법문과에는 공주에게 증여된 노비의 문서(手形)가 다수 보존되어 있다.

원래 조선의 노비는 포획된 적의 부녀자, 혹은 자기의 죄과, 또는 녹변綠邊의 죄과에 의해 상민에서 노비로 전락한 자이나, 앞에서 서술한 것 같이 자신의 친자식이라도 매각해서 여종(婢女)이 된 자, 이러한 노비는 자자손손 재물로써 취급되어 어머니 신분(隨母法)74에 의해 속박된다.

앞에서 언급한 『고려사』(제8권) 「십오형법지十五刑法志」, 노비의 조목에 있어서 정종靖宗 5년 발포한 "천자수모지법賤者隨母之法"을 기재하고 있다. 거기에 따르면 여종의 낳은 자식兒孫은 영원히 소유주의 재산이다.

여종이 조선의 사회구성상, 이처럼 중요한 요소이므로, 그 귀속歸

74 평민과 여종 사이에 낳은 아이를 어머니 신분을 따라 종으로 삼았던 제도.

屬 · 도닉逃匿 · 은점隱占 등의 범죄가 발생하게 되어, 성종成宗 5년 7월의 교칙에는,

"도망친 남의 노비를 숨겨서 자기 소유로 만든 자는 1일에 생사(絹) 3척(尺)을 벌금으로 징수한다는 율문律文에 따라, 하루에 베 30필을 징수해 본 주인에게 주고, 일수가 아무리 많아도 노비의 본래 값을 초과하지 못하게 한다."[75]

"여종(婢女)이 15세 이상 50세 이하의 경우는 120필, 15세 이하 50세 이상은 60필로 한다."[76]

라고 여종의 공정 시세公定相場를 정하고, 충숙왕忠肅王 5년 5월에는 하교하기를,

"이익을 탐하는 자들이 이자를 늘이는 바람에 가난한 이들은 처자를 팔더라도 미처 다 갚지 못하는 실정이다. 또한 원금과 이자를 상당부분 챙기고도 더 이자를 내라고 독촉할 경우 계약문서를 압수해 빌린 자에게 주도록 하라."[77]

공민왕恭愍王 16년 5월에는 이르기를[78],

---

75 『高麗史』, 「刑法志·奴婢」편; "五年七月 教, 凡隱占人逃奴婢者, 依律文一日絹三尺例, 日徵布三十尺, 給本主, 日數雖多, 毋過元直."

76 『高麗史』, 「刑法志·奴婢」편; "婢年十五以上, 五十以下, 百二十匹, 十五以下, 五十以上, 六十匹."

77 『高麗史』, 「食貨志·借貸」편; "(忠肅王五年五月 下教, 償債之法, 止子母停息, 而貪利之人) 增息無限, 貧者賣妻鬻子, 亦不能償, 其本息相當, 而猶責償者, 收取文契, 以給貸者."

78 『高麗史』에는 '예종3년'으로 되어 있다.

"유부녀가 음탕한 짓을 하면, 자녀안(恣女案, 노비등록부)에 기록하여 침공(針工 즉, 종)으로 귀속 시킨다."[79]

이조李朝에 들어와서도 이러한 비녀제婢女制는 조금도 바뀌지 않고, 오히려 사원寺院 소속의 노비가 생겼다. 이태조 6년(丁丑年), 도당都堂에 명하여 이르기를,

"불씨의 도는 마땅히 청정과욕淸淨寡慾으로 종지를 삼아야 할 터인데, 오늘날 사원을 경영하는 자는 힘써 산업을 경영하고 여색女色까지 간범하여 뻔뻔스럽게 부끄러운 것을 알지 못한다. 죽은 뒤에는 그 제자란 자들이 노비를 법손法孫이 서로 전하는 것이라 하여 서로 소송하는 일까지 있다."[80]

이태종 2년(임오년),

"중의 무리들은 그 전조田租를 거두고 노공奴貢을 거두어 중에게는 이바지하지 않고 살찐 말을 타고 가벼운 옷을 입게 되었으며, 술과 여색에 빠져 그 욕심이 세속의 배가 되었습니다 …… 바라옵기는 밀기密記에 붙인 경외京外의 70개 절 외의 그 나머지 비보裨補에 등재된 경외 각 절의 토전土田의 조租는 군의 자금(軍資)으로 영속시켜…노비奴婢는 각사各司와 주군州郡에 분속시키면……"[81]

---

79 『高麗史』, 「刑法志·戶婚」편; "睿宗三年 判, 有夫女淫, 錄恣女案, 針工定屬."

80 조선왕조실록, 太祖 6년(1397) 7월5일; "甲寅/上命都堂曰: 佛氏之道, 當以淸淨寡慾爲宗. 今住持各寺者, 務營産業, 至奸女色, 恬不知愧, 身死之後, 其弟子者, 有以寺社及奴婢, 稱爲法孫相傳, 以至相訟"

81 조선왕조실록, 태종 2년(1402) 4월 22일; "僧人之徒, 收其田租, 斂其奴貢, 不供佛僧, 肥馬輕衣, 甚者溺於酒色, 其欲倍俗. (생략) 伏願殿下, 將密記付七十寺外, 其餘裨補所載京外各寺土田之租, 永屬軍資, 以備三年之蓄, 其奴婢, 分屬各司與州郡…"

세종 원년元年에 보면, 오교五教를 파하고, 모든 중외사사中外寺社의 계집종婢女과 토전土田을 고쳐 관에 귀속하는 기사가 있다. 고려조에서 이조에 걸쳐, 유교 종학儒教宗學의 영향을 입어, 공·사 노비의 자유를 창도하는 소리가 있었으나, 한 번도 그 실행을 보지는 못했다. 고려 광종光宗 26년에는 노비안검법奴婢按檢法82을 제정해 노비의 학대·매매·쟁탈 등의 격심한 증가를 막고자 시도하였고, 태조는 노비를 풀어서 상민常民으로 하고자 누누이 시도하였으나, 귀족과 공신의 맹렬한 반대로 이룰 수 없었다.

성종成宗 때는 한 번 노비 개방을 결행하였으나, 상류계급의 극심한 반대에 부딪혀 얼마 지나지 않아 '노비환천법奴婢還賤法'83이라 칭하는 기괴한 칙령이 나오고, 이러한 누습은 여전히 이어졌다.

조선에 있어서 노비의 생명에 관한 부여와 박탈의 권리(生命與奪權)는 완전히 그 소유자의 손바닥에 있으며, 노비구살법婢女毆殺法에 있어서 이를 공인하였고, 오늘날 북미합중국에서 널리 행해지는 것과 같은 사적 제제(私刑)가 노비에게 행해졌으며, 위정자도 그 폐해를 간과할 수 없어서 세종26년에는 칙령을 내리기를,

> "우리나라의 풍속은 상하의 구분이 엄격하다. 이 때문에 만약 노비에게 죄가 있어서 그 주인이 이를 죽여도, 그 주인을 치켜 올리

82 노비안검법(奴婢按檢法): 고려 광종 7년(956)에 실시된 법제로서, 원래 노비가 아니었는데 전쟁에서 포로로 잡혔거나, 빚을 갚지 못하여 강제로 노비가 된 자를 이전의 상태로 돌아가게 하는 법이다. 이것의 중요한 동기는 당시 호족 세력의 기반을 억제하면서 왕권을 강화하고 국가 수입 기반을 확대하기 위한 하나의 정책이었다.

83 노비환천법(奴婢還賤法)은 노비안검법이 귀족들의 불평을 많이 사게 되고 혼란을 야기하자 양인이 된 노비를 다시 노비로 되돌리는 것. '노비안검법'과 '노비환천법'의 "노비(奴婢)"를 저자인 구도는 여자 종만을 뜻하는 "비녀(婢女)"로 표기하고 있다.

고 그 노비를 억누르는 것이 보통이다. ……그러나 노비는 비록 천민이나 하늘이 낸 백성 아님이 없으니, 함부로 이를 죽이는 것은 법이 아니다. (생략) 금후 비록 노비에게 죄가 있다하더라도 이를 관가에 알리지 않고, 함부로 구타 살해하는 자는 죄가 있다 할 것이다."[84]

다음으로 이조 영조英祖 50년에는 조서를 내려 노비법奴婢法을 파하여, "우리나라의 노비법은 멀리 기자箕子의 때까지 거슬러 올라간다. 기성箕聖의 뜻은 특히 이를 설치하여 절도를 금하고자 함에 지나지 않는다. 자자손손에 이르기까지 오랫동안 노비로 삼고자 함에 있는 것이 아니다. 또한 조세법租調法에 의거해도 비공법婢貢法은 있어서는 아니 된다." 이미 영조 31년에 명을 내려 비공婢貢을 반필半匹로 줄이라고 하신 것을 50년에 이르러서 비공을 폐지하고 그 경상비용은 적곡糴穀으로 대용하게 하였다.[85]

이 비공은 다른 조세와 함께 정부의 중요한 세입의 항목으로써 16세 이상 50세 이하의 종婢은 목면 한 필 반의 세이었으나, 현종顯宗 치세 8년에 대사간大司諫[86] 이단하李端夏의 상소에 의해 반 필로 줄이고, 영조 31년에는 다시 반 필로 줄여, 그 대용으로써 균역청均役廳에서 전錢 2만 66량兩을 호조에 지급하고, 同 50년에는 비공법 폐지에

---

84 조선왕조실록, 세종 26년(1444) 閏7월24일; "本國奴婢之法, 所以嚴上下之分, 綱常由是而益(因), 故奴婢有罪而其主殺之, 議者例皆揚其主而抑其奴, ……況奴婢雖賤, 莫非天民也? 以人臣而役天民 亦云足矣, 其可擅行刑罰而濫殺無辜乎? (생략) 自今奴婢有罪無罪, 不告官而歐殺者, 一依舊例科斷"

85 원문에는 영조(英祖)를 영종(英宗)으로 잘못 표기되어 있다.

86 대사간(大司諫): 조선시대 사간원(司諫院)의 으뜸 벼슬로, 임금에게 간언하는 일이나, 상소를 올리는 일을 담당하던 직책.

따라 정부의 세수입 1만 3천 74량을 호조에 지급하였다.

조선의 노비는 관노비官奴婢·내노비內奴婢(또는 내수사노비內需司奴婢)·관방노비官房奴婢·시노비寺奴婢·역노비驛奴婢 등의 구별이 있다. 성종成宗왕 15년, 장례원掌隷院[87]의 관부에 등록된 노비의 수는 경외의 노비 26만1,980명, 각 읍역邑驛의 노비 9만 581명, 합계 35만 2,561명의 다수에 달한다.

선종宣宗왕 26년, 제 도道의 사노비私婢를 상민常民에 열하고, 순조純祖왕 원년에는 호조戶曹 관할의 내수사內需司 및 각 관방, 각 사司의 노비 2만 6,496명, 사비寺婢[88] 2만9093명, 합계 5만 5,588명을 상민으로 열하고, 그 문서手形 및 매매증서를 돈화문에 소각하였으나, 곧바로 이를 부활시켜 당시의 거래 가격相場으로써 연령 16세 이상의 노비의 값인 저화楮貨 4천 장張, 16세 이하의 노비는 3천 장의 가격으로 거래되고, 이 노비 폐지 칙령은 효력없는 법으로 끝나고, 어떠한 효과를 얻지도 못하였다.

노비婢女매매의 등록은 형조 소속의 관청인 상복사詳覆司·고율사考律司·장금사掌禁司·장례사掌隷司가 이를 관리하고, 노비의 장부簿籍·소송판결(決訟)을 담당했다. 세조 13년에 태조 원년의 형조도관刑曹都官을 바꾸었으나, 영조 40년에 이르러 다시 형조刑曹로 부활했다.

이조의 이성계는 그 즉위 제8년에, 옛 주인인 공양군恭讓君 및 그 두 자식을 교살하고, 강화도와 거제도巨濟의 두 섬에 유배 간 그 일족을 학살하여, 그 후 치세(서력1894년에 이른다)의 의장儀章 법률은 첫째로, 대명율大明律·경국대전의 '형전용율조刑典用律條'에 준할 것을 명하고,

---

87 조선시대 공사노비 문서의 관리 및 노비소송을 관장하였던 관서.
88 국가에서 절에 내리던 계집 종.

속대전續大典에는 '原典에 의해 대명율을 사용하고, 게다가 원전 및 속전에 당율이 있는 것은 二典에 따른다.'라고 보족하였으나, 대명율 7부 가운데 형율, 인명이십조人命二十條, 범간십조犯姦十條를 들어, 신고는 원칙적으로 각 사람의 자유이나, 노비가 가장家長을 고발할 때는 모반謀反·역반逆反이 아닌 경우는 죽이고, 남종奴의 처와 계집종婢의 남편이 가장을 고발한 경우는 장형(杖) 일백, 유배(流) 3천리에 처하는 예외를 두었다.

이태조의 교서에는 다음과 같이 말하였다.

> '홍무洪武 25년(태조즉위의 해)에 있어서 노비(婢)에 관한 소송은, 상민에게 오래 사역한 자는 천민(賤'婢')이라 하고, 오래 사역하지 않은 자는 천민(賤)이라도 양민(良'常')으로 여긴다.'

고려 유신遺臣의 처녀, 다수의 범죄여자가 상민에서 계집종(婢女)으로 강등되는 것이 점차 상민과 결혼하는 경우에 나타나고, 상민여자와 계집종과의 구별이 분명치 않게 됨에 이르러, 태조 4년에는 노비변정도감奴婢辨定都監89을 설치하여 그 감별 및 재판을 맡게 하여, 정종定宗왕 원년의 행정정리에 있어서 이러한 판정도감을 형조와 합쳐, 노비 감정婢女鑑定의 임무를 여기에 맡겨 형조도감刑曹都監의 책임으로 하였다.

---

89 조선 초기 노비에 관한 쟁송(爭訟)을 관할하기 위하여 두었던 임시관청. 태조 4년(1395)에 설치하여 여러 차례 설치와 폐지를 반복하였다. 불법으로 빼앗은 노비를 본주인에게 환원시키거나, 노비의 신분 상속 관계가 잘못된 것을 바로잡아 주는 일을 담당하였다. 노비변정도감이 없을 때는 형조의 도감(都監)에서 그 일을 맡았는데, 세조 13년(1467)에는 장례원(掌隷院)을 설치하여 노비에 관한 일을 전담시켰다.

태종 6년에는 노비진고법奴婢陳告法[90]을 설치하여 노비의 도망·은닉을 관에 밀고하는 자에게는 그 해의 종을 매각 가격을 절반으로 해서 그 절반을 밀고자에게 현상금으로 급여하는 법을 만들었다.

이리하여 노비(婢女)의 수는 점차 증가하고, 따라서 그 사무도 복잡해짐으로써 태종왕 4년에는 노비변정도감을 부활시켜, 同 17년에는 노비법을 조사하여 문건을 갖추어, 경국대전에 '비녀는 매 3년에 속안續案을 만들고, 매 20년에 정안正案을 만들어, 형조·의정부·장례원·사담사司贍寺·본도本道·본읍本邑에 보관해야 함.'[91]이라고 규정하였고, 여종의 속전贖錢을 허락하여, 그 가격은 관이 이를 정하고, 그 매매는 장례원이 이를 담당하여, 그 조공貢은 사담사(수세청)가 이를 거둬들여 이로써 노비 단속의 행정제도를 완전히 완비하기에 이르렀다.

이로써 이태왕高宗 즉위 2년(1864년) 정월 22일, 남종삼南鍾三·홍봉주洪鳳周, 그 외 기독교도耶蘇教徒 일파가 경성 서소문 밖 형장에서 참수를 당하자, 그 처와 딸 및 아이와 부녀자는 모두 비녀婢女로 삼게 했다.[92]

---

90 여기서도 구도는 '노비진고법'과 '노비변정도감'의 '노비'를 "婢女"로 표시하고 있다.

91 『經國大典』「刑典·公賤」에 나오는 내용이다. "公賤每三年成續案", "每二十年成正案藏於本曹議政府掌隸院司贍寺本司本道本邑" 경국대전 원문의 '공천公賤'이란 관청의 남자 종과 여자 종을 합쳐 말한 것이나, 구도는 원문 인용을 '비녀婢女'로 표기하고 있다.

92 구도는 기독교도인 남종삼·홍봉주의 참수형을 '李太王 卽位 二年(文久三年, 西曆一八六四年) 正月 二十二日'로 기록하고 있다. 그러나 고종실록에는 1866년 1월 15일에 남종삼이 체포되었고, 1월 20일에 모반부도(謀叛不道)에 의해 남종삼과 홍봉주는 부대시참(不待時斬)을, 그 외 서양인 네 명에게는 효수(梟首)하여 경계해야 된다는 의금부의 보고가 기록되어 있는 것으로 보아, 구도의 착오인 듯 하다. 그리고 '그 처와 딸 및 아이와 부녀자는 모두 비녀로…'의 관련기록은 1866년 2월 6일자 기록에

이상 계속하여 언급한 것 같이, 비녀婢女의 제도는 기자 조선의 개국 당초부터 최근의 이조에 이르기까지 끊임없이 이어져 왔고, 부녀를 재물시 하는 사상은 수천년 동안 민심을 지배하고 매매혼賣買婚·사역혼使役婚·아동혼兒童婚·여아혼女兒婚·예부預婦·양부養婦·납폐금納幣金·혼전婚錢 등으로 변형하여 오늘날에 이르렀다. 남편살해범을 양산한 주범이라 할 수 있다. 이러한 관계는 다음 장에서 범죄 실례를 들어서 설명할 필요가 있다.

## 여자의 인격무시

조선 재래의 결혼양식에 있어서 여자는 그 배우자를 선택함에 있어서 전혀 발언권이 없다. 결혼 당일에 신부의 양 눈꺼풀은 밀납蜜蠟으로 밀폐하여, 다음날 까지 눈을 뜨지 못한다. 눈을 감은 채로 합궁 예식을 올리고, 상대 배우자는 어떤 남자인지를 모른 채, 다음날 아침 눈을 뜰 때는 이미 한 남자의 부인이라는 낙인과 함께 처녀가 아닌 자기를 발견한다.

하물며 조혼·예부·양부와 같이 10세 전후로 결혼하는 자에게는 생리적으로 이성 배우자를 선택할 능력은 없다. 성性에 눈뜨는 나이에 달할 쯤에는 이미 수년 전에 한 사람의 아내로 깊이 각인되어 법률·습관·종교·유학儒學 상의 이유로 칠중팔중의 중첩된 족쇄에 묶여서, 여기서 벗어나고자 하여도 이혼을 인정하지 않는 조선에서는 길이 없다. 그들이 이러한 질곡과 고통에서 벗어나는 길은 남편을

---

보이나, '모두 비녀'가 아니라 아들은 '奴', 여자는 '婢' 즉, 奴婢로 삼았다.

살해하는 것 외에 방법이 없다.

그 살해범의 남편本夫이란 신체적 정신적 결함자가 86%를 차지하고 음험陰險·학대·어리석음暗愚·열등한 인격·강도 등(제3편 참조)이다. 게다가 조선의 풍습이 어떠함은 이미 앞장에서 살펴 본 바와 같이 여자를 재물시할 뿐만 아니라, 약간의 납폐금으로 그 생사여탈을 완전히 남편 일가의 손바닥에 놓여 있다(婢女를 소유자가 살해하는 것은 公許, 앞장 참조).

현재 백 칠십 명의 남편살해범(고쿠분國分 씨 조사 104인, 필자의 조사 66인) 가운데, 스스로 흔쾌히 결혼을 승낙한 자는 한 사람도 없고, 결혼이 뭔지도 모르는 자 및 전혀 승낙을 요구하거나 혹은 결혼에 대하여 고지 받은 적도 없는 자가 67인, 강압적으로 승낙을 요구받은 자가 97인이다. 이처럼 결혼생활의 출발점부터가 불합리하고, 여자의 인격이 완전히 무시되었음을 알 수 있다.

조선 개국 이래 비녀제도婢女制度, 여자를 재물시여기는 매매혼의 유습인 혼전婚錢, 납폐금 수수, 예부·양부의 누습이 잔존하였다. 게다가 온정적인 종교인 불교는 조선에 들어와 배척당하고, 이를 설파하는 승려는 천민 이하의 대우를 받고, 엄숙주의인 유교 특히 그 대표라 할 만한 가장 갑갑한 계급사상인 정주학程朱學을 채용하여 국교國教로 삼았다. 정신계의 지배는 서당의 유생儒生이 이를 관장함에 이르고, 가정 내에서 아내와 딸의 지위는 전혀 그 인격을 인정받지 못하였다. 일단 아내의 이름을 부여 받으면 지아비 및 그 외의 어르신들尊長로부터 아무리 혹사·학대·냉우·질책·욕·잔소리를 당해도 이를 감수하지 않을 수 없는 지위에 놓이게 되고, 이러한 사상은 결국 형법의 법문으로 드러나게 되었다.

"처첩이 지아비와 그 부모를 욕하면 도형(徒)[93] 2년에 처한다."

즉, 어떠한 학대를 받아도 지아비 또는 그 양친을 향해 한마디의 원망 섞인 말을 토하거나, 말대꾸를 하면 당장 2년의 체형體刑이 부과된다. 그렇지 않아도 시어미와 며느리는 생각이 다르기 쉬우므로 이러한 조선의 가정 분위기 속에 있는 존장尊長이 그 며느리를 학대하는 처사는 차마 눈뜨고 볼 것이 못된다. 다음 두세 가지의 예를 들어, 이러한 결혼제도·가정습관이 어떻게 남편살해범과 같은 끔찍한 행위를 낳았는지를 보자.

**제24 예)** 서대문형무소 여죄수 제237호 16세

실부實父는 건재하고 술을 조금 좋아한다. 실모實母는 3년 전 산욕열産褥熱로 사망하였다. 죄수는 실부모의 손에 양육되었다. 형제는 7명이고, 남자 둘과 여자 한 명은 원인 모를 질환으로 사망하였다. 나머지는 건재하고 본 죄수는 둘째이다. 성격이 온순하고 15세 9개월에 초경을 한 이후, 월경은 순조로웠으나, 월경 시에 심한 두통과 머리가 무거움을 느낀다. 그 사이 간혹 다소의 냉(白帶下)이 있다.

본 죄수는 15세 9개월에 세는 나이 14세의 남자 조趙모 씨와 승낙도 없이 강제로 결혼하게 되었다. 15세 11개월에 성적인 부부관계에 들어갔다. 이 어린 남편 조 씨는 심히 정욕이 많아 지나치게 음란하고, 그 시어머니는 조석으로 화를 내고 욕을 퍼붓고 구타가 심해 견딜 수가 없다. 이혼하고 싶으나 방법이 없어 차라리 남편과 시어머니를 죽이고 자신도 자살하기로 결심하고 콩만 한 비석砒石 두 개를 죽에 섞어서 먼저 남편을 먹인 자이다.

---

93 도형(徒刑)은 범죄자를 타 지역에 보내 강제노역에 종사시키는 형벌이다.

**제25 예)** 해주형무소 여죄수 제10호 16세

실부모 모두 건재하고 둘 다 술을 좋아하지 않는다. 유전이라 할 만한 것은 없다. 형제 한 사람이 건재하고, 본 죄수는 막내이며, 실부모 손에 양육되었다.

성격은 영리하고 온순하다. 초경은 입감 후 2년이 지나서 하였고, 이후 순조롭게 진행되었으며 7일간 피의 양은 보통이었으며 월경 때에 곤란 증상은 없었다.

본 죄수는 13세에 결혼이 뭔지도 모르는 사이에 15세의 남자와 결혼하게 되었고, 15세에 성적인 부부생활을 시작했다. 그러나 남편의 어머니는 그 성격이 심히 잔인하고 매일 본 죄수를 학대함이 심했다. 남편과 그 시어머니를 살해해서 부부생활의 고통으로부터 벗어나고자 결심하고 먼저 남편에게 가성소다苛性曹達를 먹여 살해한 자이다.

**제26 예)** 공주형무소 여죄수 제24호 17세

실부모는 여전히 건재하고 유전적인 문제는 없다. 부모 모두 술을 좋아하지 않는다. 형제 두 사람은 건재하고 본 죄수는 그 첫째이다. 성격은 온순하다. 초경은 입감 후 1년 지나서 있었고, 이 후 월경은 정상적이었으나, 아랫배에 심한 통증을 호소했다. 고도의 자궁내막염으로 보인다.

본 죄수는 14세에 文ㅇ玉이라는 2년 연장인 16세의 남자와 승낙없이 결혼을 하고 15세부터 성적인 부부생활을 시작하였다.

그런데 남편 문 씨와 그 실모 박성녀朴性女는 그 성격이 대단히 거칠고 밤낮으로 본 죄수를 구타하여도 이혼할 방법이 없어 결국 복수의 목적으로 이 양자를 살해하고자 마음먹고 먼저 남편부터 살해한 자이다.

**제27 예)** 평양형무소 여죄수 제1175호 15세

실부는 44세이며 건재하고 술을 조금 좋아한다. 어머니는 42세

며 본 죄수의 상피고相被告로서 현재 입감 중이며, 실부모의 손에 의해 양육되었다. 형제 두 사람은 건재하고 본 죄수는 그 첫째이다.

성격은 양순하고, 초경은 입감 후 11개월째에 하였고, 이 후 매월 정상적이었으며, 4일간 피는 보통이었으며 월경 곤란 증상은 없었다.

본 죄수는 어떤 승낙도 의사도 없이 평안북도 선천군 박모 씨라는 사람과 결혼하게 되었다. 남편과 시어머니가 아침저녁으로 구타하고, 발로 차고, 날마다 학대가 심 하여 견딜 수가 없었다. 이를 어머니에게 호소해도 별다른 이혼 방법이 없자 남편을 살해하라는 어머니로부터 교사를 받고 본 범행에 이른 자이다.

## 이혼의 불가능

백칠십 명의 남편살해범은 거의 대부분이 이혼을 원하고 있으나, 불가능한 탓에 남편을 살해하였다고 말한다. 조선에 있어서 이혼이 어느 정도 불가능한 것인지 각 계급에 있어서 조사한 결과는 다음과 같다.

### 양반계급의 이혼금지

양반계급은 절대적으로 이혼을 금한다. 단 어쩔 수 없는 경우는 국왕에게 청원하여 그 허가를 구하는 한 가지 길밖에 없다.

### 상민계급의 이혼금지

상민계급은 국왕에게 직소直訴하여 이혼을 청원하는 길조차도 없다. 단 변법으로써 '사정파의事情罷議', '할급휴서割給休書', '소박踈薄',

세 가지의 이면적인 이혼법이 암암리에 행해졌을 뿐이다.

一. 사정파의事情罷議

사정파의란 부부의 상대방이 서로 합의하에 이혼과 같은 상태에 들어가는 것으로 일본 내지의 아이비키相引き와 비슷한 것이며, 드러내놓고 행하는 것이 아니라 비밀스럽게 사적으로 행해진다.

二. 할급휴서割給休書

할급휴서란 부부 상호간에 옷깃의 일부를 칼로 오려서 서로 교환하고, 이면적인 이혼의 표시로 교부하는 것이다. 일본 내지의 이혼장, 또는 문서를 비밀리에 서로 교환하는 것과 같은 것을 말한다.

三. 소박踈薄

이혼은 표면적으로는 어떠한 방법도 불가능하므로 동일 집안 내에 주거하면서 실제적으로는 이혼과 같은 생활을 하는 상태를 말하는 것으로 서로 동침하지 않고, 성적인 부부생활의 단절을 소박이라 말한다. 여기에 두 가지 종류가 있다.

① 내소박內踈薄

남편이 아내를 향해 동침을 사절하고, 성적관계를 끊는 것을 말한다.

② 외소박外踈薄

부인이 남편을 향해 성교를 거절하고, 동침을 거부하는 것을 말한다.

로마 가톨릭 사원법에는 일단 결혼한 남녀의 이혼을 인정하지 않으나, 단 종교상의 교의로서 그 신도의 소속 국가의 법규에 따라 절대적인 것이 아님은 분명하다. 조선에서도 병합후의 현행법에 따르면 이유 있는 이혼은 이를 인정하나, 수백 년간 절대적으로 이혼을 금한 법률·관습의 인습으로 급격히 바뀌지는 않았다. 또 신법규의 존재도 도회지의 일부분만 이를 알뿐이지 민중의 대다수는 주지하지 못하고 오늘날 여전히 예전처럼 이혼불가능의 상태에 있다. 이혼법은 겨우 일부의 높은 신분(青襪者流) 사이에서만 사용되었다.

결혼에 있어서 여자는 어떠한 자유의지도 허용되지 않는다. 결혼생활에 들어서는 순간 어떤 비도한 학대를 당해도 이혼이 허락되지 않는다. 남자는 결혼 후 부인에게 불만이 있으면 축첩을 당연한 명예로 여기고, 오히려 장려하는 국가의 풍토로 인하여 성생활에는 어떠한 부족을 느끼지 않았으나, 여자의 입장에서는 전혀 이와 반대의 지위에 있다. 이러한 나라의 사정이 얼마나 여자들로 하여금 범죄로 내몰고 있는지 다음의 실례를 들어 본다.

**제28 예)** 서대문형무소 여죄수 제233호 18세

실부모가 모두 건재하고 누구도 술을 즐기지 않는다. 형제가 한 명 있으나, 불명의 질환으로 어릴 적에 사망했다. 본 죄수는 실부모의 손에 양육되었고, 성격은 순종적이고, 초경은 13세 9개월에 경험하였고, 월경곤란증이 있다. 백대하白帶下가 다량으로 보아 분명히 만성 자궁 내막염慢性子宮內膜炎으로 보인다.

본 죄수는 9세에 염 모 씨와 의사 없이 결혼하게 되어, 15세 때부터 성적 부부관계를 시작했다. 17세 6개월에 초산하였고, 생아는 본 죄수 입감 후 고향에서 불명의 질환으로 사망했다.

본 죄수는 남편 염모 씨와는 조금의 애정도 없고, 조석으로 학대를 받았고, 실부로 하여금 이면적裏面的인 이혼을 청구하였으나, 조선의 오랜 관습을 핑계로 받아들여지지 않았다. 결국 그 지방의 경찰서에 정을 토로하여 중재를 탄원하였으나, 납폐금을 반각하고 혼전婚錢을 지불한 후가 아니면 받아들이기 어렵다고, 오히려 역으로 설득을 당하였다. 남편 측에서는 '납폐금, 혼전도 돌려주지 않고, 어떤 때는 동침도 응하지 않는 것은 합당치 않다'라고 말한다. 손발을 묶고 조석으로 구타 학대하므로 이제는 끝이라는 각오로 이를

살해하고자 결의한 자이다.

**제29 예)** 함흥형무소 여죄수 제90호 17세

실부는 불명의 종양으로 사망하고 실모는 건재함. 형제 두 명은 모두 건재하다. 성격이 순종적이고, 초경은 14세 2개월에 하였고, 이후 월경은 정상적으로 진행되었으나, 월경 때에 매우 요통이 있다.

첫 생리 후 5개월이 지나서 14세 7개월에 여섯 살 연장의 남자와 승낙 없이 결혼하게 되었고, 결혼 첫 날 밤부터 바로 성관계를 맺었다. 그런데 동침할 때는 심한 고통과 불쾌감이 있어서 친정에 가고자 하였으나 허락지 않고 이혼은 조선의 관습상 도저히 불가능하다. 그래서 이 동침할 때의 통증은 점차 고조되어 견딜 수 없는 지경이 되었고 결국 죽이고자 결심한 자이다.

**제30 예)** 함흥형무소 여죄수 제4호 16세

실부의 존재는 불명하고 실모는 건재, 실모의 손에 양육되었다. 형제는 9명이고, 그 중에 두 명은 불명의 질환으로 사망하였고, 나머지는 건재하며, 본 죄수는 그 일곱째이다.

첫 생리는 15세 2개월 때이고 주기는 정상적이었으며, 월경시에는 매우 반항적인 성질이 된다.

본 죄수는 초경 후 10개월째, 즉 15세 10개월 되던 때에 14년 연장의 남자와, 어머니와 오라비의 강제에 의해 결혼하게 되었고 그 남편의 잔혹성을 견디기 어려워  실가에 돌아가고자 하여도 조선의 관습은 도저히 용인되지 않아 고민 끝에 차라리 남편을 죽임으로 고통에서 벗어나고자 하여, 결혼 후 2개월에 결국 이를 실행했다.

**제31 예)** 서대문형무소 여죄수 제337호 17세

실부모는 모두 생존해 있고 죄수는 그 손에 양육되었다. 형제는 4인이며, 본 죄수는 첫째이다. 남동생 한 명과 여동생 두 명 모두 건재하다.

성격은 순종적이다. 첫 생리는 16세 1개월 되는 때이다. 생리

주기가 일정하지 않고 자주 생리가 없는 달이 있고, 생리할 시에는 피 양이 지나치게 많다.

본 죄수는 아직 초경이 없는 15세 때에 승낙을 기다리지 않고 김모 씨와 결혼하게 되었다. 그런데 남편의 성격이 심히 불량해서, 종종 이혼의 방책을 생각하였으니, 조선 풍습상 이렇게 해볼 도리가 없어서 2년간 동거하였으나, 결국 이를 참지 못하고 죽이기로 마음먹고 결행하였다.

**제32 예)** 서대문형무소 여죄수 제952호 15세

실부는 소화기병消化器病으로 36세 때에 사망하였고 실모는 건재하다. 죄수는 친부모의 손에 양육되었다. 형제 세 명 모두 건재하고 본 죄수는 그 첫째이다.

월경은 형무소 수감된 후 1년 2개월에 한 후에 단 일 회로 지금까지 생리가 없다. 본 죄수는 15세에 아홉 살 연장의 유모 씨와 승낙 없이 결혼하게 되었고 본 죄수는 너무 체격이 어리고 약한데 반해 남편 유 씨는 지나치게 성욕이 왕성하여 도저히 고통이 심하고 동거를 견딜 수 없으나, 조선의 풍습은 도저히 이혼을 허용하지 않으므로 차라리 남편을 살해하여 고통에서 벗어나고자 결혼 후 4개월에 결행하였다.

# 제7장

# 남편 살해 행위의 생물학적 고찰

## 암컷동물이 수컷동물에 가하는 학대 및 살해 행위

### 암컷동물의 수컷동물에 대한 우월

예로부터 여자의 행위는 전혀 이해할 수 없는 영원한 수수께끼라 하였다. 범죄와 같은 것도 도저히 인간의 머리로써는 이해할 수 없는 것으로 오늘날까지 남아있다. 범죄 그 자체로써 종교와 세속이 여자를 어떻게 보는지를 일별해 보자.

불교 화엄경華嚴經에 이르기를 "여자는 지옥의 사자이며, 능히 부처의 종자를 단절하며, 외면은 보살과 닮았으나 내심은 사나운 귀신과 같다."[94]라고 하였다. 기독교의 성경(구역성서)에서는 아담을 유혹하여 사과 열매를 따먹게 한 이브를 범죄의 원천으로 보았고, 희랍계통의 철학자인 소크라테스와 플라톤도 모두 부인을 범죄의 화신으로 보았다.

빅토르 위고는 '여자는 완성에 가까운 악마'라 하였으며, 이탈리아 속담에는 '하나의 악마는 악마 하나에 그치지만, 한 여자는 일백 악마와 같다'라고 하였다.

어원학으로 보면, 남자의 성징인 '고환睾丸Test'이 '성실誠實', '증거證據'를 뜻하는 문자임에 반해, 라틴어의 여자를 뜻하는 페미나Femina가 '불충실fide minor(geringer Tren)'의 뜻에서 유래하고 여자를 뜻하는 독일어 바이프Weib가 '성악性惡'의 뜻에서 변화해 온 것을 보더라도 라틴계, 게르만계의 원시민족이 여자를 어떻게 이해했는지를 알 수 있다.

---

94 所有三千世界男子諸煩惱, 合集爲一人女子之業障, 女人地獄使, 能斷佛種子, 外面似菩薩, 內心如夜叉.

근세에 이르러 마리에Dr. A. Marie는 '애정, 범죄 및 광기는 자매이다'라고 불렀고, 쇼펜하우어는 '여자의 모든 행위는 생식기를 중심으로 한다'고 하였다. 이처럼 그 연구 고찰은 단지 형이상학에 국한되어 철학·윤리·종교·법률만으로 이를 해결하고자 하여 수천 년 동안 같은 점을 반복하여 조금도 진척되지 못하고 갖가지의 모순을 반복할 뿐이다.

조선여자의 남편살해 행위에 대한 연구에 있어서도 진화론이 말하는 인류의 동물 진화 과정에서 암컷이 수컷에 대하여 어떠한 입장을 차지했는가를 고찰할 필요가 있다.

## 무성생식無性生殖 시대

### 1. 분열分裂 생식시대

단세포 동물이 일정한 크기에 달하면 핵이 먼저 이분화하고, 다음으로 세포도 이분화하여 두 개의 세포가 된다. 이 시대에는 물론 암·수의 구별이 없다고 하더라도 생산하는 개체를 암컷이라 하는 정의에 따라 암컷만의 세계로서 수컷은 존재하지 않는다는 것도 틀리지 않다.

### 2. 아생생식芽生生殖 시대

분열생식 시대에 있어서는 한 가운데서 이등분하여 번식함에 반해 아생생식에 있어서는 싹芽을 내어서 증가한다. 즉 전자가 새로운 개체와 자매의 관계에 있어도, 이 번식에 있어서는 모자의 관계가 된다. 전자는 죽는 현상이 없으나, 모세포母細胞에는 '노폐사멸老癈死滅'하는 현상이 있다.

3. 복세포複細胞 동물의 단세포單細胞 아생생식 시대

앞의 두 개가 단세포임에 반해, 이 계급에 있어서는 모세포는 일정한 수의 복세포에서 이루어지고 아출芽出하는 싹이 단세포인 차이가 있다. 그러나 아직 수컷이 존재하지 않고, 앞의 정의에 따라 상대의 수컷이 없고 오직 암컷만의 시대이다.

4. 복세포 동물의 복세포 아생생식 시대

전자와 다른 점은 싹이 복세포에서 성립함에 있다.

5. 단성생식單性生殖 시대

이 생식 방식은 무성생식과 유성생식과의 중간에 위치하는 것이다. 위의 네 개의 생식 방식은 그 생물이 일정 한도로 발육하여 그 분열 또는 발아의 동기가 단순히 내재적인 것인데 반해 이 단성생식에 있어서는 단성의 두 개의 생물이 서로 합쳐서 외래적인 동기에 의해 더욱 간접적으로 분열 번식한다. 다만 여전히 자웅의 구별은 없다.

6. 처녀생식處女生殖 시대

처녀생식은 오히려 단성생식보다도 저급의 생식 방식인 것도, 일개의 생물체 내에 자웅 양성의 생식샘을 갖고, 여기서 만들어진 양종의 생식 세포가 서로 합하여 새로운 개체를 만드는 것으로써 유성생식의 전단계로 간주된다.

이상 여섯 가지 종류는 적어도 외형적으로는 수컷의 존재가 없는 시대에 속한다.

## 유성생식有性生殖 시대

무성생식의 계급에서는 그 종족 증식에 전혀 수컷의 존재를 필요로 하지 않지만, 유성생식의 계급에 도달하면 비로소 수컷 동물의 존재를 필요로 함에 이른다.

그러나 그 하급의 생물은 처녀생식동물 체내에서 수컷(雄性) 생식기가 체내를 나와, 단지 이와 연락을 끊을 정도에 지나지 않는다.

예를 들어 보네리아 주피텐Bonelia, Zoophitenarten과 같은 것은 오랫동안 단성생식의 동물로 여겨졌으나, 근래에 들어 수컷은 암컷의 생식기에 미세한 기생충과 같은 생활을 하는 것으로 발견되었다.

연체동물軟體動物의 다수에 있어서 수컷 동물의 존재 의미는 거의 없는 것과 같고, 암컷 부근에 미소한 수컷이 존재하면 양성兩性생식을 하고, 그렇지 않으면 단성單性생식을 하는데 그 번식에 있어서 굳이 수컷 동물의 존재를 필요로 하지 않는다.

이 단계에서는 수컷의 존재 가치는 아주 희미하고, 윤형동물輪形動物 Rotifer 히다치아·센타Hykatia senta 등에 있어서도 암컷은 당당한 체구를 갖는 것에 비해, 수컷은 약간의 생식샘生殖腺에 운동기를 붙인 것과 같이 빈약하고 불완전한 구조를 갖고 있다. 따라서 이 수컷의 존재 없이도 암컷은 어떠한 장애도 없이 단성 생식을 영위할 수 있으므로 수컷의 존재 가치는 매우 미미하다.

물벼룩 속屬 다프니덴Daphniden에 있어서도 암컷은 수컷보다도 몇 배 크고 암컷은 이를테면 하란夏卵, 동란冬卵의 2기의 산란을 하고, 하란은 수컷을 필요로 하지 않고 단성생식을 영위하고 동란만 수컷을 조수로써 유성생식을 만든다.

아니로크라 속의 Anilocra의 수컷은 처음 수컷의 생식기를 가지고, 일정 기간 발육하면 수컷의 형질 생식기는 위축 소멸하고 대신 질膣 및 난소卵巢를 만들어  암컷의 형질로 변하게 된다. 즉 자성 우세 시대의 현상이라 볼 수 있다.

고등동물로 진화하여도 암컷은 늘 수컷을 종속적으로 지배하는 현상을 볼 수 있다. 거미류, 매미류, 로디테스·로제Rhodites rosae와 같이 수컷은 아주 작고, 암컷은 항상 수배의 크기에 달하고 생식에 있어서도 수컷의 존재를 필요로 하지 않는 일이 자주 있다.

벌·개미류에 있어서는 아는 바와 같이, 수컷은 전혀 암컷의 심부름꾼으로서 여왕에 대하여 정액精液을 봉정하는 직무를 받들고 있는데 지나지 않다. 그 외의 막시류(벌목에 해당—옮긴이)에 있어서도 대략 이와 비슷한 관계에 있다.

이처럼 그 생식작용의 관계에 의해 자웅간의 차이를 낳는 현상을 스펜서Spencer는 '생장, 생식 및 구조길항상構造拮抗上의 생물학적 법칙'이라 하고, 밀러 에드워즈Milue Edwards는 더 나아가 '종속평형형種屬平衡形을 보존하고자 하는 경향'이라 명명하였다.

이러한 법칙에 따라 어류·양서류의 최대 다수는 암컷이 수컷보다 큼을 원칙으로 한다. 나아가 조류鳥類에 있어서는 때때로 제2차 성징의 발달이 불완전하고 드물게는 수컷보다도 암컷이 큰 종속이 있으나, 한층 고등한 포유동물에 이르러서는 예외 없이 수컷이 암컷보다 크다.

더 나아가 원류猿類, 인원류人猿類에 이르면 암수의 구별이 거의 인류 남녀의 관계와 동일하고, 고릴라와 같은 수컷의 신장 평균이 2미터,

암컷은 1미터 50센티, 두개골의 내용과 체중 등의 비례도 또한 여기에 준한다.

환언하면, 동물학상의 스칼라가 가장 낮은 것은 암수의 구별 없이, 단지 자체의 직접 분열에 의해서 번식하고, 혹은 암컷만 있고 수컷이 존재하지 않거나, 혹은 두 개체가 서로 합해서 하나가 된 후에 분체分體되거나, 혹은 일시적으로 접착해서 핵만 결합해서 싹을 내거나 번식한다. 나아가서 수컷은 암컷의 기생물처럼 존재하고, 혹은 형태가 작고 편모鞭毛 또는 섬모纖毛를 갖고 활발히 운동하고, 나머지는 크게 정지하고 마치 정자精子와 난자卵처럼 암수가 있다. 조금 진화해 해면海綿 운동·강장腔腸 운동에는 암수의 형질이 불명료해서 외관상으로는 전혀 구별이 없고, 연체·척추동물에 이르러 점점 암수 형태의 구별을 낳는다. 파충·양서류로 나아가면 수컷의 체구는 점점 암컷에 접근하고, 조류에 이르면 수컷은 암컷보다도 크게, 가끔 수컷이 작은 종속이라도 체내의 구조가 이를 보충하고, 포유동물에 이르러 제2차 성징의 발달에 의해 예외 없이 수컷은 암컷을 능가함에 이른다. 즉 진화과정의 최대부분은 암컷이 수컷보다도 우세한 시대를 경과하는 것이다.

이 현상을 다윈은 '자성은 유전 및 격세유전隔世遺傳의 경향을 지니고, 웅성은 변이성變異性이 풍부하다'라고 하였다. 모든 하등동물에게는 수컷의 운동기는 잘 발달하고, 암컷을 추적하여 이를 포착하기에 편하고, 더욱 소급하면 정사精絲는 활발한 운동성을 가지며, 정지하는 난자卵는 정착하여 이를 기다린다.

고등동물의 생식현상을 자세히 관찰하면 암컷은 항상 생식의 대부분을 분담하고, 체격구성에 소비하는 여력이 부족하다. 수컷은 이에 반해 생식에 소비하는 부분은 근소하고, 쟁투와 운동에 의해 제2차 성징의 발달이 좋은 것으로 만약 일정한 조건을 구비하면 암컷은 격세유전 성질을 발현하고, 힘으로 눌러 복종시키는 지위에서 수컷을 능가하는 행위를 보이는 것은 가축에 있어서도 누누이 보는 현상이다.

### 암컷동물의 수컷동물에 대한 잔학성 및 살해행위

앞 절에서 밝힌 것처럼, 단세포 동물에서 처녀생식處女生殖에 이르는 단계에 아직 수컷 동물은 존재하지 않는다. 유성생식에 이르러 비로소 수컷 동물이 발생하더라도 하급동물에 있어서는 수컷은 단지 생식의 보조적 위치에 있고, 거의 암컷의 기생물 같은 존재에 지나지 않는다. 점차 고급으로 진화함에 따라 어류에 이르면 수컷의 체구도 암컷에 가깝게 되고, 조류에 이르면 소수를 제외하면 암컷은 수컷보다 작고, 포유동물에 이르러 비로소 예외 없이 수컷은 암컷보다도 크다.

그러므로 어류 이하에서는 수컷은 암컷에 예속하는 생식의 보조에 지나지 않고 암컷은 수컷에 대하여 항상 우월한 지위를 점한다. 따라서 어떠한 원인에 의해 암수 서로 다툼이 있을 때는 수컷은 도저히 암컷의 적이 되지 못한다.

거미류의 교미에 있어서는 '웅'대雄大한 암컷 앞에서 수컷은 전전긍긍하면서 '자'복雌伏하고, 기회를 엿보고 암컷을 잡아 교미가 끝나면 허둥대며 도망간다. 만약 머뭇거리고 망설이는 순간 바로 암컷의 거미줄에 얽혀서 먹잇감이 될 수도 있다.

벌 종류에 있어서는 무성생식에 의해 일벌(勞動蜂)을 낳고, 유성생식에 의해 생기는 수벌은 여왕에 대해 정액을 봉정하는 신하(侍臣)적 존재에 지나지 않고, 7월 하순에 단 일회의 교미를 마지막으로 자살을 명령 받는다. 이를 일부러 행하지 않으면 바로 척살된다. 암벌의 생활이 평균 12년이 되는데 비해 수벌의 생활은 실제 한 순간에 지나지 않는다.

전갈은 예외 없이 교미 후에 암컷은 수컷을 물어 죽인다. 암수를 통에 넣어 하룻밤을 격리시켜 다음날 아침 이를 검사하면 반드시 그 곳에 난폭에게 잡아먹힌 수컷의 잔해를 발견하게 된다. 검댕벌레·청귀뚜라미·여치는 모두 이러한 성향을 지닌다(농학박사 橫山桐郞씨 보고).

아오키青木文一郎·다테이시立石新吉95 두 사람이 사마귀(螳螂, Tenodera aridifolia Stoll)에 대하여 실험한 후, 다음과 같은 보고를 하였다.

> "한 필의 수컷이 암컷과 10센티 떨어져 있을 때, 신중한 걸음으로 암컷에 접근하였 다. 반시간 후에 암컷은 그 사지로 수컷을 잡고 마치 그가 버터·딸기 등을 포식할 때의 모습처럼 이미 수컷 벌레의 두부의 전체, 다른 한쪽의 사지로 앞가슴의 일부 등을 완전히 씹어 삼키는 것이었다. 수컷은 잔존하는 한 쪽의 사지로 암컷의 몸을 붙잡고, 결국 그 등 위에 올라 반대쪽 사지도 또한 암컷 벌레의 몸을 강하게 잡은 채로 교미를 행하였다. 작은 상자에서 촬영하는

95 아오키 분이치로(青木文一郞. 1883~1954)와 다테이시 신키치(立石新吉. ?~1977)는 동물학자로서, 대만제국대학(台北帝國大學)의 理農學部 동물학교실에서 각각 교수와 조교수를 역임하면서, 대만총독부 사적명승(史蹟名勝) 천연기념물 조사회 조사위원과 임시촉탁으로 활동하였다.『天然記念物調査報告』第六輯, 대만총독부내무국, 1940(http://dl.ndl.go.jp/info:ndljp/pid/1114829 일본국립국회도서관 디지털컬렉션 참고).

등 상당한 동요가 있었으나, 교미를 계속하였고, 그 후 다섯 시간을 지나서야 비로소 분리하였다. 수컷은 다음날 아침까지 겨우 사지를 움직이기는 했으나, 곧이어 사망했다.

다른 예를 들면, 수컷은 두 번째 가슴과 다리 바로 앞 쪽에서 두부頭部에 걸쳐서 물어 뜯겨 두부는 파편조차 잔존하지 않는다. 남은 뒤 체부體部를 갖고 교미를 이어가고 있다. 두부가 없는 수컷이 암컷에 접근하는 일은 보통은 있을 수 없는 것이다. 생각건대 이는 전체가 완전한 상태의 수컷이 먼저 암컷을 인식해서 교미를 위해 접근하고 성욕을 일으켜 교미를 완성한 후, 또는 그 직전에 그의 배우자를 위해 그 앞 체부가 먹어 삼켜진 것이고, 교미 동작의 중추를 지니고 있는 잔존하는 가슴 및 뒤 흉부로 지장 없이 교미를 계속할 수 있었던 것으로 생각된다.

늦가을에 이르면, 육식벌레인 사마귀의 식물은 점차 줄어들기 때문에 그 몸이 수컷보다 아주 크고, 성질이 조폭하고 필요상 수컷으로부터 오래 살아남아야할 암컷이 가끔은 수컷을 식물로 삼는 경우가 있다. 실제 이 벌레를 채집하고자 할 때, 암컷벌레가 거처하는 부근에 수컷벌레의 날개가 사방으로 흩어져 있는 것을 자주 볼 수 있지만(사마귀의 날개는 암수에 의해 색채를 달리한다), 이것은 교미를 위해서 접근해 온 수컷이 암컷을 위해 희생된 것으로 보인다. 또 여름 하순경에 사마귀를 잡을 시에는 수컷의 수는 암컷의 수보다 훨씬 많음에도 불구하고, 10월경에 이르면 대부분의 사마귀는 암컷이고, 수컷은 거의 찾아 볼 수 없을 정도이다. 이것은 위와 같은 사실을 미루어 짐작하기에 충분하다. 따라서 가을 말경에 기아에 허덕이는 암컷에게 교미를 위해 접근한 수컷이 있으나, 앞에서 서술한 대로 교미를 하기 위해 급히 암컷의 등위로 날아오르면 성교에 대해 수동적인 암컷은 먼저 공복을 채우기 위한 강한 집념으로 그의 한쪽 사지로 수컷의 머리 부분·앞가슴 부분 등을 잽싸게 잡아먹기 위해 노력하는 것으로 보인다."96

"사마귀 과科는 거의 예외 없이 교미 후에 암컷은 수컷을 먹어 치우고, 한 필의 암컷은 45일 간에 7필의 수컷과 교미를 하고, 교미 후에 빠짐없이 그 수컷을 먹어 치운다. 그리고 그 암컷은 여전히 교미할 힘이 남아있기 때문에 얼마나 더 수컷을 살해할는지 알 수 없다.

게다가 암컷이 수컷을 살해하는 수단·방법의 가혹함은 잔인함의 극치이다. 암컷은 교미 중에 식욕이 일어나면 그 교미가 완료되기까지 참지 못하고, 교미 중인 수컷의 등 위에서 몸을 늘어뜨려 머리 부분부터 씹기 시작한다. 두부를 뜯긴 수컷은 여전히 운동성과 교미할 힘을 갖고 손으로 더듬어 그 암컷을 찾아 교미를 계속한다. 암컷은 수컷의 머리 부분만으로 배부르지 않을 때는 또 다시 교미 중의 수컷을 끌어 내려서 이를 먹는다. 머리 부분이 없는 수컷도 평균 20시간은 교미할 힘을 갖고 있다."97

비둘기 종류는 암수 한 쌍씩 생활하는 습성을 갖는 동물이다. 그러나 수컷이 쇠약하거나 혹은 질병에 걸릴 때는 암컷은 다른 수컷을 데리고 와서 서로 협동하여 그 앞의 수컷을 죽이고, 뒤의 수컷과 동거함을 자주 본다(다윈).

기러기도 암수 한 쌍씩 생식하는 조류이나 앞의 비둘기 종류와 같은 경우를 본다(칼버트). 암컷의 잔인성은 단지 수컷에 대해서 뿐만 아니라, 필란투스·체레스·오디네루스Philantus Cerceres Odinerus 속 등의 막시류膜翅類98에 있어서는 암컷은 독침을 지니고 한 번 죽이면

---

96 青木文一郎·立石新吉, 「蟷螂の交尾動作とその中樞の所在に就いて」(豫報) 『動物學雜誌』 39권(461), 日本動物學會, 1927. pp.114-129.

97 横山桐郎, 「カマキリの女尊男卑」, 『動物学雑誌』 5(61), 日本動物学会, 1893, pp. 442-443.

98 얇고 투명한 막질(膜質)의 날개를 가진 곤충류를 말함. 개미와 벌이 여기에 속한다.

부패하기 때문에 극량 이하의 독액을 흉부 신경총神經叢에 주사하고 도주를 못 할 정도로 반 죽인 상태로 두고, 식욕이 당길 때 마다 먹는다.

모기蚊類는 사람과 가축을 찔러 독을 쏘고, 그 충혈 되는 것을 기다려서 이를 빠는 것은 암컷에 한한다(木下嘉七郎[99]).

모든 생물은 그 진화한 과정의 성질을 잠재유전潛在遺傳으로 하여 격세유전 현상Atavismus을 발현한다는 진화론의 원칙에 의해, 이상에서 논한 암컷의 우월, 수컷에 대한 행위가 혹은 폭력을 사용하고, 혹은 독물을 사용하고, 격세유전의 성질을 남자에 비해서 다량으로 향유하는 여자가 어떤 특정의 조건하에서 이러한 잠재적 성질을 격세유전의 법칙에 의해 발휘할 수 있다 것은 상상할 만한 일이다.

## 인류 여성

### 태생시대胎生時代

인류의 태아가 성별이 발육하게 되면 남성 생식기는 밖으로 돌출하는데 반해 여성 생식기는 점점 깊게 복강腹腔 안으로 함입한다.

---

시맥(翅脈)이 적고 앞뒤 날개가 날기에 편리하다.

99 기노시타 가시치로(木下嘉七郎)의 주장. 그는 대만총독부 의학교 조교수를 역임하였다. 구도 다케키는 기노시타가 독일 세균학자인 샤우딘(Fritz Schaudinn 1871-1906)과 함께 아프리카에 가서 연구활동을 할 수 있도록 당시 대만총독부 민정장관이였던 고토 신페이(後藤新平)에게 편지를 써서 연구자금을 지원 받도록 한 적이 있었다. 기노시타는 대만에서 아메바적리(赤痢)에 감염되어 요절했다. 工藤武城, 「シャウヂン先生を憶ふ」(『京城雜筆』 137호, 1930년) 참고.

음경陰莖은 돌출하고 비교해부학 상에 있어서 이와 구조를 같이 하는 음핵陰核은 음순陰脣 속에 감추고, 생식샘의 고환睾丸은 음낭陰囊내에 매달리며, 난소卵巢는 소골반小骨盤에 잠재한다.

더 거슬러 올라 태아 생성의 잉태를 살펴보면 남성 생식세포인 정자는 매우 활발히 용약 돌진하고 여성 생식세포인 난자는 전혀 운동성을 결여하여, 단지 수란관輸卵管 및 자궁 점막상의 피세포의 섬모纖毛운동에 의해 운반될 뿐으로 철두철미 피동 상태에 있다.

이 양자의 차이는 남녀 양성의 평생을 지배하는 철칙을 낳는 것으로 심리·성욕도 동일한 궤도를 달리고 살인범의 경우도 이 범주에서 벗어나지 않는다.

### 성인시대成人時代

이상에서 언급한 태생시대의 두 양성의 차이는 성인이 되어도 여전히 작용을 계속하여 남성은 복잡, 변화가 많고, 능동적이며, 진보적인데 반해 여성은 단순, 변화가 적고, 피동적, 퇴영적이다.

성적인 관계에서도 남성은 능동적이고, 여성은 수동적인 위치에서서 자발적이라고는 그저 선택 동작을 하는 것뿐이다.

여자의 생식샘이 소골반 내에 깊게 감춰져 있어 전혀 외부와 접촉할 기회가 없는 것과 같이, 여자는 보통 실내에 거주하여 사회적 활동이 적으므로 자극에 대하여는 천성적으로 심히 민감한 반응을 나타내는 이른바 '자극감수성Irritabilitat100'이다.

이성에 관심을 가지는 춘기발동기春機發動機 이후의 여자에게는 남

---

100 생물들이 외부의 자극을 받아 그 자극에 대하여 반응을 나타내는 능력을 말하며, 피자극성, 흥분성이라고도 한다.

자에게서 볼 수 없는 유독 여자에게만 생리적으로 일어나는 현상인 수상성受傷性 또는 손상성損傷性, 즉

① 수란輸卵 작용 때마다 일어나는 난소 표면에 있어서 그라프 여포濾胞의 파열
② 월경시에 일어나는 자궁 내강점막內腔粘膜에 있어서 세포관의 파열
③ 처음으로 이성과 접할 때에 일어나는 처녀막의 파열
④ 임신 후반기에 일어나는 유방 및 아랫배・넓적다리에 일어나는 피하열상皮下裂傷, 즉 임신반흔姙娠瘢痕
⑤ 분만 시에 일어나는 연부산도軟部産道의 무수한 창상創傷
⑥ 태반을 떼어낼 때에 광범히 생기는 자궁내면의 혈관 단열
⑦ 수유기에 치아 발생 후에 일어나는 젖꼭지에 물린 상처(咬傷) 등

여자에게는 당연히 생리적으로 일어나는 수상성受傷性은 모두 그 성격으로 나타나고, 범죄성이 되어도 여자가 손상을 보거나 혹은 혈액을 봐도 남자에 비해서 심히 냉정, 때로는 놀라울 정도의 잔인성을 띠기에 이른다.

여자의 생식샘이 잠재적・수용적・은닉적이 되는 것처럼, 그 생활과 시야 모두 협소한 동시에 살해의 방법과 수단 등도 음험・잔혹・비겁・원시적임을 본다.

**월경月經**

해부학의 대가 오스칼 슐체 교수가 전하는 바, 측량할 수 없는 유구의 원시고대부터 인류 여성이 달마다 정기적이지 않은 혈 양의

월경은 에너지로 계량할 수 없는 많은 양에 달한다. 이러한 손실은 모두 정신적으로도 손실이어서, 여자의 지능은 조금도 진보하지 않았다. 참으로 어찌할 수 없는 현상이다. 몽환에 빠진 소녀가 초경과 함께 현실계로 돌아오고, 범죄 실례를 보는 바와 같이 초경 전에 결혼하게 되는 소녀가 초경과 함께 급격히 살의殺意를 발생하기에 이른다. 춘기발동기의 학명 Pubertät는 라틴어 동사 퓨베레pubere(부끄러워하다)에서 왔고, 거슬러 올라가면 pudere(속이다)에서 전래하였다. 따라서 Pubertät는 독일어의 Schamperiode(羞恥期), 혹은 Lügenhaftperiode(詐僞期)란 의미에 상당한다.

월경이 일정하게 주기적으로 내조하면 모든 자극에 대하여 반응이 강하고, 극기심이 감소하는 사실은 롬브로소[101]가 이를 주장하였고, 이어서 프랑스의 루그란 드 솔, 본탄, 라카사뉴 등도 이를 승인하였고, 독일의 모츠슬, 다고네, 프리드라이히의 여러 사람들도 독약사용·방화는 월경 기간 중에 주로 행해지는 것으로 보고하였다.

오스트리아 범죄 통계에 의하면, 백 명의 여자 범죄 중에 28명은 월경 중에 행하며, 나고야(名古屋) 형무소의 보고에 따르면 여죄수 100명 중에 33명은 월경 중에 범죄를 일으킨다고 한다. 조선여자의 남편살해범의 경우는 이 보다 더 많고, 월경주기 중인 자는 백인 중에 실제로 51명에 해당한다. 롬브로소는 81%로 보았고, 이탈리아에서는 세계적으로 유명한 여자 범인 등의 대형 범죄는 하나같이 월경 중에 일어난 범죄임을 말하고 있다.

---

101 체자레 롬브로소(Cesare Lombroso)는 근대 범죄학의 기틀을 다진 학자로서, 생래적 범죄인론을 주장하였다. 한글역으로 번역된 그의 저서는 『범죄인의 탄생-범죄인에 대한 인류학적 분석-』(한국형사정책연구원, 2010)과 『여성범죄인』(한국형사정책연구원, 2013)이 있다.

자살행위도 주로 월경 중으로 비에스토콧트 검시관은 200명의 여자 자살자 중, 초경 전·월경폐지후·임신·수유중을 제외한 거의 모두가 월경 중에 일어났음을 증명하였다. 헤르만의 보고에도 70명의 여자 자살자를 해부하여 본 결과 모두 월경 중임을 보고 하였고, 게르스타인의 보고도 107명의 여자 자살자 모두 월경 중이었고, 동경제국대학 의학부 미타[102] 교수는 전 자살의 25%는 월경 중이라고 보고하였다. 세상을 떠들썩하게 한 신슈(信州)와 카루이자와(軽井澤)에서 간통 후 간부와 목매어 죽은 여배우 마츠이[103]도 꼭 같은 월경 중의 행위이다.

그 외의 작은 범죄, 절도와 같은 일도, 루그란드 솔의 보고에 의하면 36명의 여자 범죄 중에 단 한 사람을 빼고 나머지는 모두 월경 중이었고, 이카루 씨는 1236명의 여자 범인을 검사하여 그 중의 988명(79%)은 월경 중의 범죄임을 증명하고 있다.

월경과 범죄의 사실은 이처럼 명료하지만 그 과학적인 설명은 여전히 만족할 만한 학설이 없다. 단 사카키(坂木)의 연구에 의하면 소변 가운데 질소의 배설량은 월경이 시작하는 4~5일 전에 일시적으로 증가하고, 신진대사는 일반적으로 빨라진다. 월경 전 및 당일에는 일시적으로 증가하고 월경 중에 이르러 두드러지게 감소했다가, 월경 후에 이르면 하루 내지 이틀에 조금 증가해도 삼일 내지 사일

102 미타 사다노리(三田定則, 1876~1950)는 明治-昭和시대의 법의학(法醫學)자로서, 혈청학(血清學)과 실험 법의학의 기초를 놓은 인물이다.

103 마츠이 스마코(松井須磨子, 1886~1919)는 일본의 新劇 여배우. 본명은 고바야시 마사코(小林正子)로, 1914년 톨스토이 원작 『부활』의 카츄샤 역으로 인기를 얻었다. 극중에서 부른 주제가를 레코드로 발매하여 일본 최초의 노래하는 여배우로 각광을 받기도 하였다.

째가 되면 보통량으로 떨어진다고 한다.

스치켈 및 초온데크의 연구에 의하면, "월경시의 신체 혈액 중에는 적혈구가 감소하고 평균 1㎤ 중 450만이 존재하는 것이 월경 중에는 260만 내지 327만으로 감소하고, 백혈구는 적혈구처럼 현저하지는 않지만 여전히 다소의 감소는 확실하다."고 한다.

이상 생리적인 변화가 어느 정도의 변화를 정신과 행동에 미치는지 아직 명료하지는 않다.

### 임신·분만·산욕·수유기

임신중에는 월경 이상으로 정신상태의 평형을 잃고 몸의 균형을 잃기 쉽다. 무의미한 반항을 보이고 이유 없이 격노·성욕의 이상흥분 등, 그 성격이 완전히 변하고 소위 '임신정신병'이라 부를 정도까지 이르는 것은 부인과의 임상가가 날마다 접하는 일이며, 또한 분만·산욕 시에 있어서도 이와 같은 관계에 있는 것은 부인과학에 있어서는 이미 정설이다.

그러므로 독일의 1919년 개정된 형법에는 '분만 중 및 분만 후', 오스트리아 형법 제139조에는 '분만 시에 있어서' 경감하고 예외를 인정하고, 일본형법 제39조의 '심신 상실자의 행위는 이를 벌하지 않는다. 심신 쇠약자의 행위는 그 형을 경감 한다'에 해당하는 것으로 인정하고 있다. 그 정도가 높은 것에 이르러서는 임신할 때와 동일하게 '산욕産褥 정신병'·'수유기授乳期 정신병'의 정도에 이른다.

나의 조사에서도 무월경無月經 상태 중, 초경 이전과 월경 폐지 갱년기 후를 제외하고, 모두 임신 중 혹은 수유기 중의 범죄에서 임신

월수는 그 정신 흥분이 가장 강한 제3개월째가 가장 높은 다수로 전체의 43%를 차지하고, 그 외의 달은 산재해서 일정한 비율을 나타내기 어렵다. 동경제국대학 미타 교수의 조사에 의하면 여자 자살자의 23%는 임신 중이라는 보고가 있다.

### 갱년기·노녀기老女期

와이닝겔Otto Weininger(1880~1903)은 "세상에는 절대적인 남자도 없고, 또한 절대적인 여자도 없다. 각 남성 중에는 반드시 다소의 여자 성분이 있고, 각 여성 중에는 또한 다소의 남자 성분을 포함한다. 이렇게 남녀 양성 가운데는 또한 무수한 중간계급이 있고, 성욕상태에 있어서도 또한 그렇다."라고 말하였다.

본편 제1장에서 언급한 대로 인류도 무성생식·단성생식·처녀생식의 과정을 거쳐 진화하는 생물이므로 자웅생식선雌雄生殖腺의 절제, 이식에 의해 성의 변환이 가능한 것처럼, 질병에 의해 생식선의 절제·이식 등에 의해 어느 정도까지는 이 현상이 증명되기에 이르렀다. 따라서 조선에서 인공적으로 고환을 절제하는 내관內官(또는 宦官)에게는 알맞은 재료가 된다.

남자에게 생식선 작용은 생명과 거의 동일한 시간으로 존속하나, 여자에게는 갱년기에 배란작용을 끝내고 생식선은 그 활동을 쉰다.

이 시기에 달하면 소위 여자 나이 오십의 집요성을 드러내기 시작하고, 삼도천三途川(죽은 사람이 저승에 갈 때 건넌다는 강)의 노파·아다치가하라安達ケ原의 노파(사람을 먹는 전설의 鬼婆) 등, 물론 가공의 인물이나 여기에 남자 노인을 더하면 일종의 골계를 느껴 처참한 생각이 나지 않음은 우리들이 이미 경험으로 알고 있다.

따라서 이 시기에 달하면 여자는 지나치게 범죄성이 높아지고, 동정심을 상실하며 잔인성을 띠고 극단적으로 인색해지거나 자아중심이 된다. 아무리 비합리적인 것이라 해도 이를 집요하게 고집하고 호의의 충언도 악의로 해석하여 귀를 닫아 버린다.

그러나 조선부인의 남편살해범에 있어서는 월경폐지·갱년기 이후의 범죄가 4%에 지나지 않는 것은 다른 이유가 존재하는 것이다. 주로 조혼에 원인을 둔 범죄로서 이십 세 이전, 특히 초경 전의 소녀란 점이다. 이러한 점에서는 이미 앞에서 상세히 말하였다.

말하자면 인류여성은 그 신체구조 및 기능이 수동적, 억압적, 손상성損傷性, 모성애가 상호적으로 인과관계를 갖고 서로 작용하고 남자에 비하여 특별한 범죄를 구성하는 요소라고 말할 수 있다.

# 제8장

# 요약 및 결론

## 범인의 수 및 타민족 범인 수와의 비교

조선 여자 살해범은 오늘날 통계를 갖고 있는 어느 나라 어느 민족보다도 많다. 일본 내지에 있어서는 남자 100명에 여자 11명, 대만의 경우는 더 적어 남자 100에 여자 3명, 그 외의 여러 나라도 많게는 15명, 적게는 8명에 지나지 않음에 비해 유독 조선에 있어서는 88명, 거의 남자 범인과 필적할 만한 다수를 차지한다. 즉 내지(일본) 여자의 9배이며, 대만 여자의 30배에 가깝다.

그러나 조선 여자의 살해범 가운데 남편살해범을 빼면, 남녀 살인범의 비율은 100명에 10의 꼴이 되고, 반대로 내지 부인보다 낮은 비율이 된다.

따라서 조선 여자의 남편살해범은 범죄통계학 상에서 볼 때, 조선 특유의 범죄로써 달리 그 비교대상을 찾을 수 없다.

## 남편살해범의 연령

보통 여자 살인범의 연령은 20세 이하가 가장 적다. 내지부인의 이 연령 때의 범죄는 겨우 전체의 6%에 지나지 않는데 반해, 조선부인에 있어서는 그 최대 다수가 20세 이하에서 감행되어 남편살해범의 경우는 57%, 즉 내지부인의 10배에 달한다. 그러나 남편살해범 이외의 살해범 여자에 있어서는 20세 이하의 범인은 8.3%로 떨어지고, 내지부인과 기타의 여자 살인죄의 비율에 가깝다.

이 점도 완전히 조선 여자의 특유한 것으로, 남편살해범이 일종의 조선 특유의 범죄임을 알 수 있다.

### 남편살해범인의 출생지

대략적으로 북방지역의 여러 도道에 많고, 남방에 내려 갈수록 인구와 범인과의 비례가 감소한다. 말하자면 내지에 가까울수록 적고 만주지방에 가까울수록 많다. 인류학자의 말에 따르면 북변에 모질고 사나운 여진女眞의 혼혈이 많고, 이조李朝 이래 반항심이 많아 일체의 관리에 등용되지 않는 것과 이러한 지역에 다수의 범인이 있는 까닭의 인과관계는 장래의 연구를 필요로 한다.

### 범인이 출현하는 가정의 생활 정도

범인의 생활상태가 빈곤하다고 인정할 만한 자는 72%, 보통 이상으로 인정할 만한 자는 28%가 되지만, 조선의 현재에 있어서 경제상태는 대체적으로 이러한 비례이다. 이것으로 범죄와 인과관계가 있다고 믿기는 어렵다.

### 범인의 교육정도

병합 당시의 남편살해범 여자는 문자를 해독하지 못하는 자가 대다수(82.7%)였고, 오늘날은 9.1% 감소하였으나, 인구와 범인과의 비례는 여전히 감소하지 않고 있다. 즉 교육의 보급과 본 범죄와는 아무런 관계가 없다.

## 결혼 이전에 있어서 범인의 환경·유전

범인은 주로 부모(67%) 또는 기타의 근친(21%)의 손에서 양육되어 친족관계 이외의 사람에 의해 양육된 자는 12%에 지나지 않는다.

① 형제의 수는 3인 이하가 대다수를 차지하고, 6인 이하는 매우 드물다.
② 형제 내에서 첫째(51%)가 가장 많고, 셋째·둘째 순이다.
③ 본처가 낳은 적출자가 가장 많고, 서자와 사생자는 합해서 겨우 3%에 지나지 않는다.

선천성 범죄형으로서 중대한 원인으로 인정되는 유전적인 관계는 본 범죄에 있어서는 한 사람도 발견되지 않았다. 단지 술을 좋아하는 부모의 어느 한 쪽이 있는 자가 33%가 되나, 조선에 있어서는 오히려 이러한 음주자의 비율은 적은편이라고 말할 수 있다. 즉 결혼 전에 범인의 환경이 이처럼 장래의 범죄를 일으킬 만하다고 예상할 만한 어떠한 요인도 발견할 수 없다. 즉 범죄의 참된 원인은 결혼 후에 있다고 단정할 수 있다.

## 범인의 과거의 질환·신체·용모·성질

신체와 정신에 변화를 가져오는 정신병은 발견되지 않았고, 다만 월경 시에 간질 환자가 한 명 있을 뿐이다. 어느 누구도 체격은 연령에 맞고, 혹은 약간 발육이 늦은 자가 있고, 기형이나 좌우 비대칭적인 사람은 발견되지 않았다. 용모는 보통의 조선인 여자보다도 조화로운 자가 많고, 그 성질도 장기의 형무소 생활에도 불구하고 반항·집요·교활하다고 인정할 만한 자는 32%, 순종·영리·우둔한 자 39%, 가끔 흥분·방종·경박한 태도를 보이는 자가 29%를 나타내고 있다. 대개 이 비율은 통상의 조선여자를 데리고 와도 같을 것이라 믿는다.

이러한 비율은 선천적으로 지니는 신체와 정신 상태에서는 남편 살해범과 같은 대죄를 지을 만한 어떤 특별한 점을 발견할 수 없다.

## 범인의 초경과 결혼 연령

선천성 범죄형의 한 징후로 인정할 만한 월경 조숙에서 이를 볼 때, 오히려 일반적인 조선여자보다도 평균 1년 3개월 늦다. 본 연구의 결과로 보면 범인의 결혼 연령이 실제로 그 핵심을 이루는 것이다. 6세부터 시작하여 22세까지이고, 일본의 형법이 화간和姦이라하더라도 강간强姦으로 여기는 13세 이하가 25%나 차지하고, 15세가 가장 많고, 17세 이상에 이르면 수직으로 감소하여 20세 이상은 겨우 1.5%에 지나지 않는다.

본래 조선은 조혼早婚의 국가이다. 병합 당시의 남편살해범인 중에는 6세에 결혼한 자도 있다. 쇼와 6(1931)년 경성京城의 여자 결혼연령을 보면, 20세 이하가 60% 이상을 차지하고, 같은 해 20세 이하의 일본 내지 여자의 경우는 35%이다. 거의 두 배에 달한다.

결혼 연령이 너무나 어려서, 과연 성적인 부부관계에 들어가는 것은 어느 정도의 시간이 경과하는지를 조사해 보면, 결혼 평균 연령이 14세 1개월인데, 성적 부부관계에 들어가는 것은 평균 15세 1개월로써 결혼해서 약 1년의 차이를 볼 수 있다. 이 같은 결혼은 부인과학적인 입장에서 보면 지나치게 부인의 생리生理를 무시한 성性 생활임을 알아야 한다.

남편과의 연령의 차이는 둘로 나누어 볼 수 있다. 첫째의 경우는, 범인인 여자의 나이가 어리고 이와 결혼한 남자가 나이든 경우이다. 예를 들면 ① 8세에 18세의 남자와 결혼 ② 9세에 22세의 남자와 결혼 ③ 12세에 25세의 남자와 결혼 ④ 13세에 29세의 남자와 결혼하는 등이다. 여기에 속하는 범인은 그 범행의 직접적인 원인으로서는 '아직 성숙하지 않은 생식기로써 난음亂淫한 남편의 폭력적인 성교'의 고통을 견디기 어려워 소녀임에도 불구하고 죽이기로 결심한 자이다.

둘째의 경우는, 범인은 이미 성적으로 성숙한 나이(춘기발동기)인데, 남편이 유약하여 성행위가 불능한 탓에 노하여 살해한 경우이다. 예를 들면 ① 15세에 11세의 남자와 결혼 ② 16세에 13세의 남자와 결혼 ③ 17세에 14세의 남자와 결혼하는 등이다. 이런 부자연스러운 남녀의 배합은 실제로 중대한 범죄를 낳는 진짜 원인이다. 그런데 전자는 가난한 가정에 많고, 후자는 부유한 가정에 많다.

### 범인의 미산未産·경산經産·산아 수産兒數의 관계

범인은 아직 초경을 경험하지 않은 소녀가 22%를 차지한다. 20세 이하의 여자는 과반수 즉 57%를 차지하고, 출산 경험이 없는 미산부未産婦는 그 반(46%), 출산 경험이 있는 경산부經産婦는 54%이며 산아 수는 평균 3.8명으로 본 범죄와 이 점은 거의 관계가 없다.

### 범인의 성욕 상태

성욕이 정상이라고 인정할 만한 자가 52%, 이상異常으로 추정되는 자가 48%이다. 이 가운데 간통한 자를 '과음過淫'이라 하고, 동침을 절대로 혐오하는 자를 '성욕불감증'이라 보고, 장년의 남편이 있으면서 나이 든 노년과 통하거나 혹은 어린 소년과 통하는 자를 '노년기호증' 혹은 '소년기호증'이라 부른다. 이런 분류법은 심히 과학적 근거가 부족하긴 하나, 이상異常으로 볼만한 자 중에 과음(47%), 비교적 쾌감 결여증(20%), 불감증(17%), 소년기호증(6.6%), 노년기호증(6.6%), 성조숙증性慾夙發症(3.1%)이다.

### 범인의 부인과질환

와인펠히 학파의 학자는 '여자의 범죄는 부인과질환과 직접적인 관계가 있다'고 주장한다. 이에 따라 남편살해 조선여자 범인의 그 성격을 조사해보면, 모두가 자궁의 염증을 갖고 있다.

| | | |
|---|---|---|
| 집요성을 띠는 자 | 16명 | 27.0% |
| 흥분성이 강한 자 | 10명 | 17.0% |
| 합계 | 26명 | 44.0% |

66명의 범인 중에 3명은 조사가 불가능하고, 나머지 63명 가운데 전혀 부인과질환이 없는 자는 11명(17.5%)에 지나지 않는다.

이 63명 가운데 아직 월경이 시작되지 않은 자는 소녀 15명, 이미 갱년기에 들어가 월경이 폐지된 자가 5명, 합계 22명은 생식기가 아직 활동에 들어가지 않았든지 활동을 쉬는 자로 1/3을 차지한다. 말하자면 부인과질환에 걸리는 비율은 어린 연령을 다수 더하면 82.5%의 부인과 질환이 있다. 그래서 이러한 부인과질환이 어느 정도로 본 범죄와 인과관계를 갖는지는 장래의 연구를 기다려야 한다.

## 범죄 객체(남편)의 정신·신체·성욕 이상

범죄 객체 즉 '희생자'의 경우, 남편의 정신과 신체 및 성욕에는 중대한 결함이 있는 자가 많고, 일반적이라고 인정할 만한 자는 전체의 5.2%에 지나지 않는다. 병적인 이상자라고 인정할 만한 자 가운데, 가장 다수는 정신상의 결함으로 51.7%를 차지하고, 성욕이상이 그 다음으로 34.5%, 신체상의 결함은 가장 적은 8.6%이다.

또는 다른 방면에서 관찰하면 이러한 남편은 민법상의 결혼법 위반을 하고 16세 이전에 결혼한 자 22%, 여자로 하여금 위반하게 하여 14세 이하에 결혼하게 한 자가 48%, 가령 부인이라고 칭하더라도 13세 이하의 여자를 간통하여 2년 이하의 징역을 당하여 강간죄를 논할 만한 자가 26%에 달한다.

### 남편살해의 방법 및 공범共犯의 유무

병합 당초에 있어서는 독살(56%)과 폭력살해(44%)는 거의 반반이었으나, 인燐을 함유한 쥐약(殺鼠劑) 등이 보급됨에 따라 독살이 점점 증가(72%)하고, 폭력살해는 점점 감소(28%)하는 경향을 나타내었다.

독약으로서는 가성소다苛性曹達가 절대다수인 77%를 차지하고, 비소砒素 · 인燐 · 조두鳥頭가 뒤를 잇는다. 조선인은 남녀노소 누구나 흰옷을 입는 습관으로 그 세탁 표백제로써 집집마다 반드시 다소의 가성소다를 가지고 있는 탓에 이를 독약으로서 사용하기 쉽다. 비소는 밀매되는 것을 구입하고, 인은 쥐약을 사용하고, 조두는 조선의 도처에 야생하는 것을 사용한다.

폭력살해는 날카로운 칼이 가장 많은 41%, 목 졸라 죽임(絞殺)이 35%로 그 다음을 차지한다. 둔기로 박살내든지, 물에 빠뜨려 익사시키든지, 방을 밀폐하여 불태워 죽이는(焚殺) 등은 매우 적은 각각 6%이다.

공범은 독살에 있어서는 19%로 드물고, 거의 대부분 단독으로 행하는 일이 많고(81%), 폭력살해에 있어서는 공범이 증가(37.5%)하고, 단독으로 감행하는 것은 62.5%로 독살에 비해 드물다.

그런데 그 공범자는 간부姦夫와 친족이 반반이다. 혈연자가 이처럼 다수 가담하는 것은 남편의 성격이나 품행상의 결함이 많고, 범죄 주체의 가족에게 원한을 사는 일이 많았기 때문이다.

## 범죄시 범인의 연령, 범죄시의 월력月曆과 기온의 관계

범죄시의 연령은 15세부터 시작하여 17세에 최고조에 달하고, 17세 이전에 있어서 거의 전체의 반(46.3%)에 달하여 18세 이후는 수직 하강으로 감소하여 1~5%로 흩어져 있다. 이 점은 본 범죄의 특징으로써 타국에서는 그 예를 볼 수 없다.

월력·기온·남편살해범·간통개시·임신은 어느 것이나 밀접한 관계에 있다. 살해범도, 간통죄도, 임신도, 기온이 신체에 쾌적하고 성욕이 높아지는 기온, 즉 섭씨 10~20도에 해당되는 달, 4·5·9·10월에 최고조에 달하고, 이 외에는 감소하고, 특히 기온이 25도 이상에 달하는 달, 즉 7·8월에 있어서는 최저로 떨어지며, 최고율에 비하면 거의 1/6로 감소한다.

단, 영하 2도 내지 영하 5도로 떨어지는 달인 12월 및 1월에는 약간 높은 비율을 나타내는 것은 바닥 아래에 따뜻한, 일종의 특별한 난방 장치를 가진 조선 가옥의 '온돌'이라는 실내칩거의 풍습이다. 이는 내지內地 부인이 오랫동안 불임不姙인 자가 조선식의 온돌에 기거함에 이르러 갑자기 임신하는 예가 다수 있다. 아마도 성욕과 이 가옥구조가 얼마간의 관계가 있음을 상상할 수 있다.

## 월경·임신·수유와 범죄의 관계, 결혼에서 범죄까지의 경과

초경 전의 범죄가 전체의 약 1/4(23%)인 것도 다른 나라에서는 볼 수 없는 일이며, 갱년기 후의 범죄는 3.0%로 적다.

초경 전, 갱년 후, 임신·수유기의 무월경 상태인 자를 제외하고 월경 주기 중인 자만을 모으면 월경 중의 범죄가 과반인 51.6%를 차지하고, 간헐적 출혈시의 경우가 48.4%이다. 따라서 만약 월경을 가장 많은 28일 주기로 보고, 가장 많은 평균 4일을 월경 지속기간으로 가정하면 월경중의 범죄는 간혈시에 비해 6배 많은 범죄율이 된다.

무월경 상태 중에서, 초경 전, 갱년 후를 제외하면 거의 임신 중이나 수유기 경폐중의 범죄로써 임신은 제3개월째가 가장 많고 그 전체의 반, 43%에 가깝다.

결혼에서 남편살해에 이르기까지의 시간의 경과는 3년 이내인 경우가 44.6%로 전체의 반에 가깝다. 이 기간은 편의상 결혼 예식을 올린 후부터 산출한 것이나 성적인 관계에 들어가는 것은 결혼에서 평균 1년이 지난 후가 되므로, 실제는 2년 이내로 보는 것이 과학적이라 믿는다.

## 조선이 규정한 남편살해 범죄에 대한 형사 정책

기강범紀綱犯의 하나로서, 열 가지 반역(十逆)에 해당하여 '오가통五家統의 제재'라 부르는 지극히 준엄한 형벌을 더하여 병합 이전에는 예외 없이 종형에 처했다. 현재에 있어서도 사형과 무기징역이 1/4을 점하여도 조금도 감소하는 경향이 없다.

### 선천성·기회성 범죄형과 남편살해범의 비교

남편살해범은 롬브로소 학파가 주장하는 선천성 범죄형으로서 누범累犯인 자는 없고, 평소의 행동에서 잔인성을 띠는 모습도 발견되지 않았다. 정신과 신체에서 남자체형에 비슷한 특징도 없고 유전적인 관계도 없다. 월경이상·골격·연부에 기형 또는 심한 좌우 비대칭적인 것도 없고 성욕의 상태도 두드러진 특징을 들 만한 것이 없다. 말하자면, 남편살해범은 이 학파가 칭하는 '선천성 범죄형'에 속하지 않는다.

기회성 범죄 가운데 암시에 민감하고 유혹에 부저항적인 부분은 결과로써는 논할 수 있으나, 어린 시절의 불우함 또는 모멸을 입었다고 인정할 만한 것은 없고 단지 민족적·지방적 원인이 있을 뿐이다.

환언하면 조선여자의 남편살해범은 전혀 선천성 범죄형이라 볼 수 없고, 기회성범죄 중에 제한된 '지방적地方的인 원인'에 의해 일어난 범죄라고 단정할 수 있다.

## 본 범죄의 원인으로서 조선 특유의 풍속·관습

### 결혼방식

결혼 경비의 절약과 과부의 재혼을 금하는 법률과 관습을 벗어나 일종의 편법으로써 오늘날에도 여전히 지방에서는 '약탈혼掠奪婚'이 행해지고, 혼전婚錢과 납폐금納幣金이라 부르는 일종의 '매매혼賣買婚'이 있다. 만약 그 돈이 없다면 노동으로써 이를 갚는 '사역혼使役婚'이 있다.

한편, 나이 어린 남자를 혼인시키는 예서預婿라 부르는 '아동혼童兒婚', 어린 여자를 혼인시키는 '예부預婦' 혹은 '양부養婦'라 부르는 '여아혼女兒婚'이 있다.

### 조혼

조혼은 본 범죄를 유발하는 핵심을 이루는 요소이다. 앞 절에서 말한 예서라 칭하는 아동혼으로 본 범죄의 객체가 되고 살해당한 남아는 6~15세가 전체 수의 22%를 차지한다.

범죄 주체가 되는 여자 아이는 더 심해서 6~16세에 이르는 예부인 여아혼이 전체의 81%를 차지한다. 조혼을 유발하는 원인은 다양하다.

1. 왕자의 결혼을 앞두고, 전국에 배포되는 빈번한 혼인 금지령禁婚令 해마다 막대한 수의 미혼모를 빼앗아 국왕으로부터 중국에 헌납하는 공녀貢女의 여폐
2. 예부·양부·예서
3. 제한된 결혼 범위

① 동성同姓 결혼 금지
② 이성동근異姓同根 결혼 금지
③ 적출자 · 서자 · 사생자 간의 결혼 금지
④ 양반 · 상민 · 천민 간의 결혼 금지
⑤ 소속 당파 외의 결혼 금지
⑥ 상중喪中의 결혼 금지
⑦ 궁합이 맞지 않는命宮不合 결혼 금지
⑧ 사제師弟 간의 결혼 금지

이와 같이 결혼범위가 제한되고 협애한 범위 내에서 배우자를 선택, 여자아이로서는 공녀가 되어 잡힐 위험이 있고, 다른 한편 미혼자에 대한 사회적인 박해가 있다. 이러한 종종의 원인들이 서로 모여서 결국은 조혼의 폐풍이 양성된 것으로 실로 어쩔 수 없는 정세이다.

역대의 국왕이 조혼금지의 칙령을 내려도 모두 쓸모없는 법이 되었고, 그 원인을 제하지 않고 그 결과만을 제하고자 하는 법령이 효과가 없는 것은 오히려 당연하다고 말할 수 있다. 이러한 놀랄 만한 조혼이 쇼와 6(1931)년도에 있어서 조차 15세 이하의 어린 여아女兒의 결혼이 넘쳐났다.

**비녀(婢女, 여자노예)제도, 여자의 인격무시**

기자조선箕子朝鮮의 개국 이래, 최근의 이조에 이르는 사이에 특히 하나의 국무성을 방불케 할 정도로 발생하는 여자노예의 비녀제도는 부녀를 재물시하는 사상을 수천 년 간 민심에 침투시켰다. 약탈혼 · 매매혼 · 사역혼 · 동녀혼 · 예부 · 양부 · 혼전 · 납폐금으로 변형되어 현재에 이르고, 배우자를 택함에 있어서도 상하의 계급에 걸쳐 여자는 유일한 선택권조차도 전혀 발언을 허용하지 않았다.

결혼 당일부터 다음날 까지, 두 눈꺼풀을 딱딱한 밀랍(密蠟 : 꿀 찌개를 끓여서 짜낸 물질)으로 엄히 봉하고 치르는 예식은 지금도 여전히 행해지고 있다. 이는 여자 스스로가 그 배우자를 선택하는 것을 금하고, 이미 남의 처가 되어 처녀가 아닌 자신을 의식할 때 비로소 남편의 모습을 보는 것이 허락된다.

예부預婦처럼 10세 전후의 어린 여자이나, 이미 남의 부인이라는 낙인이 찍혀 그 이후는 법률·관습 등, 사중오중의 족쇄에 묶여 어떠한 모욕이나 학대에도 감수하도록 강제된다.

**이혼의 불가능**

병합 이전의 법률·관습은 일단 결혼한 부녀의 이혼은 어떠한 경우에도 이를 인정하지 않는다. 양반계급에 있어서는 사정을 갖추어 이혼을 국왕에게 제출하는 한 가지 방법이 있으나, 상민 이하의 계급에서는 그 방법조차 없고, 단지 사정파의事情罷議·할급휴서割給休書·소박踈薄이라는 비밀스러운 편법의 이혼 방법은 있으나 처음부터 공적인 것이 아니다.

결혼에 대하여 어떠한 자유의지도 없고, 결혼 후의 학대는 견딜 수 없고, 이혼은 허락되지 않았다. 절체절명의 그녀들이 취할 방법은 남편살해 아니면 자살의 두 길 밖에 없다.

## 남편살해 행위의 생물학적 관찰

무성 생식에서 유성 생식 시대로 진화하는 과정에서 단성 생식·처녀 생식의 사이는 단지 자성雌性 동물뿐으로 웅성雄性은 아직 존재하지 않는다. 곤충류에 이르기 까지는 암컷은 수컷보다 몸이 크고 암수는 주종의 관계에 있는 것이 많고, 벌·개미·거미·사마귀는 교미한 후에 암컷이 수컷을 살해하는 것을 원칙으로 한다. 암수 한 쌍씩 생식하는 습성을 가진 조류에 있어서도 여러 차례 암컷이 수컷을 살해하는 예가 많다는 보고가 있다.

모든 생물은 그 진화해온 과정을 반복하는 진화론의 일정한 규칙에 의해, 인류도 그 태생기에는 이 현상을 보이고 생후에 있어서도 자주 불식간에 그 유전 현상을 드러낸다. 특히 여자는 격세유전(Atavismus) 현상이 농후하게 신체와 정신에 나타난다. 이로 인해 어떤 약속· 조건하에서는 암컷이 수컷을 살해하는 현상, 혹은 필란투스(phyllanthus, 여우구슬)과에 속하는 독을 사용하여 수컷을 해하는 것 같은 현상을 드러낼 가능성이 많다고 한다.

태생시대에 있어서 남녀 생식기의 제일차적 성별은 여자의 일생을 지배할 성격을 낳는 것으로 월경·임신·산욕·수유·갱년 등의 스스로 극복하기 불가능한 생리적 시기가 있고, 남자에게 없는 손상성損傷性의 반복이 있다. 남편살해와 같이 언뜻 이해 불가한 현상도 생물학적으로 관찰하면 그러한 이유를 알 수가 있다.

## 민족병인 본 범죄를 제거할 치료법

남편살해와 같은 이런 여성의 범죄는 특유한 것으로 다른 나라에 없는 유독 조선에만 있는 원인은 범인자신에 있는 것이 아니다. 또한 조선 민족의 여자만이 이러한 영악한 소질을 갖고 있는 것이 아님은 이상의 연구에 의해 명백하다.

이러한 사회병적인 증상을 이루는 원인은 조선 특유의 관습·풍속, 즉 특종의 결혼방식·조혼·이혼의 불가능, 여자의 인격을 무시하는 것에 있음이 분명하다.

이러한 사회악을 그 원인에서 발본색원하지 않고 단지 윤리적인 문제만을 갖고 이를 억압하고자 하는 것은 지극히 어리석은 짓이다. 유교 특히 주자학파의 보급이 가장 완벽하게 이루어진 조선에서 세계의 예가 없는 이러한 종류의 범죄를 낳는 웃지 못 할 현상을 보아도 그 효과가 전혀 없음을 알 수 있다.

교육의 보급도 효과가 없기는 마찬가지이다. 1911년과 1931년의 범죄율을 비교해도 여자교육이 보통학교 졸업생만을 계산해도 약 백배가 된다. 그럼에도 남편살해범인은 여전히 조금도 감소하지 않고 있다.

법령이 무기력하고 무효함은 이조 오백년, 병합 후 이십오 년을 봐도 이를 증명하기에 충분하다. 형벌의 무효함은, 예외 없이 사형으로 처해도 혹은 조금 느슨하게 취급해도 범죄율에는 아무런 증감이 없는 것을 봐도 형벌과 범죄율은 어떠한 관계가 없음을 증명한다.

범죄는 자신의 의사가 행위로 나타나는 것으로써 거기에는 동기와 원인이 반드시 있다. 교육을 장려하고 지식을 진보시켜 윤리·

도덕을 설파하고 고조하며, 법령을 내려 그 위엄을 나타내고, 형률을 밝혀 가마솥에 삶아 죽이는 놀랄 만한 것을 알려도 여전히 이러한 범죄가 행해진다. 이는 그녀들로 하여금 부득이하게 이렇게 만드는 진짜 원인이 없지 않을 것이다.

이 범죄를 박멸하기 위해서는 그 드러난 결과에 수단을 가하기보다는 그 참된 원인을 탐구하여 그것을 구하지 않으면 안 된다.

그 원인은 조선의 풍속·관습이 부인의 생리에 맞는지 그렇지 않은지에 달려있다. 이 점을 고려하지 않고 단순히 형벌만으로 겁을 주어도 아무런 효과가 없는 것은 앞에서 언급한 대로다. 콘라도 Conrad Celtes가 갈파한 것처럼 "이러한 종류의 여자는 법관이 새로운 형벌을 고안하기 전에 새로운 범죄 방법을 계속하여 생각해낸다." 또는 스톡홀름의 닥터 안톤 니스토리욤Dr. Anton Niström은 "성생활은 창조의 원천으로 가정생활의 기초와 특성이 여기서부터 시작된다는 것은 부언할 필요가 없는 확실한 것이다. 타애·희생·애정·인내·자애도 여기서 싹이 트고, 의무·박애의 관념도 여기서 일어나며, 심미審美의 정조도 여기서 자란다."라고 하였다.

칸트도 그의 저서 『법이론의 형이상학적 기초』에서 "혼인은 성을 달리하는 두 사람이 그 성적인 특성을 일생을 통하여 상호적으로 교환하고 상조하는 것으로써 그 부자연스러운 결합은 어떠한 예외도 없이 인간성의 침해로서 모든 죄악 범행의 원천이 된다."라고 주장하였다.

영국의 의학자 모슬리는 "인간세계에서 부부생활의 성적인 협조를 제거하면 정신생활은 무미건조하게 되고, 진·선·미와 시와 노래는 홀연히 우주에서 멋대로 소멸하고, 죄악과 암묵이 교대로 이를 차지할 것이다."라고 하였다.

니스토리욤·칸트·모슬리는 모두 부절을 맞춘 듯이 마치 조선여자의 남편살해죄의 원인과 연구를 위해서 한 말과 같다.

고쿠분 산카이國分三亥는 그 결론에서 살해 수단의 유치함과 잔혹함, 주체의 잔인함과 흉악함, 음란한 풍속의 왕성을 들고 있다. 그러나 그 성질에서 있어서는 살해 행위 그 자체가 잔혹하여도 성질이 잔인한 것이 아님에 대하여 따로 한 항목을 설치하여 연구업적에 나타낸 바이다.[104]

스펜서도 "조화·순종·정직 등은 강자 사이 또는 적법하게 취급되는 여자 사이에서만 통용하는 도덕으로, 늘 억압을 당하고 힘을 갖고 저항할 수 없는 약자인 여자에 있어서는 은험隱險한 복수도 허위도 역시 도덕이다."라고 하였다.

베라 여사는 부인의 입각점에서 여자의 범죄를 관찰하여, "남성위주의 법률 지배가 바뀌지 않는 한, 여자범죄는 결코 감소하지 않는다. 우리 여자는 존중해야 할 순결한 처녀성을 가지고 혼인하여도, 그 남편인 남자는 청춘의 피 끓는 활력을 시정의 오염된 매춘부에게 쏟아내고, 참된 애정은 흔적조차 발견할 수 없다. 처녀성을 지닌 우리들은 청량음료의 찌꺼기처럼, 혹은 고목 같은 뻣뻣한 남자에게 포옹당하여, 화류병에 감염되고, 공평치 못한 법률에 눌림 당하고, 전통적인 인습에 케케묵은 종교·도덕·관습의 이중 삼중의 속박과 질곡을 당하고, 번쇄한 집안 살림과 귀찮은 육아의 무거운 짐을 연약한 어깨에 짊어지고, 아침저녁으로 가혹한 사회의 채찍을 만난다. 남자가 만든 형법상의 이른바 범죄는 당연하다. 만약 여자가 범죄를

---

104 國分三亥 논문, p.22.

근절하고자 한다면 모름지기 남자본위의 사회조직을 고치고, 결혼까지 여자에게 처녀를 요구하는 것처럼, 남자도 역시 숫총각이여야 함을 요구하고 사회의 제재도 법률상의 형벌도 남녀동등하지 않으면 안 된다."라고 하였다.

동양에서 보면, 오히려 여존남비의 경향이 있는 구라파에 있어서조차 더욱 이 같은 여자의 울분을 듣는다. 조선의 여자범인에게 솔직하게 그 소신을 말하게 한다면 과연 어떻게 될까? 남편살해범의 약 1/4이 간통을 겸한 죄라고 해서, 이것을 바로 음란의 풍조(淫風)와 과도한 음욕(多淫)의 결과로 보는 것은 불가하다.

연령이 이미 성숙기에 접어들었고, 생식기는 이미 주기적으로 기능을 시작한 여자가 결혼을 의식해서 부부가 된다. 그러나 그 남편의 연령은 6·7·8세 등으로 참으로 철이 없는 아동이다. 동침을 통한 성욕의 만족을 얻지 못하고 이따금 이를 다른 곳에서 구하게 되면 말 그대로 간통이 된다. 제8편 제8장에서 제시한 "남편이 어리고, 부인이 나이가 많은 상태"에 속하는 것이 모두 이것이다. 결혼에 의해 약속된 것을 얻지 못한다. 이것을 다른 데서 구하는 것이 잘못인가? 줄 능력이 없는 상태로 두는 것이 잘못인가?

13세 이하의 어린 나이에 청·장년의 남자에게 시집간 여자는 성적인 행위로 인해 남편으로부터 받는 고통은 평생 잊을 수 없고, 항상 복수심을 태워 기회만 있으면 남편에게 고통을 갚고자 기도한다. 간통의 동기도 연애·성욕보다도 남편에게 복수하고자 하는 마음이다. 혹은 평소 남편에게 모멸과 학대를 당하여 처음에는 살해하고자 하였으나, 오히려 그에게 악성의 질환을 전염시켜서 복수하고자하는 마음에서 그 질환을 구하기 위해 간통한 자도 있다.

불합리한 결혼이 불합리한 결과를 낳는 것은 당연한 것으로 이를 단지 형벌로서만 제거하고자 한다면 소위 '형벌은 단순히 개성을 경직되게 하여 변질되게 할 뿐'이라는 비방을 면치 못하게 된다.

진화론이 증명하는 바와 같이 인류도 단세포 동물이 점차 진화한 것이므로, 그 진화의 과정에 있어서는 암컷이 수컷을 누르고, 학살하는 동물이 여러 계급을 경과해 왔다. 특히 여자는 남자에 비해 신체와 정신 모두 '격세유전'의 현상을 보이기 쉬운 경향을 가지므로 잠재성을 가진 이 성질은 환경의 조건에 의해 발생할 가능성이 있다.

이상에서 언급된 조선의 결혼방식, 여자의 인격 무시가 이러한 현상을 발생하기에 적합한 환경을 끼친 것으로 보는 것은 지극히 당연하다. 따라서 이미 그 원인이 분명해진 이상, 속히 조선 민중으로 하여금 부인의 생리를 널리 알게 하는 것이 가장 시급한 문제라고 말할 수 있다.

# 결론

1) 조선 여자의 살인범은 남자 100명에 대하여 88명으로 내지 여자의 9배이다. 여기에는 남편살해범이 다수를 차지하며 이 범죄를 빼면 10명으로 내지 여자와 대략 비슷한 정도이다.
2) 조선 여자의 살인범은 20세 이하가 가장 많고, 내지 여자의 10배이다. 이 가운데서 남편살해를 제외하면 내지 부인과 같은 비율로 떨어진다. 즉 남편살해범은 완전히 조선 특유의 여자 범죄인 것이다.
3) 남편살해범의 인구 비례를 보면 내지에 가까운 남쪽에서 만주에 가까운 북쪽으로 올라갈수록 대개 점차 증가한다.
4) 남편살해범의 결혼 전의 환경은 장래의 범죄를 일으킬 만한 어떠한 조건도 없다.
5) 범죄와 관련된 유전遺傳과 과거의 질환은 없다.
6) 신체·정신·성격에서 통상적인 일반 조선 여자와의 차별은 발견되지 않는다.
7) 범인의 첫 월경(初經)은 16세 3개월이 평균으로써 통상적인 조선 여자의 평균 15세보다 평균 1년 3개월가량 늦다.
8) 범인의 결혼연령은 6세에서 13세 이하가 전체의 1/4을 차지하고, 15세가 최고조에 달하고, 그 이상에서는 수직으로 감소한

다. 결혼연령의 평균은 14세 1개월이며, 성적 부부생활에 들어가는 것은 평균 15세 1개월이므로 1년의 시간차가 있다.

9) 부부간 나이 차이는 두 종류가 있다. 하나는 7~8세의 소녀와 장년의 남자의 경우, 다른 하나는 16~17세의 여자와 10세 전후의 어린 남자와 결혼하는 경우가 있다.

10) 범인은 초경初經 이전의 소녀가 23%이며 게다가 과반수가 20세 이하의 소녀로 출산 경험이 있는 경산부經産婦는 겨우 54%이며, 산아 수는 평균 3.8명이다.

11) 범인의 성욕 상태는 지나친 성욕(22%), 불감증(10%), 노인기호증 및 소년기호증이 각각 2.5%이며, 성조숙증(色慾夙發症) 1.25%이며 나머지는 보통이다.

12) 초경 전과 월경 폐지 갱년 후를 제외하면 전부 부인과질환을 갖고 있다. 이 양자를 더하여 계산하면 전체의 82.5%는 부인과 질환이 있다.

13) 범죄 객체인 남편의 대부분(94.8%)은 정신 또는 신체에 결함이 있고, 생리적으로 정상이라고 인정할 만한 자는 5.2%에 지나지 않는다. 이 가운데 '정신상의 결함'이 가장 많은 51.7%, '성욕 이상자'가 그 다음으로 34.5%, '신체결함'은 가장 적은 8.6%이다.

14) 살해 방법은 병합 당시에는 독살(56%)과 폭력살해(44%)가 거의 반반이었으나, 독살이 점차 증가하고, 폭력살해는 감소하는 경향을 드러내고, 현재에 있어서는 72 대 28의 비율을 나타낸다. 독약은 가성소다가 가장 많은 77%, 그 다음이 비소, 인, 조두 순이다. 폭력살해는 날카로운 칼이 가장 많은 41%, 교살이 그

다음으로 35%에 해당한다.

15) 공범은 독살의 경우는 19%로 적고, 폭력살해에 있어서는 조금 증가하여 37.5%이며, 공범자는 간부姦夫와 육친·친척이 반반이다.

16) 범죄 당시 범인의 연령은 15~17세 사이가 거의 반수인 46.3%, 그 이후의 연령에서는 급속히 감소하여 1~5% 사이에 산재한다.

17) '남편살해 범행', '간통시작 시기' 및 '임신'은 월력과 기온과의 관계성이 매우 밀접하고 기온이 인체에 가장 쾌적한 섭씨 10도 내지 20도에 해당하는 월력인 4~5월·9~10월이 최고조에 달하고, 기온이 그 이상 또는 그 이하가 되면 함께 감소한다. 특히 기온이 25도 이상으로 상승하는 7~8월에는 최저로 떨어지는데 이는 최고율에 비하면 거의 1/6로 감소한다. 단, 영하 2도 이하로 떨어지는 12월과 1월에는 비교적 조금 높게 나타난다. 아마도 온돌이라는 바닥에서부터 따뜻한 조선특유의 난방장치가 있는 좁은 방에서 남녀 함께 칩거하는 풍습에 원인하는 것으로 보인다.

18) 초경 전(23%), 갱년후(3.0%), 임신(14.5%), 수유경폐(3.0%)의 무월경 상태를 제외한 월경주기만을 모으면, 월경중의 범행이 51.6%, 간헐시가 48.4%, 가장 일반적인 월경주기를 28일을 가정하고 4일간을 월경 지속기간으로 보면, 월경시의 범행은 간헐시보다 6배 많다.

19) 임신중의 범행은 임신 3개월째가 가장 많은 43%를 차지하고, 그 외의 임신 달은 산재하는 것을 볼 수 있다.

20) 결혼에서 범죄에 이르는 시간은 3년 이내(성적 부부생활에서 계산하면 2년 이내)의 범행이 44.6%로 반을 차지한다.

21) 골격·연부軟部·용모·성격·유전·누범累犯·월경상태 등, 이른바 '선천성 범죄형'에 해당하는 특징은 한 사람도 발견하지 못했다. 따라서 남편살해범은 지방적인 원인에 한정된 '기회성假性 범죄형'에 속한다.

22) 지방적 범죄 원인으로써 들 수 있는 것은 예서預婿(아동혼童兒婚)·예부預婦(유녀혼幼女婚)의 조혼早婚, 매매혼賣買婚, 사역혼使役婚, 비녀婢女, 유교중독儒教中毒 등, 여자의 인격무시, 이혼의 불가능 등이 있다.

23) 동물 중에 암컷의 자성雌性이 독물 또는 폭력을 써서 수컷의 웅성雄性을 살육하는 습성을 갖고 있는 것이 많다. 본래 '격세유전(先祖返り)'의 경향은 남자보다 강한 여자가 이러한 습성을 발동하는데, 남편살해는 22)에서 언급된 조선의 지방적 사정이 적절한 조건이 되었다.

24) 종래에 있어서 이러한 범죄를 박멸 또는 감소시키기 위해서 ① 유교의 철저 ② 칙령·법령의 발포 ③ 준엄한 극형 ④ 교육의 보급 등을 적극적으로 시도하였으나, 어떤 것도 아무런 효과가 없이 끝났다. 그 근본적인 것은 부인생리婦人生理의 지식을 보급하여 국가조직의 단위인 혼인 생활을 생리적인 순리에 맞게 하는 것이라 믿는다.

# THE GYNAECOLOGICAL RESEARCH OF HUSBANDMURDERS OF COREAN WOMEN, A SPECIAL CRIME OF COREA

by TAKEKI KUDOH. M. D.

DIREOTOR OF THE SEOUL GYNAECOLOGICAL HOSPITAL

## RÉSUMÉ

1. The proportion of the murder cases of the corean womon against the cases of corean men is 100 to 88; it is about nine times more than the cases of the proper japanese women against that of the japanese men. This large number is due to the frequency of cases of husband murder committed in Corea.

   If we exclude this number of the husbandmurders from all murder cases of women, there remains only the proportion of 100 to 10 against the cases of men, corresponding in fact to the proportion of murder cases of the japanese women.

2. The majority of the general murder cases of the corean women is usually carried on under 20 years of age ; and this number is ten times more than the cases of the

japanes women. But if we leave out the husbandmurders from that number, the proportion comes dowm to the sme percentage of the murder cases of the japanese women.

Therefore we can say that husband killing in Corea is a special crime of women.

3. As to the proportioanl number of crimes of that kind, we can see according to statistics, that the cases increase gradually from the Southern parts near to Japan to the Northern provinces near to Manchuria.
4. We can not find any circonstances, related with family conditions previous to the marriage of the murderers, that could indicate an anticipation of the crime.
5. There are no hereditary relation nor past history of any descases of the culprit which has some connection with the crime.
6. The corporal and mental conditions of the criminals are quite the same as the normal corean women. We can find no anomality in those conditions.
7. The average age of the first menstruation of the criminals (16 years and three months) shows a delay of one year and three months more than of the normal corean woman (just 15 years).
8. The age of the marriage of those criminals begins from

6 years old, from that age to 13 years old it represents already a quarter of entire number. It reaches its maximum at 15 years old ; beyond that age, the proportion decreases immediately. The average age of the marriage of the criminals is 14 years and one month. The average age of the beginning of the real sexual relation between the conjugals is 15 years and one month ; namely, the former is just one year ahead of the latter.

9. As to the difference of the age of husbands and criminal wives, there are two classifications :
   a) The married children, the husbands are still very young, just under or above 10 years ; and the wives, already in age of maturity, 16, 17 and over.
   b) The female married children, namely the marriage of the wives, still in their youth : 6-13 years old ; and the husbands, having attained manhood.
10. The multiparas are relatively scarce (54%), because 23% of all husbandmurders stand still before the first menstruation, and half of all criminals stand under 20 years of age. The average number of children from multiparas is 3,8 babies.
11. The sexual conditions of the criminals are :
   a) Lascivousness 22.00%

b). Anaestesia sexualis feminalum 10.00%

c). Paedophilia erotica feminalum 2.50%

d). Gerontophilia erotica feminalum 2.50%

e). Sexuality praecox 1.25%

f). Normal 61.75%

12. With the exception of the stages before menstruation age standings, pregnancy, lactation and climacterium, all the criminals without exception have some gynaecological diseases ; even all together counted, 82.5% of the criminals have some women disease.

13. About all (94.8%) of the criminal victims, namely the murdered husbands, have some mental, sexual or corporal defects ; and among whom we can find only 5.2% normal men.

    Among those defects, we find :

    a) Mental defects 51.7%

    b) Sexual defects 34.5%

    c) Corporal defects 8.6%

14. The methods of murder :

    (1) At the time of the annexation by Japan :

    a) Poisonous murders 56,0%

    b) Brutal murders 44,0%

    (2) But at present :

    a) Poisonous murders 72.0%

b) Brutal murders 28.0%

As to kinds of poisons :

a) Washing soda 77.0%

b) Arsenic 9.0%

c) Aconitum Fischeri 4.5%

d) Mercury 2.25%

e) Tetrodon eggs 2.25%

As to kinds of brutal murders :

a) Sharp instruments 41.0%

b) Mansglaughters 35.0%

c) Bount weapons 12.0%

d) Drowning murders 1.25%

e) Burning murders 1.25%

15. As to the accomplices :

(1) By poisonous murder cases :

a) With accomplices 19.0%

b) Without accomplices 81.0%

(2) By brutal murder cases :

a) With accomplices 37.50%

b) Without accomplices 62.5%

Exactly half of the accomplices are adulterers and the other half are blood relations of the murderers.

16. Age of the criminals at the time of their crime :

| AGE | REAL NUMBERS | PERCENT |
|---|---|---|
| 15 | 7 | 10.45 |
| 16 | 11 | 16.42 |
| 17 | 13 | 19.40 |
| 18 | 4 | 5.97 |
| 19 | 2 | 2.98 |
| 20 | 1 | 1.50 |
| 15-20 | 38 | 57.00 |
| 21-30 | 16 | 23.00 |
| 31-40 | 7 | 14.00 |
| 41-50 | 3 | 3.0 |
| 51-60 | 3 | 3.0 |
| TOTAL | 67 | 100.00 |

17. The calender months, their mean temperature, the time of the crime, the beginning of the adultery and the time of the fertilisation have all together very intimate relations. When the mean temperature shows 10-20℃. namely in April, May, September and October, they attain their highest points. In more or less temperature, they get down ; especially in the months of July and August, during the hotest time of year, when the temperature is above 25℃. they descend under one sixth of the highest number. But as an exception, in December and January, the percentages ascend comparatively a little higher. The reason might come from that the corean people have the custom to keep indoors in these two months, the couldest time in Corea, in small chambers

called "ondoru" which are heated from under the floor.

18. Excepting the amenorrhoeal time of the praemenstrual and crimacterium-ages, pregnancy and lactation, the crimes take place :

    a) During the menstruation 51.6%

    b) At the cessation of the menstruation 48.4%

    If we assume that all the menstruations of the criminals are of the 28 days type with 4 days continuation, most common menstruation type, the crimes during the menstruation are six times more than that after the period of menstruation.

19. As to crimes during pregnancy, the third pregnancy month has the highest point (43.0%) ; in the other pregnancy months, the crimes are selom taking place and they are irregulary scattered.

20. Skeletons, soft parts, facial expressions, character, predisposition, hereditary, previous offences, anomalities of the menstruation, especially the premature menstruation, asymmetrical parts of the body, e. t. c., which indicate the criminal types of the congenital crimes, we can find in no case. Therefore we might believe that the husbandmurders of the corean women belong to the pseudo (posterior or primitive) criminals, under the local social conditions.

21. We must offer as the local criminal causes :

a) Premature marriage :

① male child marriage,

② female child marriage,

b) trade marriage,

c) Employment marriage,

d) Slavery of women,

e) Intoxication of the confucianism principles,

f) Contempt of the women individualism,

g) Absolute impossibility of divorce.

As the cause of early marriage, we can count :

a) The marriage interdiction for all corean irgins before the selection of wives of the princes of the royal family.

b) The exaggerated long marriage interdiction during the period of mourning of the parents and the grand parents (each three years, therefore sometimes 12 years long).

c) The vestige of the national horror against the royal pillage of the yearly tribute offering to the court of China composed of several thousand maidens from Correa as long as the latter was a subject state og the former.

d) The custom of the social treatment with contempt

against the unmarried people.

e) The very narrow limitation to choose the husband or the wife, for example :

① The marriage interdiction between members of the same, (there are only seven common family names Kim, Ri, Pak, Sai, Cho, Shin, among 88 usual corean family names).

② The marriage interdiction between conjugal (legal), illegitimate and bastard sons and girls.

③ The marriage interdiction between the nobles, the middle class and the commoners.

④ The marriage interdiction between different clans. There are four hereditary clans (to which each family without exception must belong) in Corea ; (the namaes of clans are Shoron or East, Roron or West, Gojin or South and Shohoku or North) and continually generations belong to the same parties, and never change.

⑤ The marriage interdiction between the teachers and the pupils.

⑥ Many complicated marriage interdiction connected with fortune tellers.

22. Among animals, there are several species which have the habit of devouring or poisoning the males. According to

the principles of the development theory, all kinds of animals have the character of atavism under certain condititions, and in the human beings, women have more tendency of atavism than men. should circumstances occur, women would disclose this latent character of atavism. I believe that the above mentioned corean local circumstances seem to be the conditions disclosing this latent atavism.

23. The corean authorities tried by several methods to put down this horrible special crime and the evil custom of premature marriage, namely :

    a) The spreading of the knowledge of the confucianism principles,
    b) The spreading of education,
    c) The many repeated royal ordinances and laws,
    d) Rigorous menacing punishments.

    But all were in vain and entirely ineffectual. There is only one thing left over to treat this shameful corean national evil.

"Let the people throughly understand and propagate the knowledge of the gynaecological principles, Let the women satisfy and enjoy the married life in the family according to female physiology and in a quite natural way."

(Auther's résumé)

# 참고문헌

1. 安龍福, 東史綱目
2. 青木文一郎·立石新吉, '蟷螂の交尾動作', 『동물학잡지』(제39권), 제460호.
3. 문헌비고.
4. 조선총독부관측소, '昭和七年氣溫測定表'.
5. 조선총독부 통계년보, '大正十二年以後'.
6. 朝鮮戶籍法規集揖.
7. 太府卿朴楡, 上疏寫本.
8. 華嚴經.
9. 魏志, 東夷傳.
10. 婚嫁條, 續大禮典
11. 國分三亥, '朝鮮婦人の本夫殺害犯に就て', 『朝鮮彙報』(大正6년3월호).
12. 童蒙抄.
13. 'かまきりの女尊男卑', 『동물학잡지』(제5권), 제61호.
14. 舊約全書
15. 京城彙報, 『三國史記』.
16. 金富軾, 『삼국사기』.
17. 石川, '日本婦人に於ける月経初潮に関する統計的観察', 『日本之醫界』(제19권), 제11호.
18. 黃登雲, '산부인과에서 본 혼지마(本嶋) 부인 간에 있어서 몇 종의

통계에 대하여' 『臺灣醫學會雜誌』(제105호), 제6421쪽.
19. 池田, '西鮮(平壤地方)婦人の初経に就て', 『朝鮮醫學會雜誌』(제13호), 106쪽, 大正3년.
20. 滿谷, '新瀉地方婦人の月経初潮に就て', 『北越醫學會雜誌』(제35년,제1호), 69쪽.
21. 日本帝國司法省, 第二十五行刑統計年報以後,
22. 李省湖, 揀擇條.
23. 李肯翊, 練藜室記述別集評論.
24. 李種徽, 修山集.
25. 李永春, '조선인 여학생의 초경에 대하여', 『滿鮮之醫界』(제101호), 33쪽.
26. 柳, '月経に関する調査', 『生理學研究』(제1권), 제5호.
27. 野口, '月経初潮ニ就テ', 『醫海時報』(제1026호), 7쪽.
28. 史記.
29. 普陳壽, 『三國志』.
30. 岡谷·照內, '本邦婦人ノ月経初潮年齡分布曲線ニ関スル統計的觀察', 『大阪醫學會雜誌』(제8권), 제4호. 제1217쪽.
31. 新約全書.
32. 詩經.
33. 田口, '東北婦人の初経年齡', 『日本婦人科學會雜誌』(제23권), 제5호.
34. 典儀副令李穀, 上疏寫本.
35. 唐劉, 舊唐書, 三國時代.
36. 鄭麟趾, 高麗史.
37. 臺灣總督府官房, 法務課司法事務集計各年表.
38. 대만범죄통계, 大正12년 이후.
39. 東國通鑑.
40. 保坂, '日本の女学生の月経に就て', 『日本醫事週報』(제1575호), 28쪽.

41. 屋代, '樺太アイヌの産婦人科学的観察', 『日本婦人科學雜誌』(제23권), 740쪽.
42. 山崎, '吾帝国に於ける日本, アイヌ, 琉球, 支那四種族婦人の月経初発, 持続及び閉止に就いて', 『醫學中央雜誌』(제6권), 제50쪽.
43. Dr. Alexander Fassny ; Zur Psychologie der Verbrecherin ; H. Gross' Archiv Bd. 42.
44. Enrico Feni. Die Gelefenheitsverbrecherin.
45. Dr. Kossmann und Dr. Weiss. Mann und Weib.
46. Heymann ; Die Psychologie der Frauen.
47. H. Kisch ; Das Geschlechtsleben des Weibes.
48. Kant ; Metaphisische Anfangsgrunde der Rechtslehre.
49. W. Liepmann ; Psychologie der Frau.
50. Max Marense ; Über die Problematik der Sexualpsychologie des Weibes. Zeitschrift für Sexualwissenschaft. Bd. VI.
51. Halban-Seit ; Biologie und Pathologie des Weibes.
52. Anteurith. Bells Archiv. IX.
53. Icard ; La femme dans la période menstruelle.
54. Otto Fülinsbürger ; Leitsätzen eines Arztes zur Beurtheilung der Strafe.
55. Fignier ; Les diseaux.
56. Katscher ; Bilder aus dem chinesischen Leben.
57. Bamille Granier ; La femme criminelle.
58. C. Lombroso und G. Ferrero ; Das Weib als Verbrecherin und prostituirte ; anthropologische Studien, gegrundet auf eine Darstellung der Biologie und Psychologie des normalen Weibes.
59. Rv. Kraft-Ebing, Psychopathia sexualis.
60. Molière ; Celimène et Arsinoè.
61. A. Moll ; Handbnch der Sexualwissenschaft.

62. Spanenberg ; Du sex féminin considéré par rapport au droit et à la lágislation criminelle.
63. Dr. H.Ploss ; DieWeib in der Naturwissenschaft.
64. __________ ; Der Sexualverbrecher.
65. Schlichtergroll ; Die Bestie im Weibe.
66. Spencer ; The principle of biology Vol. II.
67. Franz v. Winkel ; Allgemeine Gynaekologie ; Vorlesungen über Frauenkunde vom ärztuichen Standpunkte.
68. Dr. Erich Wulffen ; Das Weib als Sexualverbrecherin, ein Handbuch für Julisten, Verwaltungsbeamte und Ärzte.
69. ________________ ; Encyklopödie der modernen Kliminalistik ; Das Weib als Verbrecherin.
70. Virchow ; Die zellare Pathologie.
71. Dr. Mandsley ; The sexual life.

# 부록

# 구도 다케키工藤武城의 '의학'과 '황도유교'에 관한 고찰*

최재목 · 김정곤

〈목차〉



## 1. 머리말

이 논문은 일제강점기 재조일본인在朝日本人 의사 구도 다케키(工藤武城, 1878-?)의 근대 의학 연구가 황도유교皇道儒教와 어떤 관련이 있는지를 고찰한 것이다.[1] 이를 통해서 식민지 조선에서 '부인婦人' 분야의 연구를 주도한 구도가 왜, 어떻게 제국일본의 식민지 정책에 협력해 갔는지를 알 수 있을 것이다.

---

* 이 논문은 2015년 대한의사학회 『의사학』 (통권51호)에 실린 것을 재수록한 것이다.

1 구도 다케키는 이하 '구도'로 표시한다(단, 각 장과 절의 시작 부분 등 필요시에는 풀네임을 사용). 황도유교(皇道儒教)는 '황도유도(皇道儒道)' 또는 '황도유학(皇道儒學)'으로도 불렸다(정욱재, 2009: 228). 따라서 본 논문에서는 '유교', '유도', '유학'은 같은 의미로 사용하였다. 그리고 구도는 일제강점기 피식민지 국가의 국호를 '조선 특유의 범죄' 또는 '한국부인 연구' 등의 제목에 나타나듯 '조선'과 '한국'을 동일한 의미로 사용하고 있다. 따라서 본 논문도 기본적으로 '조선'을, 직접적 인용이나 필요에 따라 '한국'으로 사용하였다.

**그림 1. 구도 다케키의 모습**
Fig 1. Picture of Kudoh
(京城新聞社, 1936: 63)

구도는 위생衛生 정책을 포함하여 근대 과학적 지식체계에 기초한 '의학'의 차원, 그리고 국가가 표상하는 지식체계에 입각하여 사회·문화·풍속을 포함한 '정신'의 차원에서 한국 부인의 의료와 조선문화의 '유전자遺傳子'를 혁신하고자 하였다. 이러한 명분으로 '조선'이란 공간에 자신이 활동할 근거지를 마련하고, 거기에 일본제국이 추구하는 '지적知的' 인프라를 구축하는데 일조한다.

구도는 1905년 12월경에 '한성병원 산과부인과 부장에 초빙되어'(川端源太郎, 1913: 152; 朝鮮公論社, 1917 : 307) 식민지 조선의 땅을 밟았다. 그 후, 〈조선총독부관보(제5284)〉에 따르면, 일본적십자사日本赤十字社에 대한 협조와 공로가 인정되어 유공장有功章을 받았다(1944년 9월 13일). 이 기록으로 보아 해방 전까지 그는 조선에 거주한 것으로 보인다.

그가 조선에 온 시기는 러일전쟁이 종결된 뒤, 일본이 조선에 대한 식민지 지배를 강화하기 위하여 민간뿐만 아니라, 지방 차원에서도 '이민론移民論'을 왕성히 펼치던 때이다. 구도의 출신 지역인 구마모토熊本는 조선 진출에 열심이던 지역이다(高崎宗司, 2002: 14; 박양신, 2004: 159). 유럽에서 터득한 첨단 지식을 새로운 개척의 땅 조선에서 부인

들을 위해 펼친다는 '어떤 사명감'(ヒマラヤ山人, 1909 : 65)에다, 독일 의학 박사를 식민지에 초빙하여 이민을 강조하기 위한 식민지 정책자의 목적이 합치하였던 것이 그가 조선으로 오게 된 결정적인 이유로 볼 수 있다.

제국주의가 추구하는 근대적 지식의 전면을 치장한 과학-합리라는 명분은 당시 제국 일본의 첨단 무기였고, 그런 무기를 소지한 지식인들은 의기양양 식민지 공간에서 활동하기 마련이었다. 이것은 구도가 조선에 온 지 이른 시기에 자신의 사명을 내비친 다음과 같은 글에서 잘 드러난다.

> 지리적인 위치와 여러 강국들 사이에서 오랫동안 악정惡政에 시달린 국가와 개인이 존립에 신의信義니 정도正道니 하는 것은 자살의 도구에 지나지 않는다. 약소국이며 악정에 시달린 백성에게는 허례, 기만, 시기와 의심 등은 없어서는 안 되는 무기이다……나는 응용의학의 하나인 임상산과부인과를 전공하고 내방內房에 출입하는 일이 잦고, 숨김없는 한국인의 성질을 관찰할 기회가 많았다. 그들은 성격이 비겁하고 게으르며, 신의가 없고, 시기와 의심이 많고, 신뢰의 미덕이 부족함은 사실이다. 그러나 이는 주위의 사정으로부터 여기에 이르게 한 유전의 결과이기에 참으로 불쌍한 국민이라는 생각이 든다. 따라서 <u>만일 사정이 허락되어 한국에 계속 머물게 된다면 찬찬히 이 유전遺傳을 소멸시켜 문명의 빛을 받게 하고, 날로 발전하는 의학을 가급적 빨리 보급시켜 은혜를 입는 방향으로 이끄는 것이 나의 바람이다</u>(工藤武城, 1908: 20-21. 밑줄은 인용자).

다시 말해서 '어둠=조선'을 '빛=일본' 쪽으로 계몽 · 교화, 편입시키겠다는 것이다. 또한 피식민지인에 대하여 어디까지나 대등한 입장이 아니라, 식민지 종주국민으로서 조선인을 "은혜적"으로 대하고자 했던 것이다(박양신, 2004 : 170). 여기에 구도의 우월의식과 차별의식이 드러나 있다.

이처럼 이른 시기에 식민지 조선에 온 구도는 개업의로서 의료활동을 펼치는 한편 재조일본인 사회를 대표하는 잡지와 신문 등에 280편 이상의 논문과 단문의 글을 싣고 있다. 이러한 구도에 대해서 지금까지 여러 연구가 있어왔는데, 크게 세 가지로 대별해 볼 수 있다. 첫째, 여성문제의 측면에서 다룬 논문을 들 수 있다. 이에 대해서는 일제하 조혼문제를 둘러싼 범죄(김경일, 2007), 여성 주체에 대한 인식 문제와 관련하여 언급되는 경우(장용경, 2007)를 들 수 있다. 둘째, 의료 및 의학 지식을 둘러싼 논문이다. 여기에 대해서는 구도의 '부인과학적 지식'과 조선 부인의 '남편살해'를 일제의 식민지 지배의 정당성 및 제국주의의 논리를 비판적 시각에서 논한 논문(홍양희, 2013; Park, 2013)을 들 수 있다. 셋째, 구도 다케키와 관련한 일반논문을 들 수 있다. 이에 해당하는 것은 근·현대기 퇴계상에 관한 성찰을 다루면서 부분적으로 언급되기도 하였고(최재목, 2008), 남편살해의 양상에 대한 지식인의 논의가 언급되기도 하였다(전미경, 2010). 구도의 논저들은 '의학' 관련뿐만 아니라, '비의학' 관련 측면도 많은 부분을 차지한다. 그럼에도 불구하고 아직 그의 의학과 황도유교의 연관성을 논의한 연구는 없다. 지금까지의 구도 관련 연구는 부인과 전문의사로서 그가 이루었던 '의료' 및 '의학' 관련 분야에 집중되었다.

따라서 본 논문은 지금까지의 선행연구들을 바탕으로 하여 먼저 그의 부인과학적 지식뿐만 아니라 조선에서의 지위와 활동, 나아가서 '비의학' 관련 자료를 통하여 구도의 활동 전체상을 확인하고자 하였다. 이어서 그의 '의학'과 '황도유교'의 관련성을 검토함으로써 식민지 정책에 협력하는 한 방식을 확인하고자 하였다. 이를 통해서 구도 다케키 라는 인물이 자신의 권리 추구는 물론 중·상층 재조일본인으로서 어떻게 총독부의 식민지 정책에 협력했는가를 살필 수 있을 것이다.

## 2. 이력 및 조선에서의 활동

### 1) 이력 및 활동

구도 다케키의 이력과 활동에 대해서 식민지 조선에 오기 이전과 이후로 나누어 보면 다음과 같다. 먼저 일제강점기 조선 활동 이전의 이력이다. 그는 메이지 11(1878)년 구마모토 현熊本縣의 사족士族 출신으로 구도 다다지로工藤唯次郎의 장남으로 태어났다(京城新聞社, 1936: 63). 그의 아버지는 다마나 군玉名郡의 요코시마橫島 촌장을 8년간 역임한 지역의 유지였다(橫島町史編纂委員會, 2008: 1334). 구도는 청소년 시기에 보수적인 학교인 세이세이코済済黌를 다녔고, 19세가 되는 1897년에 나가사키 의학전문학교長崎醫學專門學校에서 4년간 수학하였다(大藏省印刷局, 1901: 413). 1901년에는 동향 출신으로 독일 유학의 경험이 있는 하마다 겐타츠(濱田玄達 1855-1915)의 조수를 맡는 한편 유학준비를 목적으로 외국어학교를 다니기도 하였다. 참고로 하마다는 〈일본부인과학회〉를 창립한 인물로 궁내성 어용계(宮內省御用掛, 황실에 봉사하는 직책)를 맡기도 하였다(石戸頼一, 1893: 343-344; 花房吉太郎 · 山本源太 編, 1892: 145-148; 朝日新聞社編, 1994: 1337). 1903년에 그는 당시 일본의 정치와 행정에 많은 영향을 미친 독일로 유학하여, 뷔르츠부르크대학 부인과 교실에 들어가서 다음 해 7월에 의학박사 학위를 받았다. 이어서 1905년 4월에 베를린대학 부인과로 옮겨 태생학, 여자비뇨기학을 배우는 한편 어학에 대해 관심이 있어 '라틴어' 등을 연구하기도 하였다.

다음으로, 일제강점기의 조선에 건너온 구도의 활동은 크게 세 가지 영역으로 나눌 수 있다. 첫째, 의학 및 의료관련 활동 둘째, 재조일본인 유지有志로서의 활동 셋째, 저술 및 문예 활동이다.

첫째, 본업인 의료 및 의학 관련 활동이다. 1905년 12월에 한성병원漢城病院 산과부인과(産科婦人科) 부장으로 초빙되어 경성에 온 그는 두 차례의 원장대리를 맡기도 하였다(川端源太郎, 1910: 91-92). 그러나 그곳에서의 의료 활동은 자신의 뜻과 맞지 않아, 1907년 11월에 북미창정(北米倉町; 현, 북창동[北倉洞]) 94번지에 개인병원인 경성부인병원京城婦人病院을 개업하였다. 그 후, 2년 남짓 프랑스 파리대학 퀴리라듐 연구실에서 공부한 시기(1913.7-1915.12)를 빼고는 줄곧 부인 및 1남 3녀와 경성에서 지냈다(朝鮮公論社, 1917: 307).[2]

그는 경성에 거주하는 개업의들의 이익을 목적으로 조직된 경성의사회(京城醫會)에서 활동하였고(박윤재·박형우, 2001), 1941년에는 총후(銃後) 의료사업 협력을 위한 경기도의사회京畿道醫師會 회장을 역임하기도 하였다(매일신보, 1941년 11월 27일 자).

둘째, 재조일본인 유지有志로서의 활동이다. 구도는 한일병합 이전부터 조선에 건너와 재조일본인 사회의 자치기구였던 경성거류민단

---

2 구도의 양행(洋行) 기간 동안 경성부인병원은 나가사키 의학전문학교 후배로 1913년에 조선에 온 사카이 이치로(酒井一郎)가 대신 병원에 근무하였다(朝鮮新聞社編, 1935: 210). 그 후, 사카이는 경성 영락정(永樂町: 현, 중구 저동)에 병원(酒井婦人科病院)을 개설하는 한편 경성의사회 부회장을 지내기도 하였다(阿部薰編, 1935: 377).

京城居留民團의 일원으로 1913년에는 제4회 거류민회의 의원을 역임하였으며(천지명, 2013: 266), 민단이 해체된 후에는 경성부 북미창정의 총대總代를 맡기도 하였다(京城新聞社, 1936: 63). 병원 의사이며 지역 유지로서 경성 도시계획 연구회원으로 참가(京城都市計劃硏究會, 1936: 324-325)하는 등 그는 재조선 일본인 사회에서 지위가 높았으며, 그의 활동 범위 또한 매우 넓었다. 1926년 국제정보사에서 발행한 『조선신궁기(朝鮮神宮紀)』의 '재조선 명사의 감상'에는 사이토 마코토齋藤實 총독을 포함한 일곱 사람의 감상문이 나오는데, 그 중 한사람으로 구도가 등장할 정도이다. 또한 인맥도 넓어 한 때 제8대 조선 교구장이 되어 반세기 가량 조선에 머물면서 조선 가톨릭계의 책임자로서 활동했던 프랑스 선교사 뮈텔과도 친분이 있었다. 말하자면 구도는 당시 경성에 거주하는 재조일본인 사회를 대표할만한 인물이라 할 수 있다. 1924년에 '아시아 민족의 결합과 내선의 융화 및 사상의 선도' 등을 목적으로 하는 '동민회同民會'의 평의원에 이름을 올렸고, 1934년 〈경성일보〉 3월 3일 자에 따르면 '황도정신의 고취와 아시아 제국의 친선단결'을 위한 '조선대아시아협회'의 사업에 참여하기도 하였다. 뿐만 아니라, 황도정신에 기초한 '조선유도연합회朝鮮儒道聯合會' 상무이사로서 문교보국文教報國을 꾀하였음을 〈매일신보〉 지면(1941.11.27/1941.12.18)을 통해 확인할 수 있다.

셋째, 저술 및 문예 활동이다. 구도는 잡지와 신문에 기고 및 저술과 강연활동을 활발히 하였다. 구도는 대학에서 의학을 가르치는 학자가 아니라 어디까지나 사립의 개인병원을 경영한 개업의였음에도 부인 및 여성과 관련된 의학 방면뿐만 아니라 정치, 종교, 사회, 문화와 관련된 분야에도 자신의 견해를 밝히는 등, 식민지 조선사회의 다양한 분야에 대해 접근을 시도하였다.

지금까지 조사한 구도의 잡지/신문/저서는 280편 이상이 된다. 이 가운데 '의학' 관련은 151편(부인과학 · 여성관련 분야 109편, 기타 의학분야 42편), '비의학' 관련은 134편(종교 · 사상 · 문화 분야 106편, 정치 · 사회 · 국가 분야 28편)이다.

**표 1. 구도 다케키의 잡지/신문/저술 목록 구분(의학분야 : 151 ; 비의학분야 : 134)**
Table 1. Takeki Kudoh' s magazine/newspaper/book Title in Subject(Medical Science : 151 ; Non Medical Science : 134)

| | | |
|---|---|---|
| 의학 관련(151) | 산과부인과(여성관련)분야 | 기타 의학분야 |
| | 109 | 42 |
| 비의학 관련(134) | 종교/사상/문화 분야 | 정치/사회/국가 분야 |
| | 106 | 28 |

( 본 표는 구도 다케키 논저를 필자가 구분, 정리분한 것임: 논문은 연재 횟수대로 계산, 책은 한권에 1로 계산하였음. 제목 중심으로 분류)

이상의 자료목록에 나타난 저술활동을 보면 '비의학' 분야에서의 활동도 '의학' 관련 못지않게 많았다. 그 가운데 정치·사회적인 문제 보다는 비교적 개인의 '정신'적인 문제에 관한 관심이 조금 더 많았음을 알 수 있다. 그러나 '비의학' 분야라 하더라도 많은 부분 '부인과학자적 시각'에서 조망한다는 전제가 있었던 것으로 보인다. 그리고 구도는 『조선급만주朝鮮及滿洲』[3]라는 잡지에 가장 많은

---

3 『조선급만주』는 그 전신인 『조선(朝鮮)』까지 포함해서 34년간이나 발행된 식민지 조선의 최장수 종합잡지이다. 1908년 3월 창간된 『조선』 은 1912년 1월(통권 47호)부터 잡지명을 『조선과 만주』로 개제하여 1941년 1월(통권 398호)까지 발간되었다.『조선』의 초기 편집주간을 맡았던 기쿠치 겐죠(菊池謙譲)는 구마모토(熊本) 출신이며, 동향 출신으로 대표적인 우익의 한 사람인 도구토미(德富蘇峰)가 경영하는 민우사(民友社)와 〈國民新聞〉특파원으로 언론활동을 시작한 인물이다. 이후 동향 출신 아다치

글을 실었고, 거의 매년마다 빠짐없이 저술활동을 하였다.[4]

1922년부터는 조선총독부의 식민지 '문화통치' 아래 '경성의 천지를 진선미화眞善美化'하여 '조선문화의 진전을 도모'한다는 명목으로, 매년 1회씩 '조선미술전람회'가 개최되었다. 여기에 구도는 단문의 시詩를 쓰는 취미를 갖고 있었으며, 동양화 및 서예 작품을 전시하여 여러 차례 입상하기도 하였다. 또한 '경성부가京城府歌'를 작곡한 오바 유노스케大場勇之助와 함께 일제의 식민통치에 부응하는 '신체제 음악'을 통해 전쟁 협력을 선전하는 〈조선음악협회〉의 임원(이사)으로 '음악보국'에도 힘썼다(성대경, 2009: 314-315). 이렇게 재조일본인 유지로서 다방면으로 활동한 그에 대하여 '히마라야 산인山人'은 '총독부의 인물-학자다운 인물'이란 글에서 다음과 같이 구도를 소개하고 있다.

> 의학박사 구도 다케키는 경성부인병원 원장이며 부인병의 의사로서 상당한 기량을 갖고 있다고 한다. 그는 상당한 박학자이며, 정치가이며, 경제가이며, 철학가이며, 과학자이며, 문학자이며, 무엇이든지 불가능이 없는 남자이다(ヒマラヤ山人, 1914a: 72).

구도 다케키는 전공인 부인과 의사로서 활동하면서 다방면으로 식민지 조선 사회에 개입하였다. 구도는 가족뿐만 아니라, 그의 형제

---

겐조(安達謙蔵, 1864-1948)가 국수주의 단체인 熊本國權党을 조직하고 〈漢城新報〉를 창간한 이후, 명성황후 시해사건을 일으킬 때 가담한 인물이다. 아마도 구도 다케키가 『조선급만주』 라는 잡지에 글을 싣게 된 계기에는 같은 구마모토 출신이라는 연계가 있었기 때문으로 보인다(임성모, 2007: viii-ix; 최혜주, 2008; 84-85).

4 구도의 '비의학'부분과 관련해서는 『朝鮮佛敎』(朝鮮佛敎社)에 많은 글을 싣고 있는데, 불교와 관련해서는 다음의 연구과제로 남긴다.

들도 식민지 조선에 건너와 각자 활동하면서 상호 협력하기도 하였다. 따라서 구도의 활동에 적잖은 도움을 준 형제들을 여기에 참고하고자 한다.

그들은 첫째 동생인 구도 다다스케(工藤忠輔, 1882-1917)와 둘째 동생인 구도 시게오(工藤重雄, 1884- ?)이다. 구도 다다스케는 동경제국대학 법과대학 독법과獨法科를 1911년에 졸업하자마자 조선에 건너와, 조선총독부 사법부에서 일 년 남짓 일하다가 1913년 10월에 경성에서 변호사를 개업하였다[5](朝鮮公論社, 1917: 307). 그는 한때 형 구도가 의학소송을 당했을 때 소송대리인을 맡기도 하였다(법원도서관, 2008: 551-557). 그는 앞서 언급한 경성 명치정(明治町, 지금의 명동[明洞])의 뮈텔주교로부터 세례(세례명 : 바오로)를 받았으며, 지병인 폐병으로 일찍 사망하였다(뮈텔주교, 2002: 127, 154, 160, 162). 그도 형 못지않게 식민지 조선사회에서 많은 활동을 하였는데, 이러한 다다스케에 대하여 『조선급만주』의 '경성변호사계의 인물'에서는 다음과 같이 평하고 있다.

**그림 2. 구도 다다스케의 모습**
Fig 2. Picture of Tadasuke
(工藤忠輔, 1914: 18)

5 〈조선총독부관보〉에 따르면 구도 다다스케는 1911년 8월 30일에 총독부 소속으로 서임되었고(제303호), 1912년 6월 7일에 휴직 하였다(제535호). 또한 변호사 명부는 1912는 10월 21일 경성지방법원 검사국에서 등록하였다(제70호).

구도 다다스케: 구마모토의 남자로 경성부인병원 원장인 구도 박사의 동생이다. 명치 44년에 제국대학 독법과獨法科를 졸업하고, 곧 바로 조선에 건너와 총독부 사법부에 들어갔으나 중용되지 않아서 관을 사직하고 변호사를 개업했다. 어학에 재능이 있어서 주로 서양인 방면의 사건을 많이 취급하고 있다. 연구적이고 비상한 독서가이면서 다재다능의 사람으로 법률 이외의 정치, 문예, 종교에도 취미가 있고 독특한 견해를 갖고 있다. 대단히 자유의지를 존중하고 진실한 면이 있다. 나이도 1882년생으로 서른 한 두 살이다. 그러나 폐가 좋지 않아 입을 닫고 있는 점이 참으로 안타깝다(ヒマラヤ山人, 1914b: 74).

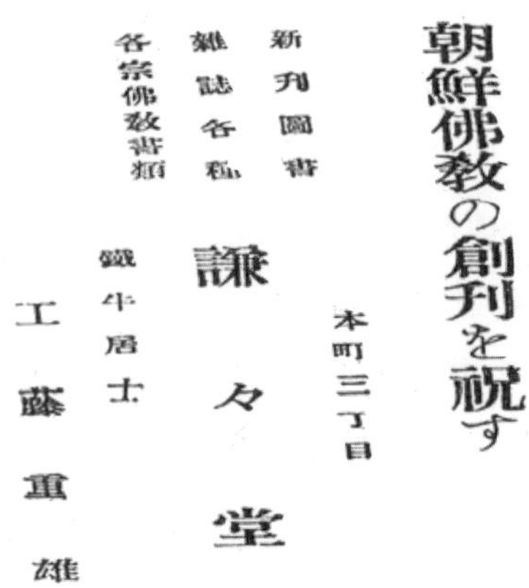


**그림 3. '겸겸당' 점주 구도 시게오**
Fig 3. Storekeeper Shigeo Kudoh of Kekendo
(朝鮮佛教社, 1924a: 12)

구도 시게오도 역시 법학사法學士로서 세이세이코濟濟黌를 졸업하고 동경제국대학을 나온 인물이다(鹿島浩, 1912: 29-33). 〈매일신보〉(1920.1.26.; 1920.2.7)에 의하면 법학사로서 시게오는 조선에 '법률' 관련 신문·잡지의 필요성을 인식하고, 〈동아東亞와 법정法政〉이라는 제호로 발행 신청을 한 적이 있다. '철우거사鐵牛居士'라는 불명을 갖고 잡지 『조선불교朝鮮佛教』에 많은 기고를 하였으며, 경성 본정(本町, 지금의 충무로[忠武路])에서 각종各宗 불교서적을 판매하는 「겸겸당謙謙堂」이라는 서점을 운영하기도 하였다(朝鮮佛教社, 1924a: 12; 1924b: 16; 1924c: 2; 1924d: 12; 1924e: 12). 또한 청일전쟁 시기에 한국을 방문하여 기록한 이사벨라 버드 비숍의 『KOREA AND HER NEIGHBOURS』을 초역抄譯하기도 하였다(『三十年前の朝鮮』 1925). 이 때 당시 총독 사이토 마코토齋藤實와 이완용李完用의 제자題字를 받는 등, 총독부 고위 관리들과의 친분도 엿볼 수 있다.

이처럼 다다스케와 시게오는 그의 형 구도 다케키가 식민지 조선에서의 의료 이외의 활동, 특히 '법률', '어학', '종교' 문제 등의 이해에 많은 도움을 주었다. 일반적으로 일본인의 조선 진출은 총독부 당국자와 관리를 제외한 대다수의 일본인 민간 이주자들이 식민지 개발을 통하여 일확천금을 노리고 조선에 들어 온 경우가 많다. 그러나 구도와 그 형제들은 일본인 이주자가 급증하는 상황에서 재조일본인 사회에서의 지위와 종주국 식민자로서의 간섭없는 권리와 이익을 추구하고자 한 인물로 보인다. 이것은 '일시동인一視同仁'의 모토 아래 일본인 자치기구였던 거류민단을 해체하고자 했던 총독부 당국의 조치에 대하여, 구도는 '조선인과 같은' 대우를 받는 것에 대하여 비판적이었다. 그는 '생물학상의 선천성'을 들어 총독부의 융화·동화 정책을 반대하였다(一記者, 1919: 75). 또한 같은 재조일본인들의 눈에는, 그는 신사풍의 용모에다 교양있고 명석한 두뇌의 이미지가 있으며, 다소 야심과 이욕이 강한 인물로서 사람을 백안시하는 고만한 태도가 있었다. 아울러 매일 아침 원시적인 심신단련법이라 하여 나체로 실외를 소요하거나, 양복을 벗고 오래된 목면 기모노를 걸치고 시끄럽게 교외로 산책하는 등(ヒマラヤ山人, 1909: 66; 瓢斗口生, 1919: 68), 주변 사람들의 시선을 의식하지 않고 자신만만하게 살아가는 여유있는 일본인으로 비쳐졌다. 여기서도 종주국 식민자로서 영민하게 자신의 이익을 추구하고자 한 인물의 일단을 엿볼 수가 있다.

구도의 이력과 조선에서의 활동은, 자치기구인 거류민단 활동을 포함하여 적어도 1910년대까지는 개인의 '입신양명'을 우선하는 입장에서, 때로는 총독부의 정책에 비판적인 모습을 보였다. 그러나 거류민단 해체 이후로 점차 조선총독부의 식민지 정책안으로 흡수되는 모습을 보인다. 구도는 식민지 일본인으로서 조선총독부와 긴밀한 협력 속에 자신의 전공지식을 기반으로, 재조일본인 사회의 여론과 피식민지 지식인들에게 총독부 당국의 지배 논리를 강화하는데 일조하는 모습으로 나타난다.

#### 2) **가계와 사상적 계보**

구도 다케키는 앞서 이력에서 보았듯이 '구마모토熊本' 태생이며, 보수적인 '세이세이코済済黌' 출신이라고 하였다. 여기서는 구도라는 인물 이해를 위해서 그의 출신지역이 가진 학문적 배경을 검토하고자 한다.

먼저, 그는 지금의 중·고등학교에 해당하는 세이세이코(현 구마모토현립세세코고등학교)라는 지역의 사립학교를 나왔다. 학교명은 『시경詩經』의 한 구절인 '훌륭한 많은 인재로 말미암아 문왕도 편안하시도다(濟濟多士文王以寧)'에서 택하였다. 그들은 졸업생을 '다사多士'라고 불렀으며, 유교적 요소가 강한 '삼강령'을 교육방침의 중심에 둔 학교였다.[6] 이 학교의 창립자는 삿사 토모후사(佐々友房, 1854-1906)라는 인물이다. 그는 에도시대 구마모토 지방의 학교藩校인 시습관時習館[7] 출신

---

6 세이세이코의 삼강령(三綱領)이란, '윤리를 바르게 하고, 대의를 밝힌다'(正倫理明大義). '염치를 중히 여기고, 원기를 떨친다'(重廉恥振元氣), '지식을 연마하고, 문명에 힘쓴다'(磨知識進文明). 참고(鹿島浩, 1912)

자로 이른바, '학교당學校党'이라 불리는 보수 좌막파佐幕派의 사상 그룹에 속해 있던 인물이다.

그는 국가의 유용한 인재를 양성하고자 '황실중심, 국가주의'를 건학 정신으로 한 '동심학사同心學舍'(1879년)를 구마모토에 세웠으며, 이 학교가 '세이세이코'(1882년)로 발전하게 된 것이다. 그는 또한 '학교당'의 계보를 잇는 현실주의적 보수파 사족士族 그룹으로써, 국권주의 정치단체인 '구마모토 국권당熊本國權党'(1889년)을 조직한 인물이기도 하다(國史大辭典編纂委員會, 1983: 882; 朝日新聞社編, 1994: 746).[8] 그는 장래에 조선·중국과의 관계가 더욱 밀접해질 것을 예견하고 '대륙진출'에 관심이 많았으며, 양국의 '어학교육'에도 힘을 쏟았던 것으로 전해진다.

> 그의 일생은 시종 국권주의에 종사하였다. 세상에서 보수적 정치가로 지목되어 정계에서 역경에 처한 경우가 많있다. 평생 대륙발전에 뜻을 두었고, 그 목적을 위해서 후진을 돕고 노력하였다. 구마모토熊本가 조선과 중국을 향해 뛰어난 지사志士를 배출한 것은 그의 영향이 크다(稲葉継雄, 2001: 96).

이후 구마모토 현에서는 삿사 토모후사의 요청을 받아들여 현비縣費로 조선유학생을 파견하였다. 파견된 유학생들은 조선어뿐만 아니라, 한문 · 영어 · 수학을 배웠으며 조선의 사정을 연구하였다. 그들

---

7 에도(江戶) 중기의 熊本藩의 6대 번주(藩主)인 호소카와 시게가타(細川重賢, 1721-785)가 문무양도의 인재등용을 위해 1755년에 설립한 번의 학교.

8 '구마모토 국권당' 결성의 중심인물은 삿사토모후사(佐々友房), 아다치 겐조(安達謙藏), 후루쇼 가몬(古荘嘉門)이다.

은 3년 과정을 마치고, 계속하여 조선에 남아 통역 등의 일을 담당하였다. 그들 유학생 감독으로는 삿사 토모후사의 동생인 삿사 마사유키(佐々正之) 등이 맡았다(京城府, 1934: 714; 1936: 660).

이처럼 조선 진출에 열심이었던 세이세이코는 창립자인 삿사 토모후사의 영향 아래, 구마모토 출신을 구한국에 많이 진출시켰다. 그들의 정신적 배경에는 '황실중심, 국가주의'적 이념을 강하게 나타냈다. 예를 들어, 명성황후 시해사건에 관련된 민간인 48명 중에 21명이 구마모토 현 출신자였다는 사실은 시사하는 바가 크다고 할 수 있다(稲葉継雄, 2001: 99).

구도와 구마모토 지방의 유학생 파견과는 직접적인 관련은 아직까지 밝혀진 바는 없으나, 서로 간에 밀접한 관련성은 추측할 수 있다. 첫째, 세이세이코 출신이라는 점 둘째, 같은 동향의식 내지는 구마모토 지역을 대표한다는 엘리트 의식을 서로가 갖고 있었다는 점 셋째, 구도가 거처하던 경성부인병원(北米倉町, 현 중구 북창동)과 경성내의 구마모토 지역민의 거점이라 할 수 있는 낙천굴樂天窟의 대화정(大和町, 현 중구 필동)과의 거리가 가까웠던 점도 그들 사이에 교류와 협력이 있었을 것으로 짐작하게 한다.

예를 들어, '제2기 유학생(熊本県派遣朝鮮語留學生)'으로 조선에 파견된 나카무라 켄타로(中村健太郎)는 1899년부터 약 3년간의 과정을 마치고(中村健太郎, 1969: 11-15), 조선에 남아 〈경성일보〉 및 〈매일신보〉의 간부로 근무한 인물이다. 구도는 두 신문에 글을 기고할 뿐만 아니라, 1924년에 그와 함께 '내선융화'를 목적으로 한 「동민회同民會」의 역원으로 함께 활동하였으며, 또한 나카무라가 편집발행으로 있는 『조선불교』에 구도와 그의 동생 시게오가 투고하기도 하는 등 함께 동역하는 관계를 봐도 알 수 있다.

무엇보다 구마모토 유학생들이 조선 문화 전반에 있어서 보여준 관심과 활동은, 구도가 조선에서 한국문화와 한국부인의 특성에 대한 연구와 관심을 가진 것과 상통한다. 이는 그들이 단순한 관심 이상의 '사명감'을 갖고 있는 것으로 읽을 수 있다. 메이지(明治) 시대를 통해 구 막번체제는 폐하여 졌으나, 같은 지역공동체 의식과 사족 의식은 여전히 강하게 남아있었다고 볼 수 있다. 구마모토가 지역 레벨에서 식민지 개발에 앞장선 것은 메이지 유신에 늦게 합류한 것을 만회하고자 하는 바람도 있었을 것이다(高崎宗司, 2002: 14).

다음으로, 구도의 가계와 구마모토 학통 및 학풍의 관련성에 대하여 알아보자. 구도는 히고(肥後, 오늘날 구마모토[熊本]) 출신이며, 집안은 토쿠가와(德川) 막부 중기의 유학자인 오츠카 타이야(大冢退野, 1678-1750) 학문의 감화를 깊이 받은 가문이었다.

> 나는 서쪽 변경의 히고(肥後. 현 구마모토-인용자)라는 가난한 마을 타마나(玉名)에서 태어났다. 고향 마을에 타이야(退野) 선생이라 불린 한 석학이 있었다. 내 아버지는 그 문하의 제자門弟였고, 선생 후손의 아이들은 모두 내 고향 학교 동창들이다(高田誠二·藤原一毅, 1934: 1-2).

라고 소개하고 있다. 이어서 오츠카 타이야(大冢退野)로부터 시작된 구마모토의 학통은 번의 학교인 '시습관'을 통해 이어져 오는데, 중요한 것은 그 학통에 영향을 끼친 인물이 다름 아닌 조선의 대유大儒 '퇴계 이황(1501-1570)'이라는 것이다. 오츠카 타이야는 퇴계 이황의 『주자서절요朱子書節要』를 통하여, 유학의 근본 가르침에 대한 평생의 배움을 얻었다고 하였다. 당시 시습관의 2대 학장을 지냈던 야부 코잔(藪弧山, 1735-1802)은 유학의 계보를 공자孔子 → 이퇴계李退溪 → 타이야(退野)로 이어진다고 보고 있을 정도였다(高田誠二 · 藤原一毅, 1934: 3).

이처럼 퇴계 이황을 사숙한 오츠카 타이야는 퇴계의 '퇴退'를 따서, '타이야(退野)'라고 자신을 불렀다(工藤武城, 1925: 6). 구마모토의 학통에서 퇴계 이황의 영향에 주목하고, 이를 언급한 구도 다케키 자신도 이러한 인연으로 퇴계의 『주자서절요』 및 퇴계 서적을 읽었다. 뿐만 아니라, '애연가愛硯家'였던 구도는 퇴계의 '벼루'와 퇴계의 '필적' 및 퇴계의 '초상화'를 소장하는 등, 퇴계 이황에 대한 관심과 존경을 갖고 있던 인물이었다(工藤武城, 1925: 4-7; 1934: 1-14; 1936: 37-61).

이처럼 구마모토로 전해진 퇴계의 학통은 오츠카 타이야와 번교 · 시습관을 통해서 이어져 오다가, 막말 이후에는 시습관의 봉건적인 교학과 일본 내의 정치적 상황 등의 영향으로 구마모토에도 학문과 정치사상 등에 따라 크게 두 개의 사상조류가 형성되었다. 하나는 앞서 세이세이코와 관련하여 언급했듯이, 학문과 사상면에서 관념적 · 비실질적 · 수구적인 입장을 지니며 시습관의 계통을 잇는 「학교당學校党」이며, 또 하나는 시습관의 보수적인 학문에 만족하지 못하고 실증성·합리성을 바탕으로 실제생활에 도움이 되는 학문을 추구하자는 「실학당實學党」으로 대별할 수 있겠다.

실학당 계열이 바로 오츠카 타이야의 학풍을 이어받고, 퇴계 이황을 모범으로 치국안민治國安民 · 이용후생利用厚生 · 실천궁행實踐躬行의 학문을 종지로 삼고, 그러한 활동을 통해서 내면을 높이고 진실을 찾아가는 것을 목표로 하고 있다. 이에 해당하는 대표적인 인물이 요코이 쇼난(横井小楠, 1809-1869)이다(高田誠二·藤原一毅, 1934: 4-5). 그는 오츠카 타이야를 '진정한 유학자'로 높이고, 퇴계의 가르침을 '처세의 방침'으로 삼았던 막말·유신의 유학자이자 정치가였다. 그와 함께, 메이지 천황의 측근으로써 시강(侍講, 천황에게 학문을 강의하는 일)을 맡았으며, 일본 교육의 정신이라 할 수 있는 「교육칙어敎育勅語」를 기초한 모토다 나가자네(元田永孚, 호는 토야[東野], 1818-1891)를 들 수 있다. 모토다 나가자네는 시강으로서의 각오를 "퇴계의 정풍正風에 속하는 타이야와 히라노 신엔(平野深淵)의 학통"에 의해 임할 것임을 밝혔다(高田誠二·藤原一毅, 1934: 7-8). 이처럼 퇴계 이황의 영향은 구마모토 내의 '히고(肥後) 실학당' 혹은 '구마모토(熊本) 실학당'으로 이어졌으며, 그 계보는 오츠카 타이야 → 요코이 쇼난 → 모토다 나가자네로 나타낼 수 있다.

요코이 · 삿사 · 모토다와 교육칙어 초안을 만들 때 모토다에 협력한 이노우에 코와시(井上毅, 1844-1895. 구도의 숙부), 이들은 모두 시습관 출신들이다. 특히 구도의 할아버지의 형(즉, 대백부)인 기노시타 사이탄(木下犀潭, 1805-1867)[9]은 시습관 학장을 지냈으며, 문부대신을 지냈던 이노우에 코와시와 조선 공사公使로 경성에 온 다케조에 신이치로(竹添進一郎, 1842-1917, 경성의 죽첨정[竹添町]은 그 거주지의 흔적)는 그의 문하였다.

즉, 퇴계 학통을 일본에 전한 오츠카 타이야 문하의 제자였던 그의 아버지(工藤唯次郎), 그리고 구마모토 번교·시습관의 책임자였던 그의 큰할아버지(木下犀潭), 메이지 헌법을 기초하고 교육칙어 기초에 협력한 그의 숙부(井上毅), 이러한 지연과 학연과 인맥의 관계망으로 인하여 구도는 자연스럽게 양 쪽(=학교당, 실학당)의 영향을 모두 받은 것으로 보인다.

---

9 그의 아들인 키노시타 히로지(木下広次, 1851-1910)는 교토제국대학의 초대 학장을 지낸 인물로 그의 부인은 구도 다케키의 숙모(즉, 어머니의 妹)이다.

이러한 계보 속에서 구도는 두 가지 사유의 경향성을 지닌다. 첫째는 '번藩'을 중시하는 보수좌막파保守佐幕派의 사상그룹에서 출발한 '학교당'으로부터는 '구마모토 번(=지역) 의식'을, 둘째는 '실학당'으로부터는 '의학'이라는 합리적이고 경험적인 학문 태도를 얻는다. 그런데 이 보수적이고 실용적인 두 측면은 일제 군국주의가 총력전체제로 진행될수록 '국체國體에 충성'하는 방향으로 수렴된다. 사실 구마모토 지역에 있어서는 학문경향과 정치적 노선에 따라 학교당과 실학당은 서로 대립을 보였으나, 식민지 조선에 있어서는 총독부의 식민지 정책 하에 서로 협력하는 모습을 보였던 것이다(稲葉継雄, 2001: 122).

구도가 보는, 퇴계 학문의 일본 영향에 관한 문맥은 구도 이전에 이미 형성된 언설이었다. 구마모토 출신으로 병합 후 조선에 와서 경성일보를 발간한 도쿠토미 소호(徳富猪一郎)의 저서에도 비슷한 문맥을 언급하고 있다(徳富猪一郎, 1932: 97-101). 그 보다 앞서 처음 등장하는 곳은 1930년 마츠다 코(松田甲)가 「일본주자학자의 이퇴계관」을 언급하는 곳에 보인다(松田甲, 1930: 93-117). 그는 "요즘 내선동화를 말하는 사람에게는 등한히 할 일이 아니다"(松田甲, 1930: 93)라고 퇴계 이황을 주목하였으며, "오늘날 내선內鮮 제도의 공통적인 것으로 자제를 교육하고, 특히 시세의 추이로 볼 때 도덕 함양을 가장 중히여기는 지금……마땅히 교화자료敎化資料로서 선전할 필요가 있다"라고 하였다(松田甲, 1930: 117). 이렇게 볼 때 구도가 내선융화·내선일체의 도구로 이용하기 위한 작업에 동참하고 있음을 알 수 있다.

교육칙어와 구도와의 관계에 관해서는 '유교 방면의 탐색'에서 구체적으로 논하겠으나, 우선 여기서 구마모토에 끼친 퇴계 이황의 학통과 그의 가계와의 관계를 그의 저서(工藤武城, 1934; 1936)를 통해 정리하면 다음과 같다.

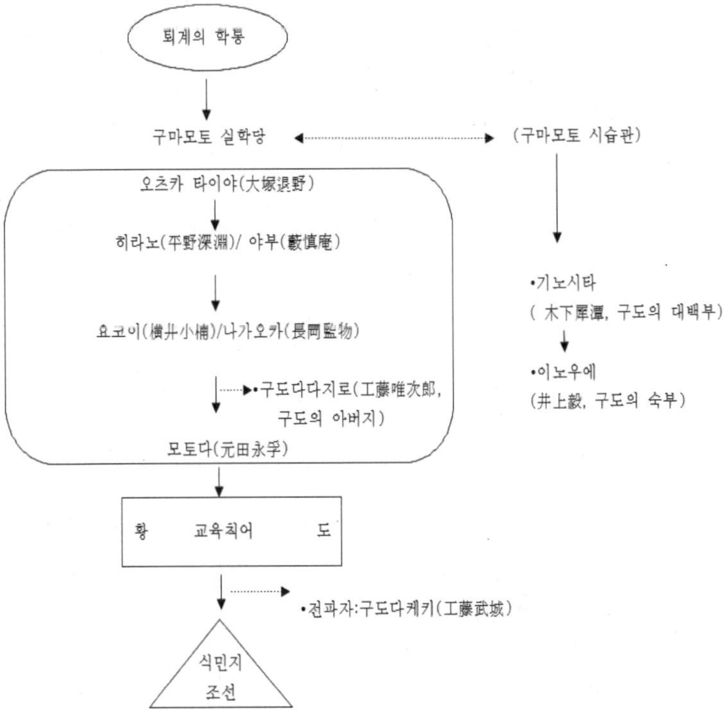


**그림 4. '구도 다케키가 말하는' 퇴계의 학통 및 가계의 관계도**
Fig 4. Toegye Academic Tradition and Kumamoto Practical School and Kudoh Family relations Diagram
(工藤武城, 1934: 1-14; 1936: 37-61를 참고하여 필자가 작성함)

## 3. 의학과 황도유교 탐색

### 1) 의학 방면의 탐색

여기서는 우선, 구도 다케키가 경영한 병원의 외적인 모습, 매스컴에 비쳐진 구도와 병원에 대한 평가, 구도의 '위생'과 '암'치료에 대한 의학지식 보급 등을 간단히 확인하고, 이어서 그의 대표적인 의학 관련 논문에 대하여 탐색하고자 한다.

구도가 경영하는 경성부인병원은 환자의 요양을 위한 시설도 갖춘, 규모가 꽤 큰 병원 이었다. 그는 여러 잡지와 신문에 병원광고를 싣기도 하였다. 〈매일신보每日申報〉 1933년 3월 23일 자(또는 1934년 9월 19일) 광고란을 보면 "京城婦人病院 附屬 姙娠相談所 라줌科=癌(암)과 院長 工藤武城 女醫 徐廷兒"로 나온다. 이로 보아 조선인 여의女醫를 한 명 두고 있었음을 알 수 있다. 또한 〈국사편찬위원회〉에서 제공하는 자료에 의하면 동경 메이지학원明治學院과 대한의원大韓醫院 부속 의학교 졸업생인 한민제韓民濟라는 조선인도 고용한 적이 있다. 참고로 한민제는 "한국기독교의 개척자"로 불리는 한석진韓錫晋[10]목사의 장남이다.

---

10 한석진(1868-1939)은 한국 장로교에서 최초로 목사 안수를 받은 7명 목사 중의 한사람이었으며, 장로교 최초의 신학교인 평양신학교 제1회 졸업생이었다. 그는 주체성이 강하여 "한국인 교회"로 불리는 安洞教會(혹은 安國洞教會)의 초대 목사이기도 했다. 이 "安洞教會"는 무교회주의자 우치무라 간조(內村鑑三)의 감화를 받은 김창제(金昶濟), 박승봉(朴勝鳳)등이 중심이 되어 설립된 교회였으며, 훗날 김교신 등의 한국 무교회주의자 모임에 도움을 주기도 했다(이덕주, 1988: 161-162; 노평구, 2001: 275; 2002: 17).

**그림 5. 경성부인병원 정원에서 요양하는 환자들**
Fig 5. The relaxing patients in the garden of the Kudoh Seoul Gynaecological Hospital (工藤武城, 1913)

아울러 〈매일신보〉(1913.5.4)에는 경성부인병원 원장 '工藤武吉'(工藤武城의 오자로 보인다-인용자)의 병원 경영을 엿볼 수 있는 기사가 언급되어 있다. 당시 외국의술에 치료받기를 거부하는 조선부인들을 위해서, 구도는 환자의 '위생'과 조선부인 환자를 다수 '치료'할 목적으로, '진찰권을 발행하여 진찰료와 약값을 반액으로 할인'하는 결정을 하기도 하였다. 이로 인하여 병원장의 '자선심을 사람마다 칭송'한다는 소식을 전하고 있다. 이로 보아 병원 경영도 잘 하였던 것으로 보인다.

사실 그는 '한국부인' 연구를 위해 안성맞춤인 경성의 '한성병원漢城病院'에 왔으나, 병원에 찾아오는 부인은 '마늘 냄새나는 한국인'이

아니라, '화장 냄새 풍기는 일본부인'이 대부분이어서 실망하였다고 한다. 결국 개인병원을 개원하였는데, 당시의 경성에서는 실력으로도 뛰어나 대한병원大韓病院과 한성병원은 그를 스카웃하고자 할 정도였다고 한다. 경성의 부인들 가운데서 그를 모르는 자가 없을 정도로 인기를 끌었다고 한 잡지 기자는 그를 소개하기도 하였다(ヒマラヤ山人, 1909: 65). 조선 부인의 내참을 바라는 그의 바람이 어느 정도 이루어졌는지는 알 수 없으나, 1913년 그의 저서 『부인의 양생婦人之養生』에 실린 환자들의 모습을 보면, 기모노를 입은 일본 부인들과 드레스를 입은 외국인 여성들이 보이는 것으로 보아 조선부인이 그의 병원을 많이 이용하였다고는 볼 수 없다. 아마도 그 당시에 병원이란 시설을 쉽게 이용할 수 있는 조선 사람은 극히 일부를 제외하고는 드물었을 것이다. 외국인 환자의 경우는 프랑스 선교사 뮈텔 주교와의 친분으로 인해 수녀들이 구도 병원을 많이 이용하였다(뮈텔주교, 1998b: 126-127, 474-475; 2002: 15-16, 60; 2008: 425, 427).

구도의 의학관련 지식은 대부분 '일어'로 보급되었다. 이는 재조 일본인 사회를 염두에 둔 것으로 볼 수 있다. 그러나 1912년에는 '조선부인의 위생사상 결핍'으로 인하여, 억지죽음이 많은 것을 염려한 '이태왕 전하(고종, 인용자 주)의 명을 받아', 『부인의 조섭』이라는 책을 한글로 출판하였다. 여기서 구도는 "여러가지 미신迷信과 부인의 생리生理에 대한 이해 부족으로, 공연히 겁을 내는 사람을 안심케" 하고, "부인병과 임신과 기타 산욕 등에 관한 지식"을 조선에 넓히고자 하였다(工藤武城, 1912: 서문 및 서언). 이 책은 4판이나 일본어로 간행된 『부인의 양생婦人之養生』(1907년)이라는 원고의 한글판이었는데, 알기 어려운 의학상의 용어를 피하고, '비근卑近'하고 '통속적'으로 쓰여

졌다.

완고한 유학자儒學者의 입장에서 보면 무례하고 방자한 느낌을 주는 삽화가 많이 들어 있다. 그러나 저자인 구도는 "오로지 학문을 충실하게 설명"하고, "세상에 부모되고 남편되고, 기혼자와 미혼자를 불문하고 모든 부인"을 위해 이 책을 썼다고 하였다(工藤武城, 1912: 2). 여기에는 그가 부인과 의사로서 부인과학 지식을 펼치려는 의지를 엿볼 수 있다. 더욱이 부인과 의사는 물론, 산파조차 일손이 부족하며, 변두리의 가정인 경우 더욱 비참했던 것이 조선의 형편이었다. 이러한 당시 상황에서 구도의 저서는 '일반인과 전문의와 산파가 없는 곳'에 '쉽게 이해되도록', 100개에 가까운 삽화를 곁들여 '가능한 조치'를 취할 수 있도록 하였다(工藤武城, 1928: 8).

또한 구도는 1931년 총독부 기관지인 〈매일신보〉 지면을 통하여 「암과 라듸움」(4.3-4.8)이라는 제목으로, 조선부인이 암癌으로 인하여 죽는 수효가 년 4만여 명에 달하며, 여자가 남자보다 약 세 배가량 많다고 지적한다. 자궁암과 같이 만약 생식으로 인해서 생기는 암만을 비교해보면, 여자는 남자의 11배 이상으로 수많은 암이 여자를 괴롭히는 무서운 병이라고 하였다. 결혼한 사람이 하지 않은 사람보다 더 잘 걸리며, 임신한 부인이 더 많이 걸린다고 주의를 요하기도 하였다. 이러한 암 치료에는 수술치료와 광선(=방사선)치료의 두 가지가 있는데, 구도는 라듐광선을 이용하는 것이 암 치료에 효과적임을 주장하였다.

이처럼 구도는 '최신의 부인과학적 지식'이라는 문명의 빛을 조선에 전파하고 보급하였다. 그의 의학 지식과 의료 행위의 혜택은 재조일본인 사회를 중심에 두었다고 할지라도, 피식민지 조선인에게도 적잖은 도움은 되었을 것이다. 그러나 이러한 '의학 지식'의 보급은 구도 자신의 의사와 무관하게, 어둠의 조선을 계몽하여 제국일본에 편입시키려는 총독부의 의도와 맞물려 있었다. 이러한 양자의 관계는 자치기구였던 경성거류민단의 해체(1914년)와 3.1 독립운동을 전후하여 점차 식민지 정책에 '협력'하는 관계로 기울어졌다.

그렇다면 그의 대표적인 의학 논문을 통해 이러한 '협력'적인 관계, 즉 식민지 정책으로 어떻게 편입해 가는가를 확인해 보자. 무엇보다도 구도의 글 중에서 당시에 가장 주목을 끈 글은, 조선총독부 기관지 『조선朝鮮』에 실린 「조선 특유의 범죄」(1929.3-1929.12)라는 다소 선정적인 제목의 논문이라 할 수 있다. 구도는 '조선부인의 남편살해에 대한 부인과학적 고찰'이라는 부제로 7회 연재하였는데, 이를 정리하여 1933년 3월에 『조선 특유의 범죄 남편살해범의 부인과학적 고찰(朝鮮特有の犯罪本夫殺害犯の婦人科学的考察)』이라는 단행본으로 간행하였다.

여기서 그는 조선 여자의 살해범 수가 일본 내지 여자의 9배이며, 대만여자의 30배에 가까운 수치를 보이며, 그 외의 프랑스와 독일 등의 여러 나라의 경우에도 남자 100명 당 많게는 15명, 적게는 8명에 지나지 않음에 비해, 유독 조선에서는 88명이라는 다수를 차지한다고 하였다. 특히 구도가 주목한 것은 조선여자의 살해범 가운데 '남편本夫 살해범'을 빼면, 조선에서의 남녀 살인범의 비율은 100명에 10명꼴이며, 이것은 일본 내지부인보다 낮은 비율이다. 따라서 조선여자의 남편살해범은 범죄 통계학상에서 볼 때, 달리 그 비류를 찾을 수 없는 '조선 특유의 범죄'로 규정하였다(工藤武城, 1933: 197).

구도는 이처럼 '통계'와 '비교' 자료를 이용하여 이러한 결론을 이끌어 내었다. 통계를 이용한 비교 방식은 단지 구도뿐만이 아니다. 총독부의 식민지 지배의 정당성을 확보하는 일반적인 방법이었으며, 조선총독부 촉탁의 관원들에게 흔한 조사방법이었다. 보고서의 제목들도 보통 '○○로 본 조선(…による/…に見る)' 또는 '조선에 있어서 ○○(に於ける)'라는 식이다. 이러한 방식은 조선의 지식인과 대중들을 계몽, 교화하기 위한 객관성 확보의 유용한 도구였다고 볼 수 있다. 구도는 총독부 소속은 아니었으나, 총독부 관리들로부터 '특별한' 편의를 제공 받았다(工藤武城, 1933).

조선부인의 남편살해에 주목한 것은 구도 이전에도 있었다. 1917년 당시 사법부장관으로 있던 고쿠분 산카이(國分三亥)가 「조선 부인의 남편 살인죄(朝鮮婦人の本夫殺罪)」라는 글에서 가장 먼저 언급한 바 있다. 여기서 고쿠분은 결론적으로 '남편 살인죄(本夫殺罪)'는 조선인의 성격, 교육, 풍속, 관습 및 혼인에 결함이 있음을 지적하였다. 말하자면, 조선부인이 지능이 떨어지고, 교육이 발달하지 않았으며, 잔인성이 있으며, 또한 '조선부인이 어릴 때부터 색정이 발달하고 정조를 지키는 것이 견고하지 않다'라는 것을 증명한다고 주장하였다(國分三亥, 1917: 6-23).

이러한 견해의 바탕위에 구도는 좀 더 엄밀하게, 범죄 주체인 부인의 ① 과거의 질환 · 신체 · 용모 · 성질 ② 환경 · 유전 ③ 초경初經과 결혼연령 ④ 미산未産 · 경산經産 · 산아 수의 관계 ⑤ 성욕상태 ⑦ 부인과질환 ⑨ 남편의 정신·신체·성욕의 이상 ⑩ 공범의 유무 ⑪ 범죄시의 월력月曆과 기온의 관계 ⑫ 월경 · 임신 · 수유와 범죄의 관계 등을 논하였다. 여기서 구도는 조선부인의 남편살해라는 현상은 '선천성 범죄'로서의 특징[11]인 누범累犯이 없고, 평소 잔인성의 모습도 발견되지 않았고, 유전적인 관계도 없다고 보았다. 남편살해는 '기회성 범죄' 중에 제한된 '지방적인 원인'에 의해 일어난 범죄로 판단하였다. 즉, 그것은 곧 조선 특유의 결혼 풍속과 관습이 낳은 병폐로서, 한마디로 '조혼早婚'의 문제였다고 보았다.

조혼의 병폐와 폐습에 대해서는 개화기 때부터 1920-30년대까지 여러 차례 꾸준히 지적되어왔으나, 어디까지나 고쳐야할 구습과 생리적·도덕적 차원에서 논했다. 그러나 1920-30년대는 조혼, 축첩, 가부장제 등 구시대 인습과 자유연애, 연애지상주의, 남녀평등 등 서구에서 도입된 신문화가 혼재되어 가정윤리가 극도로 혼란한 시기였다(전봉관, 2014: 146). 이러한 과도기 속에 조혼으로 인한 가출, 방화, 자살, 살인이라는 사건이 자주 신문지상에 소개되었다. 여기에 구도는 조혼으로 인한 병폐 중 '남편살해'라는 가장 극악한 결과만을 들어 '조선 특유의 범죄'로 연결시켰다. 이후, 〈동아일보〉 기자는 구도의 이러한 주장을 근거로 「本夫殺害의 社會的 考察」(1933.12.9.-1933.12.24)이라는 글을 실어, '조혼의 폐해'와 '남성 중심 사회'를 비판하기도 하였다. 결과적으로 범죄자 자신에게 책임을 묻기 보다는, 구제도와 관습에 따른 것으로 사회에 책임을 물어야 한다는 것으로 이해할 수 있다.

그러나 '남편살해'가 '조혼'에 따른 '조선 특유'의 범죄라고 하는

---

11 『朝鮮特有の犯罪 本夫殺害犯の婦人科学的考察』 에서 구도는 '근대 범죄학의 아버지'라 불리는 이탈리아의 체자레 롬브로조(Cesare Lombroso)의 학설을 많이 언급하며 설명하고 있다. 롬브로조의 '선천성 범죄'의 특징은 위에서 언급된 것 이외에 ① 정신·신체가 남자형에 유사 ② 월경이상·골격·연부조직의 기형 ③ 좌우비대칭 ④ 성욕상태의 이상 등을 구도는 들고 있다.

것은 과연 타당한가라는 것은 의문이다. 첫째는, 통계자료의 근거로써 '범인을 접하는 여감 단속(女監取締)'(工藤武城, 1933: 110)에게 의탁하여 결과를 산출하는 방식 등은 과연 객관성을 담보할 수 있는가, 하는 문제를 제기할 수 있다. 둘째, 남편살해의 원인인 '조혼'은 한국뿐만 아니라 일본에서도 국민건강을 헤치는 악풍으로 지적이 되어왔으며, 어느 정도 세계 각국에 공통하는 풍습이라 할 수 있다. 셋째, 만약 '남편살해'가 "조선 특유의 범죄"라는 꼬리표를 붙인다면, 에도시대에 생활고로 산아産兒를 죽이던 "마비끼(間引き)", 세계에 비교가 안 될 정도로 많다고 저자 자신도 걱정한 낙태落胎로 인한 "사산死産"[12] 등은, 구도의 논리대로라면 "일본 특유의 범죄"라 볼 수 있는 것과 같다.

이러한 구도의 '조선 특유의 범죄관'에 나타난 연구조사에 대해서는 재조일본인 내에서도 의문을 가졌다.

> …씨(구도-인용자)의 조사에 대한 약간의 의문점은 조선총독부 조사에 나타난 조선인 여자 범죄자 육백 명에 대하여 조사인원은 겨우 10%에 지나지 않는 점이다. 즉, 씨의 조사로 전체를 예단하기는 무리인 것이다. … 씨의 조사에 나타난 (조선부인의) 반항성, 집요, 흥분성, 순종적이라고 하는 내용과 기준이 과연 무엇인지 우선 혼란스럽다. … 이 조사를 절대적인 것으로 여기고 바로 전체를 추단하고자 하는 씨의 태도에(물론 우리는 씨의 설을 하나의 연구로 밖에 보지 않는다) 적잖은 우려를 느낀다. … 범죄자의 잔인성 유무를 논하는 것은

---

12 구도는 일본의 연 출생아 150만 가운데 死産이 10%에 해당하는 15만 명에 이른다고 하였고, 특히 범죄적 유산이 많음을 걱정하였다. 이와 관련하여, 工藤武城, 1923: 10-15; 1927: 43-49 참고.

> 무엇을 의미하는가. 살인 자체가 이미 잔인성을 구체적으로 드러낸 이상, 이를 범한 범죄자에게 그 유무를 묻고, 게다가 행동과 의사표시에 가장 제약을 받는 감방에서 여죄수를 조사대상으로 삼았다. 뿐만 아니라 조사 그 자체를 간수에게 행하도록 한 점은 엄밀한 의미에서 대단한 모순이며 염려스러운 점이다(岩本萬翠, 1937: 64-65).

뿐만 아니라, 남편살해와 같은 일이 벌어지는 이유의 하나로써, '여자의 인격무시'를 또한 조선 특유의 풍속과 습관으로 구도는 말하고 있다. 그것을 지나치게 강조하기 위함인지는 모르겠으나, 원문 인용에 있어서 남녀 모두를 뜻하는 노비奴婢를 구도는 '여자노비'만을 뜻하는 비녀婢女로 인용하는 잘못을 여러 군데서 범하고 말았다(工藤武城, 1933: 170-171).

한편 구도는 남편살해범을 도별道別로 구분하여 '일본내지에 가까울수록 적다'라는 결론을 통하여 일본인의 인종적 우위를 드러내고자 하는 의도를 보였다[13].

> …대체적으로 남쪽지방에 적고 북쪽지방으로 올라갈수록 증가하며, 경상남도와 황해도를 대비하면 약 10배의 비율에 달한다. 환언하면, 일본내지에 근접할수록 적고, 만주국에 가까울수록 많다. … 근래 혈액형학이 진보함에 따라 남부조선(한강 이남-인용자)은 일본내지의 형에 가깝고, 북상할수록 그 유사농도가 감소한다고 한다. 여자 살해범의 수도 이와 같아, 장래 혈액형학·유전학·인류학·민족학의 진보에 따라 이 관계가 분명해질 것으로 기대할 수 있다(工藤武城, 1933: 26).

---

13 이와 관련해서는 홍양희, 2013: 605-608 에서 좀 더 구체적으로 구도의 모순을 지적하고 있다.

구도는 남편살해를 '민족병'이라 하였다(工藤武城, 1933: 211). 이와 더불어, 조선에서 자신의 사명을 내비친 글을 보면, 한국민족은 "겁이 많고 게으르며, 불신적이며, 시기와 의심이 많고, 신뢰의 미덕이 부족하다"고 판단하고, 이러한 '민족의 유전을 소멸'하고, '문명의 빛'을 입게 하겠다고 하였다. 이것은 그가 "민족의 우량종을 보존하고, 거기서 태어난 아동을 전국민적으로 힘을 합쳐 애호할 것"(工藤武城, 1930a: 10)을 주장한 민족우생학적인 관점과 연결지어 생각해 볼 여지가 있다. 그는 산부인과 전문의로서 '범죄자와 정신병자'의 경우는 '산아제한' 혹은 '산아금지'를 거리낌 없이 실시할 것을 주장하였다(工藤武城, 1930c: 24). 단, 개인의 안일과 경제적인 문제로 산아를 제한하는 것은 반대하였으며, '국력'의 관점에서 "진보한 과학을 극단적으로 응용"하여 '양질의 혈통'을 많이 낳기를 희망하였다. 심지어는 아동을 '국유화'하여 민족의 힘을 향상하고자 하는 바람도 드러냈다[14]. 이것은 인구증산정책이 국력으로 이어진다고 본 것이며, 식민지 조선인으로 하여금 '충량한 황국신민으로 양성'하고자 하는 조선총독부의 정책과 궤를 같이하는 것으로 이해할 수 있다.

구도는 피상적으로는 '통계'와 '비교'라는 도구를 이용하여, 보다 이해하기 쉽고 객관적인 접근을 시도하는 외투外套를 입히긴 하였다. 그러나 거기에는 피식민지의 문화적 야만성을 드러내고, 내지(일본)

---

14 구도의 이러한 주장은 미국의 여성 사회개량가인 마거릿 생어(Margaret Sanger 1883-1966)의 산아제한 운동의 영향과 함께 1920-30년대 개인주의와 경제적 빈곤의 문제로 산아제한 담론이 제기된 점, 그리고 일본의 유아 사망률이 세계에서 가장 높은 점 등이 그로 하여금 양질의 인구증산을 주장하게 만든 계기가 된 것으로 보인다. 이와 관련된 요지의 글들은 工藤武城, 1922; 1923; 1927; 1930a; 1930b; 1930c; 1931; 등이 있다.

와의 차이를 비교해 보임으로써 식민지 지배의 정당성을 획득하고자 한 목적이 담겨 있었다. '조선 부인의 남편살해'를 처음 언급했던 고쿠분 산카이는 사법부 수장이 되기 이전, 고등법원검사장 시절에는 '아편과 코카인 주사를 맞고 쾌락을 탐하는 일'과 '과부를 약탈하여 부인으로 삼는 일'도 조선 특유의 범죄라 하였다(國分三亥, 1912: 43-44). 이렇게 볼 때, '조선 특유'라는 수식어도 식민지 정책의 정당성을 합리화하기 위한 식민지 지배자측의 관용적인 표현에 지나지 않는 것이다. 결과적으로 구도와 같은, 과학으로 무장된 지식인을 통하여 식민지하의 조선은 '여성 범죄 국가'로 인식되기 시작하였고, 조선 지식인들은 그들의 논리에 수긍하고 전파하며 동조할 수밖에 없었다.

### 2) 유교 방면의 탐색

구도 다케키에게 학문적 · 사상적 · 교양적 배경이 되는 유교와, 그 외 관련성에 대한 연구는 그를 이해하는 한 방편이 된다. 또한 그가 식민지 조선을 이해하고 제국일본에 협력하는 중요한 매개이기도 하다. 구도의 '정신적' 배경에 자리 잡고 있는 구마모토의 유학적 계보는 주자학적 요소와 실학적 요소를 들 수 있다. 그리고 천황중심 · 국가주의와 결합된 유교 이해의 제요소들을 바탕으로 구마모토 학맥을 형성한 것은 이미 서술하였다.

앞서 의료 방면의 탐색에서 자신의 전공인 부인과학 지식을 바탕으로 식민지 정책에 어떻게 협력해 갔는가를 보았다면, 여기서는 비전공인 유교 방면의 탐색을 통해서 좀 더 적극적이고 노골적으로 황국신민화를 선전하는 구도의 모습을 볼 수가 있다. 전자가 의료를 통해 '육체적' 지배를 정당화하였다고 한다면, 후자는 문교文敎를 통해 '정신적' 지배를 정당화 하고자 한 의미를 읽을 수 있다. 따라서 여기서는 구도의 일상의 취미와 문예 활동을 단서로 하여 '정신적' 지배를 살펴보고자 한다.

부인과 의사인 구도의 일상에서 유학자儒學者적인 취미를 확인할 수 있다. 그는 '한시漢詩 짓기'와 '글쓰기'에 뛰어 났으며, '국화 가꾸기'를 즐겼다. 또한 오래된 벼루를 수집하는 '고연古硯 마니아'였으며, 역사를 좋아하는 '역사광'이었다(工藤武城, 1925: 5). 전공서적은 물론이고, 다방면의 독서를 즐기는 '독서도락가'이기도 하였다.

구도는 '서화書畵'에 뛰어났으며, '서법書法'에 대해서도 '추사 김정희'와 '조선 서도書道의 법맥'을 논할 정도로 나름의 감수성과 교양이 있었던 것으로 보인다(工藤武城, 1941: 20-22). 〈조선미술전람회〉에서 '초서체'와 '해서체'로 된 작품을 전시하여 수상하기도 하였으며, 같은 '서書' 부분에 공헌한 자 20여명이 모여 '단청동호회丹青同好會'를 결성하여 활동하였다.[15]

그는 자주 한시를 지었다. 퇴계 이황의 서적을 읽고 자신의 출신 지역의 학맥과 퇴계 학통과의 관련을 초서체와 행서체를 섞어 쓴 필적을 남기고 있다(工藤武城, 1936: 61).

---

15 〈매일신보〉(1922.1.17.)에 의하면, '단청동호회'는 '조선예술계에 공헌한 자들의 집합'이라고 한다. '조선예술계에 공헌한 자들'이란 〈조선미술전람회〉 '서(書)' 부분에 당선된 사람들의 모임을 뜻하는 것으로 보이며, 이들은 정기적으로 모임을 갖고 시필(試筆)하기도 하였다.

벼루 수집가였던 구도는 어느 날 퇴계가 쓰던 벼루를 구하고서, "책상 곁에 놓고 아침 저녁으로 애용"할 정도로 애착을 갖고 있었다(工藤武城, 1940: 3). 그는 그것으로 「퇴계가 아끼던 벼루에 대한 감상(題李退溪遺愛硯)」[16]이라는 제목으로 지은 칠언절구의 한시를 남겼다(工藤武城, 1936: 61).

**그림 6.구도의 1923년 제2회 조선미술전람회 출품작, 「초서지가(草書之歌)」(좌), 「추풍(秋風)」(우)**

Fig 6. The 2nd Chosŏn Art Exhibition Work 1923, *Sosho no Uta(left) Aki no Kaze*(right)
(朝鮮寫眞通信社, 1923)

16 같은 시가 다른 곳에서도 언급된 적이 있는데, 처음 나온 시기는 1925년11월의 「교육칙어의 원천과 조선」(工藤武城, 1925)에서 나왔으며, 다시 1934년9월에 출판된 『일본의 교육정신과 이퇴계』의 권두에 사진으로 실려 있다. 위의 사진은 『일본의 교육정신과 이퇴계』에 실린 것이며 원문과 번역은 인용자가 따로 쓴 것이다. 1925년에 언급된 시는 다음과 같다. "硯池湧出退溪流 滾滾今猶不暫休 何幸四民蒙德澤 垂倫王道及千秋"

| 원문 | 번역 |
|---|---|
| 硯池想看退溪幽<br>滚滚水猶流不休<br>誰識當年磨黑手<br>補來王道及千秋 | 먹물을 보니 퇴계의 깊은 정취를 떠올리네<br>세찬 물결이 쉽이 없도다<br>누가 그때의 검은 먹을 갈던 손길이<br>왕도(조선과 일본)와 긴 역사를 도와 왔음을<br>알리오 |
| 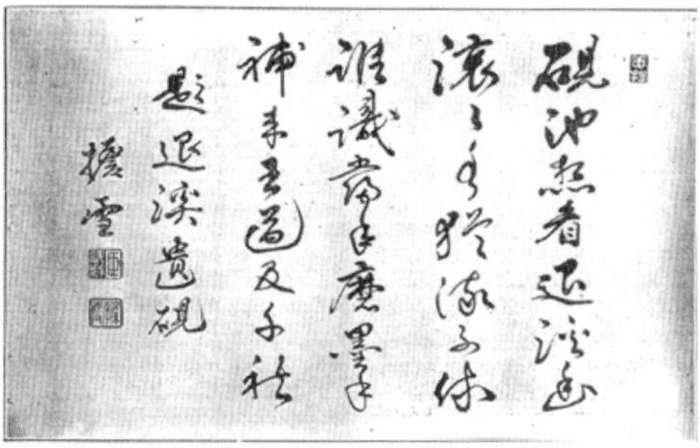 | |

**그림 7. 퇴계가 아끼던 벼루에 대한 감상(題李退溪遺愛硯)**
Fig 7. Poem about Toegye's favorite inkstone
(高田誠二 · 藤原一毅, 1934)

위의 시에서 퇴계의 학문이 조선뿐만 아니라 일본에도 영향을 끼쳤음을 언급하고 있다. 이처럼 구도는 유학자적 취미라 할 만한 여유를 식민지 조선에서 즐겼는데, 그 자신은 유학자 중에서 퇴계 이황에 대해서만 깊은 관심을 표시하였다. 오직 "퇴계의 학문만이 쉼 없이 조선과 일본의 역사를 도왔다"고 하였다. 이처럼 조선의 유학자에 대한 존경을 드러낸 그였지만 결코 조선유학자 일반이 아니며, 조선에 끼친 유교적 문화와 윤리 모두를 긍정하는 것은 더더욱 아니었다.

'의학방면의 탐색'에서 언급한 조선 특유의 범죄 문제로 돌아가서 살펴보면, 구도는 조선 특유의 범죄, 즉, 조선이라는 '지방적' 범죄의 원인으로서 "예부(預夫=兒童婚) · 예부(預婦=幼女婚)의 조혼, 매매혼賣買婚,

사역혼使役婚, 비녀婢女, 유교 중독 등 여자의 인격무시, 이혼의 불가능 등이다"라고 하였다(工藤武城, 1933: 219). 한마디로 그는 '조선의' 유교 문화와 관습에 따른 영향'이라고 그는 본다.

> 이러한 사회병의 증상을 초래하는 원인은 조선 특유의 관습과 풍속, 즉 특종의 결혼방식 · 조혼 · 이혼의 불가능, 여자의 인격무시에 존재하는 것은 분명하다. 이러한 사회악에 대하여 원인을 규명하지 않고 단지 윤리만으로 이를 억압하고자 하는 것은 가장 어리석은 짓이다. 유교 특히 주자학파의 보급이 가장 완전한 조선에서 세계에 유類가 없는 이런 종류의 범죄와 같은 현상을 보이는 것만 봐도 그 효과가 전혀 없음을 알 수 있다(工藤武城, 1933: 211).

즉 구도는 유교의 가르침 자체를 부인하는 것이 아니라 '조선 지역의 유교문화'를 비판하는 것이 『조선 특유의 범죄 남편살해범의 부인과학적 고찰』이었다. 책에서는 가장 근본적으로는 "부인생리婦人生理의 지식을 보급하고 국가조직의 단위인 혼인생활을 생리적인 도리에 따르도록 함에 있다고 믿는다"라고 끝맺고 있다. 이것은 조혼이 남편살해라는 범죄로 이어졌으며, 거기에는 조선의 유교적 원리를 부정하려는 의도를 갖고 있다고 보인다.

위에서 살펴본 대로 구도는 전공인 부인과 지식은 물론이고 유교적 교양 및 인문학적 견식도 어느 정도 갖추고 있었다. 그는 「유교 및 불교가 조선의학에 끼친 영향」이라는 글에서 유교가 조선의학에 끼친 영향이 지대함을 인정하였다. 그러나 여전히 세상의 진보와 추이에 대해서는 닫혀있으며, '독창적인 점이 하나도 없음'과 동시에 한 걸음도 전진하지 못하여 '완전히 화석화 되어' 버렸다고 보았다(工藤武城, 1911). 이 부분도 앞서 『조선 특유의 범죄 남편살해범의 부인과학적 고찰』에서 그가 조선의 유교문화를 비판한 점과 맥을 같이 한다. 그럼에도 불구하고 퇴계를 앞세우는 것은 다만 '내선융화內鮮融和의 표상'으로 요구되었기 때문이다(강해수, 2004: 239).

『일본의 교육정신과 이퇴계』라는 책의 서문에서, 구도는 주자학을 국가 지도정신으로 채택한 조선은 예의, 형식, 명분을 더욱 고조함으로써 치국의 방편으로 삼았으나, '곡학아세의 부패한 유학자'와 '붕당朋黨의 싸움'을 양성하였다고 비판하였다. 결국 "형식도덕의 완고하고 협소頑陋한 모양을 이루어 폐해가 백출하는 상태"가 되어버렸다고 진단하였다(工藤武城, 1934: 13). 유교 자체의 문제라기보다 화석화되고 정체화된 '조선의 유교문화의 병폐'를 지적하고 있다. 이것은 앞서 유학적 계보에 나타난 구도의 학맥에서 언급한 시습관時習館의 형식적이고 관념적인 것에서 탈피하여 참된 주자학, 실제적인 학문을 살려 보자는 실학당의 입장과 유사한 점을 읽을 수 있다.

구도의 이러한 입장은 그가 소장한 '퇴계초상退溪肖像'에 나타난 이미지와 관련해서도 이해할 수 있다. 일제 강점기에 '유교의 근대화'라는 명목으로 조선의 문인적 이미지가 아닌 젊고 강인하며 '엄격하고 무인적武人的'인 이미지로서의 일본적 유교(최재목, 2008: 13)를 지향한 점을 들 수 있다. 뿐만 아니라 '뜨뜻미지근한 유교적 가르침이 아니라, 충분히 일본의 국수에 동화된 국민정신 국민도덕을 계발하고 함양해 온 황도적 유도皇道的儒道'로 대체하고자 하였던 것이다(高橋亨, 1939: 27). 왜냐하면 퇴계에 대한 구도의 관심과 언급은 오직 '교육칙어敎育勅語'와 관련해서만 언급하고 있다는 점을 주목할 필요가 있다.

이와 관련하여, 퇴계의 서적을 읽고 쓴 「독이퇴계집讀李退溪集」17이라는 제목의 시를 보면, 퇴계의 영향이 일본에 들어와 그것이 일본정신에 주조된 '교육칙어'를 통해서 다시 조선을 새롭게 회생시킬 것이라는 기대를 보였다. 원문을 번역하면 다음과 같다.

| 원문 | 번역 |
|---|---|
| 退溪水注扶桑深 | 퇴계학문의 물길(흐름)이 일본(扶桑)에 깊이 흘러 |
| 兩野汲之傳至今 | 退野·東野 두 사람이 이를 길어 오늘날에 전하니 |
| 請看先皇優詔下 | 선황(메이지천황明治天皇)께서 보시고 훌륭한 칙어를 내리시니 |
| 文華再發古鷄林 | 칙어의 훌륭한 내용(文華)이 옛 조선(鷄林)의 학풍을 다시 일으키리라 |

**그림 8. 독이퇴계집(讀李退溪集)**
Fig 8. Reading Toegye's books
(高田誠二 · 藤原一毅, 1934)

---

17 이 시에 구도는 작은 글씨로 '양야(兩野)는 오츠카 타이야(退野)와 모토다 토야(東野)를 말하며, 퇴계의 학문을 높였다. 모토다는 메이지 천황 때, 시강직을 받들어 교육칙어를 기초하였다' 고 설명을 덧붙이고 있다. 이 시에 나오는 '부상(扶桑)'은 전설에 '해가 돋는 동쪽 바다'이며, 그 나라를 '동쪽 바다 속에 있다는 상상의 나라'로 '일본'을 가리키는 말로 보이며, '優詔'는 '교육칙어'를 나타낸다. 그리고 '계림(鷄林)'은 원래 경주(慶州)의 옛 이름이며, 신라의 다른 이름으로써, '우리나라'를 이르던 말이다, 따라서 여기서는 '조선'을 의미한다고 볼 수 있다. 앞서 언급된 「퇴계가 아끼던 벼루에 대한 감상(題李退溪遺愛硯)」과 마찬가지로, 1925년에 처음 쓴 시와 약간의 글자 차이가 있다. 1925년에는 1행에 '퇴계수주박상심해(退溪水注搏桑深海)'로 되어있고, 나머지는 동일하다.

결국 그가 하고 싶었던 말은 『일본의 교육정신과 이퇴계』(1934년)에서 언급한 다음과 같은 말일 것이다.

> 다행스럽게 조선의 십팔유현十八儒賢 가운데 빼어난 퇴계의 학통이 일본에 들어왔고, 여기에 타이야(退野)와 토야東野가 새로운 생명을 담아서 교육성교(教育聖敎, '교육칙어'를 뜻함-인용자)를 이루었다. 이것이 팔도 방방곡곡의 민중을 구하고 계림鷄林을 회생시키는 바탕이 된 것이다[18](工藤武城, 1934: 14).

이 말을 시로 나타낸 것이 「독이퇴계집」이다. 〈교육칙어〉의 정신은 천황이 나스리는 일본국의 '국체를 보호하고 유지'하는 것이며, 그것을 '도울 신민을 양성'하는 것을 기본바탕으로 삼는다. 이것을 소위 '황도정신'이라 부르며, 그 황도정신 위에 유교적 덕목들을 올려놓은 것으로 교육칙어는 형성되어 있다. 구도는 여름철 더위를 이기는 방법에 대하여 '어제(御製, 천황이 지은 글-인용자)를 삼가 읊으면서 마음을 시원하게 하고, 천직에 힘쓸 뿐'(工藤武城, 1917: 74)이라고 하였다. 이것은 천황에 대한 존경을 바탕으로 부인과의사로서의 책임을 다하겠다는 뜻을 나타내고 있다. 구도가 〈교육칙어〉에 대한 얼마만큼의 존경과 열심을 갖고, 그것을 자신의 사명으로 여겼는지는 다음의 말에서 분명히 드러난다.

---

18 퇴계와 구마모토 실학당과 관련해서는, "오츠카 타이야, 요코이 쇼난, 소위 구마모토 실학당의 계보에 이어지는 모토다가 이퇴계를 존경했다 하더라도 별로 놀랄 일은 아니다. 그러나 그것은 어디까지나 일본에 대한 충성심이 있고 나서의 이야기다"(井上厚史, 2010: 66)라고 한 것은 참고할 만하다.

> 나는 교육칙어가 세상에 나온 이러한 경위가 있다는 것을 알기에, 이를 무한한 감사로 여기고, 매일 아침 이를 배독하는 일을 게을리 한 적이 없다. 영국과 미국에 가면 영어로 번역하고, 프랑스에 있으면 불어로 번역하고, 독일에 있으면 독일어로 번역하여 그 국민에게 읽혀주었다. <u>그들도 장래에 일본 국민이 될 것임을 믿기 때문이다. 나는 장래 세계는 반드시 일본의 황도皇道에 의해 통일되는 시대가 올 것을 확신하는 사람이다</u>. 이 신념하에 매일 아침 국어의 칙어를 배송하고 다음으로 조선어와 중국어로 하고 끝나면 세계의 대표언어인 영어, 불어, 독어로 배송한다(工藤武城, 1936: 53-54 밑줄은 인용자).

심지어 구도는 '라틴어' 번역도 필요하다고 생각하여, 명동의 로마가톨릭교회의 뮈텔 신부에게 도움을 청한 적도 있었다(工藤武城, 1936: 54). 뿐만 아니라 불란서동호회佛蘭西同好會에 가입한 것으로 보아 '불어'에 대한 관심도 드러내었다(매일신보, 1931.1.30). 이러한 점을 고려할 때, 구도 역시 일본적 유교, 즉 황도유교皇道儒教에 동조하고 있었음은 의심의 여지가 없다. 퇴계의 학풍이 일본 및 구마모토의 학통에 끼친 역사적 사실은 틀림없는 것이나, 구도가 퇴계를 필요로 한 것은 식민지 조선의 국민을 황국신민화하기 위한 정책인 '내선일체內鮮一體'의 필요성에 동조한 결과이다.

퇴계와 관련된 구도의 언설은 결코 순수하게 퇴계를 찬양하고 있다기보다, '조선의 방방곡곡의 민중을 구하고 조선을 회생시킬', '거룩한 가르침(聖教)'인 「교육칙어」를 강조하기 위한 것이며, 조선총독부의 '내선일체' 정책에 순응시키고자 한 의도에서 나왔다. 그가 총력전 체제로 이어지는 비상시국에 '황도정신에 기초하여 유도儒道의 진흥을 도모'하고자 설립된 〈조선유도연합회〉에 상무이사常務理事로 이름을 올린 것도 우연은 아닐 것이다(매일신보, 1941.12.18).

의학 방면에서 이미 살펴보았듯이, 구도는 남편살해와 같은 조선 특유의 범죄가 일어나는 원인으로 '조혼'과 '여자의 인격무시'를 들었다. 이것을 근거로 그는 조선의 '남성' 중심 사회를 비판한다. 나아가서 이러한 조선사회의 문화·관습에 영향을 끼친 것은 결국 '주자학'이라 규정하고, 주자학적 유교문화의 조선사회는 '독창적인 것이 전혀 없다'고 보았다. 이러한 관점의 논리적 귀결로써, 그는 독창적이고 세계적인 문화 · 학술은 일본화된 유교(황도유교)라고 보았고, 이것을 조선인들에게 주입하고자 하였다. 구도의 황도유교적 이해는 조선사회가 남성의 지배에서 벗어나 '천황'의 지배하에 들어가야 된다는 맥락에서 이루어지고 있는 것이다. 이것은 조선 여성의 남편살해가 '일본 내지內地에 가까울수록 적다'라는 구도의 묘한 논리와 연결된다. 결국 '황국신민'을 양성하기 위해서 조선 여성은 조선 남성에게 몸과 마음을 맡길 것이 아니라, '교육칙어'를 내면화하여, 천황에게 순종과 복종을 바칠 것을 강요하려는 것이었다.

이는 황조신皇祖神인 아마테라스오미카미(天照大神)와 메이지천황(明治天皇)을 제신祭神으로 삼는 조선신궁朝鮮神宮의 천좌제遷座祭와 관련해서 올린 축문에 분명히 드러난다. "신의 가호가 맑은 거울 속에 있듯(神守如在明鏡中), 광채가 팔도를 비춤에 막힘이 없으리(光照八道無障塞)"라는 축문의 일부를 보면, 구도는 '황실의 신神이 조선국을 보호할 것'이라는 믿음을 나타내고 있다(横田康, 1926: 17). 또한 1929년에 그가 역원으로 활동한 「동민회同民會」에서는 '동민同民정신의 함양과 부식'을 위해 '동민총서'가 발간되었다. 그는 이 책에서 '의학상에서 내선內鮮의 교섭'을 논하면서 아마테라스오미가미와 함께 경성신사京城神社에 모신 두 신, 오오아나무치노가미(大穴牟遲神)와 스쿠나히코나노가미(少彦名

神)를 조선의학과 일본의학의 공통된 의조醫祖로 역설하면서 "일본과 조선은 원래 한 가족이다"(桑槿元來是一家)라고 하였다(工藤武城, 1929: 서문, 50).

이렇듯 구도는 '내선일체'와 '황국신민화' 정책에 자신의 부인과학 지식과 황도유교를 교묘하게 결합하는 방식으로 '의료보국醫療報國'과 '문교보국文教報國'에 협력하였던 인물이었다. 그가 조선에 와서 행한 퇴계 관련 모든 활동은 퇴계가 '교육칙어' 형성에 영향을 끼쳤다고 보기 때문이다. 그러나 그는 조선의 퇴보적이고 형식적이며, 완고하고 왜소한 유교문화 탓에 조선의 회생은 어렵다고 보았다. 그 대안은 오직 '황도정신'으로 새롭게 주조하는 것이었다. 황도정신으로 만들어진 교육칙어만이 조선을 회생시킬 것이라고 여겼다. 따라서 그의 퇴계 선양은 그 일환으로 이루어진 것이라 할 수 있다.

## 4. 맺음말

구도 다케키(工藤武城)는 1905년 조선에 건너와 〈경성부인병원〉 산과부인과 의사로서 뿐만 아니라, 재조일본인 사회의 유지로서 폭넓은 활동을 하였다. 이렇게 비중 있는 인물임에도 불구하고 지금까지의 연구는 그의 의학 부분에만 집중이 되어 왔다. 이 때문에 그에 대한 이해가 특정 분야에 한정되어 있었다. 따라서 본 연구는 지금까지 다루지 않았던 구도의 '의학'과 '황도유교'의 관련성에 집중하여 논의함으로써 다음과 같은 점을 확인할 수 있었다.

첫째, 구도는 경성부인병원京城婦人病院 의사로서 '의학' 관련 분야만이 아니라 '비의학' 분야를 포함하여 280편 이상의 많은 업적을 남겼다. 그의 글쓰기는 '의학 · 의료', '재조일본인 유지', '저술·문예' 활동 관련으로 구분되며, 이를 통하여 그는 조선문화의 '유전遺傳'을 바꾸고자 하였다.

둘째, 구도는 의사로서 조선의 부인들이 처한 환경에 대하여 동정적인 입장을 보여주었고, 최신 부인과학적 지식을 대중매체를 통해 전달하고자 하였다. 유교의 가부장제 아래에서 남성중심 사회에서 자신들의 권리를 제대로 받지 못하는 여성들에게 관심을 보였고, 병원비 할인 및 부인과의 의학지식 전달에도 노력한다. 그러나 그의 대표적인 『조선 특유의 범죄 남편살해범의 부인과학적 고찰』 등에서 보인 통계와 비교 자료를 활용한 그의 설명 방식에는 모순이 적지 않다. 식민지 조선에서 이루어진 '위생', '분만', '인구', '아동', '우생' '산아제한' 등의 소재를 다루는 그의 글을 종합하면, 그는 결국 '일제의 이익' 편에 서 있었다고 할 수 있다. 즉 일본의 '부국강병'을 위한 방편으로써 '우량아'를 보호하며, 일제를 향한 충군애국의 '황국신민'을 많이 생산하는데 시선이 향해 있었다.

셋째, 구도는 '천황중심·국가주의'를 건학정신으로 삼은 세이세이코(濟濟黌) 출신이며 또한 그의 가계는 퇴계를 모범으로 삼는 구마모토(熊本) 실학당의 치국안민·이용후생·실천궁행적인 학문경향의 계보를 잇는다. 따라서 그는 서로 대립하는 두 개의 사상조류를 동시에 이어 받았다. 이러한 유교적 이해의 경향은 부인과 의사라는 그의 직업 속에서 자연스럽게 구체적으로 구현되었다. 여성의 문제에 초점을 두었던 그가 조선의 남존여비로 인한 여자의 인격무시, 부인의 생리를 전혀 고려하지 않는 결혼정책 등의 병폐를 모두 조선의 완고 · 고루(頑陋)한 유교 문화에 돌리는 것은 결국 필연적이었다고 볼 수 있다. 그가 조선의 유교문화에 부인과 의사라는 전문적 지식을 통해서 메스를 대었던 것은 구도의 '의학'과 '황도유교'의 관련성을 잘 보여주는 대목이다. 『조선 특유의 범죄 남편살해범의 부인과학적 고찰』과 같은 타이틀은 언뜻 보면 조선부인의 잔인성을 드러내는 것처럼 보이나, 실은 남성우월주의로 인한 어긋난 조선의 남성을 비판하는 것이었다. 또한 동시에 '조선부인'이 고루한 유교문화의 '남성' 중심에서 탈각하여 근대적 합리적 사회인 일본의 '천황' 지배하에 진입해 가야 함을 권장하는 것이었다. 이를 위해 구도는 '내선일체'를 수월하게 추진하는 최적의 중개물로서 퇴계라는 표상을 활용하여 조선인을 회유하고자 하였다. 그 핵심은 바로 '황도정신'에 입각한 일본적 유교 즉 '황도유교'로 조선의 유교문화를 대체하려는 것이었다. 그는 '천황중심'이라는 제도와 '교육칙어'라는 소프트웨어를 통하여 조선민족의 '정신적 유전자'를 개량하여 일제의 문명적 틀에 편입시키고자 하였다.

구도는 '국가주의적 의식'이 강한 구마모토 출신으로 청·일, 러 · 일 전쟁 시기에 청년시절을 보냈다. 그는 이런 분위기와 정신적 바탕 위에서, 당시 일제가 추진하던 식민지 조선 개발에 직간접으로 참여하며 혜택을 충분히 누렸다. 일제가 추진하던 '황국신민화' · '내선일체'라는 기획 안에서 그의 의료 및 의학 활동 또한 이루어지고 있었다.

마지막으로 구도는 흥미롭게도 불교에도 많은 관심을 기울이며 적지 않은 글들을 남겼다. 아마도 이것은 그가 일제의 보이지 않는 종교 통치의 아젠다에 붙들려 있음을 시사하는 대목이다. 이에 대한 연구는 다음 기회로 돌린다.

• 키워드 : 남편(본부=本夫)살해, 황도유교, 교육칙어, 이퇴계, 내선일체, 황도정신

# 참고문헌

## 〈자료〉

국사편찬위원회, 「국외항일운동자료: 일본외무성기록 同民會 創立總會 및 發會式의 狀況에 관한 件」, 한국사데이터베이스, 1924. 04. 25, http://db.history.go.kr/item/level.do?itemId=haf&setId=695524&position=0. 검색일: 2015. 09. 03.

국사편찬위원회, 「조선총독부관보 제5284호(昭和): 彙報-官廳事項-軍事-日本赤十字社錄事」, 조선총독부관보 데이터베이스, 1944. 09. 13, http://gb.nl.go.kr/gb.aspx?id=GB_19440913_CA5284_G0009. 검색일: 2015. 8. 25.

국사편찬위원회, 「한국근현대인물자료:한민제(韓民濟)」, 한국사데이터베이스,http://db.history.go.kr/item/level.do?itemId=im&setId=173070&position=0. 검색일: 2015. 08. 15.

노평구, 『김교신전집』 2권 (서울: 부키, 2001).

노평구, 『김교신전집』 5권 (서울: 부키, 2002).

뮈텔주교 저, 『뮈텔주교일기4』, 한국교회사연구소 역주(서울: 한국교회사연구소, 1998a).

뮈텔주교 저, 『뮈텔주교일기5』, 한국교회사연구소 역주(서울: 한국교회사연구소, 1998b).

뮈텔주교 저, 『뮈텔주교일기6』, 한국교회사연구소 역주(서울: 한국교회사연구소, 2002).

뮈텔주교 저, 『뮈텔주교일기8』, 한국교회사연구소 역주(서울: 한국교회사연구소, 2008).

성대경, 『친일반민족행위진상규명 보고서Ⅲ-4』, 친일반민족행위진상규명위원회(서울: 현대문화사, 2009).

이덕주, 『나라의 독립 교회의 독립』(서울: 기독교문사, 1988).
이사벨라 버드 비숍, 『한국과 그 이웃나라들』, 이인화 옮김(파주: 살림출판사, 1994).
임성모 편, 『조선과 만주 총목차 · 인명색인』(서울: 어문학사, 2007).
전봉관, 『경성고민상담소』(서울: 민음사, 2014).
체자레 롬브로조, 『범죄인의 탄생-범죄인에 대한 인류학적 분석』, M. 깁슨, N.H. 래프터[공]편역, 이경재 옮김(서울: 법문사, 2010).
체자레 롬브로조, 『여성범죄인매춘부와 일반여성』, M. 깁슨, N.H. 래프터[공]편역, 이경재 옮김(서울: 한국형사정책연구원, 2013).
京城都市計劃硏究會, 『朝鮮都市問題會議錄』(京城: 京城都市計劃硏究會, 1936).
京城府, 『京城府史』(京城: 京城府, 1934).
京城府, 『京城府史』(京城: 京城府, 1936).
京城新聞社, 『大京城公職者名鑑』(京城: 京城新聞社, 1936).
工藤武城, 「名士の朝鮮観」, 『朝鮮』 7 (1908), pp.20-21.
工藤武城, 「儒教及び佛教が朝鮮医学に及ぼせる影響」, 『朝鮮』 37 (1911), pp. 25-27.
工藤武城, 『婦人의 調攝』(京城: 京城婦人病院, 1912).
工藤武城, 『婦人之養生』(京城: 京城婦人病院, 1913).
工藤武城, 「暑中と吾輩」, 『朝鮮及満州』 122(1917), p.74.
工藤武城, 「産児制限の可否」, 『朝鮮及滿洲』 173(1922), pp.99- 101.
工藤武城, 「施療産院の設立を提唱す」, 『朝鮮社会事業』 3-7(1923), pp.10-15.
工藤武城, 「教育勅語の源泉と朝鮮」, 『朝鮮仏教』 19 (1925), pp. 4-7.
工藤武城, 「女性犯罪としての堕胎」, 『朝鮮及滿洲』 232(1927),pp.43-49.
工藤武城, 『婦人之養生』(京城: 京城婦人病院, 1928).

工藤武城,『医学上より観たる内鮮の関係』(京城: 同民會出版部, 1929).
工藤武城,「児童愛護の根本問題」,『朝鮮社会事業』8-5(1930a), pp.10-12.
工藤武城,「女子参政権と分娩率」,『朝鮮及満洲』270(1930b), pp.40-42.
工藤武城,「医学より観たる人口調製」,『朝鮮社会事業』8-9(1930c), pp.21-25.
工藤武城,「婦人科学より観たる真の児童愛護」,『朝鮮社会事業』9-5(1931), pp.16-20.
工藤武城,『朝鮮特有の犯罪本夫殺害犯の婦人科学的考察』(京城: 京城婦人病院, 1933).
工藤武城,「序に代ふる詞」, 高田誠二・藤原一毅,『日本の教育精神と李退渓』(京城: 朝鮮事情 協會出版部, 1934).
工藤武城,「教育勅語渙発当時を憶ふ」,『文教の朝鮮』136(1936), pp.37-61.
工藤武城,「机邊一瞥」,『京城雜筆』262(1940), pp.3-4.
工藤武城,「机邊一瞥」,『京城雜筆』267(1941), pp.20-22.
工藤武城,「名士にものを聽く」,『朝鮮公論』348(1942), pp.96.
工藤重雄,『三十年前の朝鮮』(京城: 東亞經濟時報社, 1925).
工藤忠輔,「人種問題に手古摺らぬ国家は無い」,『朝鮮及満洲』78(1914), pp.18-20.
國分三亥,「朝鮮人の特殊犯罪」,『朝鮮及満洲』49(1912), pp.43- 44.
國分三亥,「朝鮮婦人の本夫殺罪」,『朝鮮彙報』大正六年三月號 (1917), pp.6-23.
國史大辭典編輯委員會,『國史大辭典4』(東京: 吉川弘文館, 1983).
大蔵省印刷局[編],「(官報弟5515호) 彙報:學事;卒業證書授與式, 明治三十四年十一月十九日」(p.413), 大蔵省印刷局, http://dl.ndl.go.jp/info:ndljp/pid/2948816/3?viewMode=.

검색일: 2015.06.22.
徳富猪一郎, 『大事小事』(東京: 民友社, 1932).
鹿島浩[編], 『熊本縣立中學濟濟黌創立三十周年記念多士』(熊本:熊本県立中学済々黌, 1912).
石戸賴一, 『大日本醫家實傳』(東京: 東京築地活版製造所, 1893).
松田甲, 『日鮮史話(第六編)』(京城: 朝鮮總督府, 1930).
阿部薫編, 『朝鮮功勞者銘鑑』(京城: 民衆時論社, 1935).
岩本萬翠, 「早婚考－工藤武城氏の説に對して」, 『朝鮮公論』 288(1937), pp.64-65.
一 記者, 「舌端火を吐ける　京城有志懇話会」, 『朝鮮及満州』 147(1919), p.75.
朝鮮佛教社, 『朝鮮佛教』 1, 1924a: 12; 2, 1924b: 16; 4, 1924c: 2; 5, 1924d: 12; 6, 1924e: 12
朝鮮公論社編纂, 『(在朝鮮內地人)紳士明鑑』(京城: 조선공론사, 1917).
朝鮮寫眞通信社, 『第二回朝鮮美術展覽會圖錄』(京城: 조선사진통신사, 1923).
朝日新聞社編, 『朝鮮人事興信錄』(京城: 同新聞社, 1935).
朝日新聞社編, 『朝日日本歴史人物事典』(東京: 朝日新聞社, 1994).
中村健太郎, 『朝鮮生活五十年』(熊本: 青潮社, 1969).
川端源太郎, 『朝鮮在住內地人實業家人名辭典(第一編)』(京城: 朝鮮實業新聞社, 1913).
瓢斗口生, 「京城の名医と藪竹」, 『朝鮮公論』 75(1919), p.68.
花房吉太郎・山本源太 編, 『日本博士全傳』(東京: 博文館, 1892).
横島町史編纂委員會, 『横島町史』(玉名市: 玉名市, 2008).
横田康, 『朝鮮神宮紀』(京城: 國際情報社, 1926).
ヒマラヤ山人, 「京城の医界」, 『朝鮮』 14 (1909), pp.65-66.
ヒマラヤ山人, 「総督府の人物 : 学者らしき人物(其八)」, 『朝鮮及満洲』 85(1914a), p.72.

ヒマラヤ山人, 「京城弁護士界の人物」, 『朝鮮及満洲』 89 (1914b), p.74.
ヒマラヤ山人, 「人物と趣味及び娯楽界」, 『朝鮮及満洲』 90 (1915), p.71.
ヒマラヤ山人, 「読書の上より観たる京城の名士諸君」, 『朝鮮及満洲』 135(1918), p.52.

## 〈연구논저〉

강해수, 「한일 '融和' 表象의 요구」, 『국제학논총』 9 (2004), pp.223-241.
강해수, 「근대 일본의 이퇴계연구」, 『退溪學論集』 2 (2008), pp. 1-29.
김경일, 「일제하 조혼 문제에 대한 연구」, 『동아시아문화연구』 41 (2007), pp.363-395.
김두헌, 「朝鮮의 早婚과 및 그 起源에 對한 一考察」, 『진단학보』2 (1935), pp.46-86.
박양신, 「통감정치와 재한 일본인」, 『歷史硏究』 90 (2004), pp.155-179.
법원도서관, 『(국역) 고등법원판결록』 제4권(민사편-II), 법원도서관 발행, 2008.
박윤재 · 박형우, 「韓末 · 日帝初 醫師會의 창립과 朝鮮支配」, 『연세의사학』 5-1 (2001), pp.1-26.
연세대의사학과, 「『조선급만주』 해제 및 의료관계 기사목록」, 『연세의사학』 11-2 (2008), pp.115-169.
이명선, 「근대의 '신여성' 담론과 신여성의 성애화」, 『한국여성학』 19-2 (2003), pp.5-37.
장용경, 「식민지기 본부살해 사건과 '여성 주체'」, 『역사와 문화』 13 (2007), pp.105-125.
전미경, 「식민지기 본부살해(本夫殺害) 사건과 아내의 정상성 : '탈유교'

과정을 중심으로」, 『아시아여성연구』 49-1 (2010), pp.73-122.
정욱재, 「조선유도연합회의 결성과 '皇道儒學'」, 『한국독립운동사연구』 33 (2009), pp.227-264.
천지명, 「재한일본인 거류민단(1906-1914) 연구」, 숙명여자대학교 박사학위논문, 2013.
최재목, 「퇴계의 초상화에 대하여-近現代期 '退溪像' 탄생에 대한 성찰을 겸해서-」, 『退溪學論集』 2 (2008), pp.1-36.
최혜주, 「잡지《朝鮮》(1908-1911)에 나타난 일본 지식인의 조선 인식」, 『한국근현대 사연구』 45 (2008), pp.80-115.
최혜주, 『근대 재조선 일본인의 한국사 왜곡과 식민통치』, 경인문화사, 2010.
홍양희, 「식민지 조선의 "본부살해(本夫殺害)" 사건과 재현의 정치학: '조선적' 범죄의 구성 과 식민지적 '전통'」, 『史學硏究』 102 (2011), pp.79-114.
홍양희, 「식민지시기 '의학' '지식'과 조선의 '전통': 구도(工藤武城)의 "婦人科學"적 지식을 중심으로」, 『醫史學』 22-2 (2013), pp.579-616.
岡良助, 『京城繁昌記』 (京城: 博文社, 1915).
高橋亨, 「王道儒道より皇道儒道へ」, 『朝鮮』 295 (1939), pp.10-28.
高崎宗司, 『植民地朝鮮の日本人』 (東京: 岩波書店, 2002).
高田誠二·藤原一毅, 『日本の教育精神と李退溪』 (京城: 朝鮮事情協會出版部, 1934).
国史大辞典編集委員会, 『国史大辞典』 (東京: 吉川弘文館, 1983).
内田じゅん, 「植民地期朝鮮における同化政策と在朝日本人-同民会を事例として」, 『朝鮮史研 究会論文集』 41 (2003), pp. 173-201.
稲葉継雄, 『旧韓国~朝鮮の日本人教員』 (福岡: 九州大学出版会, 2001).
松田甲, 「儒教より観たる内鮮関係の二三例」, 『朝鮮』 86 (1922), pp.

138-144.
松田甲,「教育に関する勅語と李退渓」,『文教の朝鮮』62 (1930), pp. 97-106.
井上厚史,「近代日本における李退渓研究の系譜学」,『総合政策論叢』18 (2010), pp.61-83.
川端源太郎,『京城と内地人』(京城: 日韓書房, 1910).
青柳綱太郎,『朝鮮統治論』(京城: 朝鮮研究会, 1923).
青柳綱太郎,『大京城』(京城: 朝鮮研究会, 1925).
Park Jin-Kyung, "Husband Murder as the 'Sickness' of Korea: Carceral Gynecology, Race, and Tradition in Colonial Korea, 1926-1932", *Journal of women's history* 25 (2013), pp.110-140.
Park Jin-Kyung, "Bodies for Empire: Biopolitics, Reproduction, and Sexual Knowledge in Late Colonial Korea", *Korean J Med Hist 23* (2014), pp.215-217.

## '남편살해本夫殺害' · '조혼早婚'에 관한 신문기사 목록[19]

| '남편살해'(本夫殺害) 관련 신문기사 | | |
|---|---|---|
| 기사 년도 | 기사 제목 | 신문명 |
| 1916.11.29 | 虎列剌菌으로 本夫殺害 | 每日申報 |
| 1916.11.29 | 本夫를 殺害ᄒᆞ고 | 每日申報 |
| 1917.01.12 | 五十老婆本夫를 殺害 | 每日申報 |
| 1918.05.14 | 本夫를 殺害코자 | 每日申報 |
| 1918.05.22 | 本夫를 殺害 | 每日申報 |
| 1918.06.12 | 美服에 眩惑하여 本夫를 殺害 | 每日申報 |
| 1918.12.20 | 本夫를 殺害코자 칼로 목을 찔러 | 每日申報 |
| 1919.01.29 | 本夫를 殺害한 姦夫婦는 사형에 선고됨 | 每日申報 |
| 1921.05.04 | 本夫殺害未遂, 양재물을 밥에 석거멱여 | 東亞日報 |
| 1922.01.12 | 本夫를 二次殺害코져 | 每日申報 |
| 1922.04.08 | 三十年虐待로 本夫殺害, 본부를 죽인 여자를 팔년징역 | 東亞日報 |
| 1924.04.14 | 本夫를 殺害코저 양재물을 먹이려다 검거 | 時代日報 |
| 1924.05.14 | 오늘일·래일일 본부독살의 원인은 무엇 | 時代日報 |
| 1926.11.21 | 本夫를 注射殺害 | 每日申報社 |
| 1927.11.24 | 육십노인들의 삼각연애투쟁, 마침내 본부살해의 참극, 본부를 죽여… | 中外日報 |
| 1928.06.08 | 본부살해의 흉행을 7세된 친자가 증명 | 中外日報 |
| 1929.03.02 | 本夫殺害未遂犯 | 每日申報 |
| 1929.03.04 | 本夫를 殺害하고 所持金까지 强奪 | 每日申報 |
| 1929.05.27 | 白痴를 利用한 本夫殺害未遂犯 | 每日申報 |
| 1929.06.16 | 本夫殺害 婦에 死刑을 求刑 | 東亞日報 |
| 1929.07.07 | 本夫를 殺害한 姦夫婦上告 | 每日申報 |
| 1929.07.20 | 本夫殺害犯 無期를 求刑 | 東亞日報 |
| 1929.10.07 | 迷信과 毒藥으로 本夫殺害 未遂 | 中外日報 |
| 1930.03.13 | 姦夫婦共謀 熟睡本夫殺害 | 東亞日報 |
| 1930.05.16 | 姦夫婦가 共謀 本夫를 殺害 | 每日申報 |
| 1930.10.24 | 本夫殺害犯에 極刑을 求刑 | 每日申報 |
| 1930.11.20 | 離婚에 不應한다고 本夫殺害를 企圖 | 每日申報 |

19 이 목록은 일제강점기에 한하여 '본부살해'와 '조혼'이라는 키워드로 국사편찬위원회와 국립중앙도서관의 데이터베이스 서비스를 참고하여 발췌·정리한 것이다. 경우에 따라서는 같은 사건이 기사화된 것도 있겠지만, 대부분 〈매일신보〉·〈동아일보〉·〈조선중앙일보〉의 기사가 상당부분 차지한다. 만일 '본부살해'와 '조혼'이외의 키워드로 검색한다면 내용상 유사한 관련기사가 더 많이 있을 것으로 보인다.

| | | |
|---|---|---|
| 1931.02.18 | 本夫殺害犯에 無期役言渡 | 東亞日報 |
| 1931.04.29 | 本夫殺害事件 最高死刑言渡 변호사는 무죄를 주장 | 東亞日報 |
| 1931.09.29 | 癡情關係로 生死岐路에 검사는 역시 사형구형<br>本夫殺害犯控判 | 東亞日報 |
| 1931.11.20 | 姦夫婦가 共謀코 本夫를 結項殺害 | 每日申報 |
| 1931.12.29 | 本夫를 殺害後 屍體를 遺棄 | 每日申報 |
| 1932.01.13 | 本夫殺害犯 月餘만에 逮捕 | 東亞日報 |
| 1932.01.14 | 本夫殺害한 姦夫婦遂逮捕 | 東亞日報 |
| 1932.02.16 | 病中의 弱點을 타서 本夫殺害타가 未遂 | 東亞日報 |
| 1932.02.29 | 本夫殺害犯人 一審에서 死刑 | 東亞日報 |
| 1932.06.02 | 本夫殺害한 姦夫婦 送局(新義州) | 東亞日報 |
| 1932.06.23 | 本夫殺害犯 死刑을 言渡(新義州) | 東亞日報 |
| 1932.07.03 | 癡情 本夫 殺害 | 每日申報 |
| 1932.11.22 | 死刑囚三件 二十一日高等法院 本夫殺害事件 | 東亞日報 |
| 1933.10.09 | 朝鮮의 特殊犯罪 本夫殺害의 慘劇 | 朝鮮中央日報 |
| 1933.10.11 | 피로 물들인 통계, 年年증가의 경향, 본부살해방법도<br>각양각종,… | 朝鮮中央日報 |
| 1933.11.23 | 乞人間에 愛慾葛藤 本夫살해코 奪妻 | 每日申報 |
| 1933.12.14 | 本夫殺害事件 | 朝鮮中央日報 |
| 1933.12.14 | 本夫殺害犯 崔寶玉 再審을 要求 | 東亞日報 |
| 1933.12.09<br>.-12.24 | 本夫殺害의 社會的 考察(全13回) | 東亞日報 |
| 1934.03.05 | 본부살해범 예심에 회부 | 朝鮮中央日報 |
| 1934.03.19 | 本夫殺害 三年役求刑 | 東亞日報 |
| 1934.08.31 | 남의계집빼앗고저 本夫를 殺害한 者 | 朝鮮中央日報 |
| 1934.09.07 | 本夫殺害코 逃亡中被逮 | 東亞日報 |
| 1934.10.14 | 十八歲少婦가 本夫殺害未遂 | 每日申報 |
| 1934.10.14 | 强制結婚의 罪! 毒草로 本夫殺害未遂 | 東亞日報 |
| 1934.11.30 | 本夫殺害한 金明淑에 死刑求刑에 痛哭 | 朝鮮中央日報 |
| 1934.12.03 | 凶惡한 姦夫놈 本夫를 殺害 | 每日申報 |
| 1934.12.06 | 本夫殺害未遂犯에 五年以下役求刑 | 朝鮮中央日報 |
| 1934.12.07 | 姦夫等을 使嗾하야 山上에서 本夫殺害 無期와<br>十五年乃至一年을 | 東亞日報 |
| 1934.12.08 | 본부살해범 金明淑에 無期懲役을 言渡 | 朝鮮中央日報 |
| 1935.01.30 | 本夫殺害한 奸夫婦에 死刑과 無期求刑 | 朝鮮中央日報 |
| 1935.05.02 | 姦夫婦 本夫殺害 | 朝鮮中央日報 |
| 1935.06.25 | 本夫殺害한 姦夫 死刑不服코 上告 | 朝鮮中央日報 |
| 1935.06.26 | 本夫殺害한 姦婦 | 朝鮮中央日報 |
| 1935.06.26 | 本夫殺害한 姦婦 覆審에서도 死刑求刑 | 朝鮮中央日報 |
| 1935.07.13 | 애욕의 불만으로 일어난 성혈참극, 본부살해와 본처소생<br>살해한… | 朝鮮中央日報 |
| 1935.07.14 | 本夫殺害한 姦夫婦死刑, 姦婦의 머리채를 휘여잡고 | 東亞日報 |

| | 法廷에서 活劇演 | |
|---|---|---|
| 1935.10.10 | 不貞節이 發覺되자 本夫殺害한 姦婦 | 東亞日報 |
| 1935.11.29 | 本夫殺害犯 兩名에 死刑 | 東亞日報 |
| 1935.12.28 | 十五歲少婦가 本夫殺害未遂, 된장에 양잿물 너허, 結局 監獄身世 | 東亞日報 |
| 1936.02.01 | 姦夫婦가 共謀後 本夫를 殺害한것 | 朝鮮中央日報 |
| 1936.05.22 | 七十歲姦夫가 六十歲本夫를 殺害 | 朝鮮中央日報 |
| 1936.07.24 | 本夫殺害犯, 姦夫 沙里院서 被逮(海州) | 東亞日報 |
| 1936.08.27 | 情든 시족하와 共謀 本夫殺害未遂 | 每日申報 |
| 1936.09.01 | 本夫와 살기싫여 조카를 投井殺害 | 朝鮮中央日報 |
| 1937.07.07 | 苛性曹達로 本夫殺害未遂 甕津 二八少女의 犯罪 | 東亞日報 |
| 1937.07.16 | 姦夫婦 共謀하고 本夫殺害未遂, 甕津郡下에 不祥事 | 東亞日報 |
| 1937.09.30 | 本夫殺害한 情夫 十五年役求刑 | 東亞日報 |
| 1938.03.24 | 姦夫婦共謀코 本夫殺害未遂 | 東亞日報 |
| 1938.09.30 | 結婚前戀人에 미처 本夫殺害하려던 少婦 남편을 솔나무에다 묶어노… | 東亞日報 |
| 1939.08.21 | 湯場を見られ本夫殺害 | 京城日報 |
| 1939.11.10 | 本夫殺害犯 朴瑞玉에 無期役을 求刑 그는 왜 그 무서운 죄를 저지… | 東亞日報 |
| 1940.05.23 | 癡情에 떠는 兇刃 本夫를 殺害 | 每日申報 |

| '조혼'(早婚) 관련 신문기사 | | |
|---|---|---|
| 기사년도 | 기사제목 | 신문명 |
| 1920.06.22 | 조혼의 弊害와 其責任者(小泉趙宇) | 東亞日報 |
| 1921.08.21 | 本夫를 毒殺하얏다는 청주게집 허성녀의 공소공판, 이런 일이 모다 조혼의 큰 폐해 | 東亞日報 |
| 1921.12.27 | 早婚餘弊의 活證據, 십면이나 손위되는 남편과 십륙세소녀의 두려운 범죄 | 東亞日報 |
| 1922.03.08 | 近來流行되는 早婚熱, 사월일일부터 혼인제한 법령이 난다고 각처에서 불야々々 남패성례 | 東亞日報 |
| 1922.12.24 | 早婚과 性的關係(柳尙默) | 東亞日報 |
| 1923.01.03 | 早婚의 弊를 먼저 업시하자, 米國(외)大學出身 김애스터양 말 | 東亞日報 |
| 1923.02.26 | 鐵窓속으로 본 實社會: 서대문 감옥 죄수 일천륙백명 중 남자 일천오백명 여자 백명의 범죄종류 남자는 절도가 만코 여자는 살인이 만타, 여자의 죄는 거의다 조혼의 죄악 | 東亞日報 |
| 1923.03.20 | 早婚熱은 尙今 盛, 大田군내의 작년도의 통계, 미성년자 혼인은 십분에 륙 | 東亞日報 |
| 1923.03.22 | 早婚은 女子에 尤多, 근심할 혼인통계의 전례 | 東亞日報 |

| 1924.05.17 | 十六歲난 少婦의 水中寃婚, 조혼으로 생긴 비극 | 東亞日報 |
|---|---|---|
| 1924.05.17 | 早婚女가 投身自殺 | 時代日報 |
| 1924.07.12 | 十五歲少婦가 我子를 毒殺未遂, 나어린데 애난 것이 붓그러워 갓난아이를 양잿물을 먹여죽 早婚이 生한 悲劇을 보라 | 東亞日報 |
| 1924.10.09 | 자살한 처녀, 강압적 혼인이 싫어서 | 時代日報 |
| 1925.01.14 | 조혼한 폐해를 실증한 범죄사실, 제 처가 어려서 남의 처 간통, 본부집에 방화하고 도망해 | 時代日報 |
| 1925.02.07 | 八歲어른, 十四歲의 夫人, 奇拔한 早婚과 噴飯할 珍談 | 東亞日報 |
| 1925.06.23 | 이혼 못해 置毒! 늙고 가난한 남편과 살기 실혀, 리혼도 안되매 독살을 하려해 | 時代日報 |
| 1925.11.09 | 早婚의 苦悶으로 自殺, 열세살때에 취처한 청년이 도덕에매어 리혼못해 자살 | 東亞日報 |
| 1925.12.06 | 少婦自殺未遂, 원인은 조혼! | 東亞日報 |
| 1927.06.21 | 金泉少年會早婚폐지의 示威運動 | 東亞日報 |
| 1927.08.02 | 少婦飮毒自殺, 과한 책망을 비관하고, 早婚弊의 一端 | 東亞日報 |
| 1927.10.23 | 五歲以下結婚 七萬四千餘名, 印度의 早婚弊風 | 東亞日報 |
| 1928.03.14 | 十二歲에 상가들고 十五歲에 相思病, 早婚이나은 慘劇 | 東亞日報 |
| 1928.03.30 | 亂打끄테 綠髮切斷 早婚이나흔 悲喜劇 | 東亞日報 |
| 1928.04.03 | 二八艾妻 慘殺 나이 어리어 남편에게 만족 못줘 필경엔 남편에게 마져죽고말아, 早婚의 又一慘劇 | 東亞日報 |
| 1928.07.24 | 十七歲少婦 媤家에 四次放火, 남편 실코 친정에 가고 십허, 早婚이나흔 犯罪 | 東亞日報 |
| 1929.07.25 | 女性에 對한 一切差別撤廢 조혼폐지와 결혼의 자유 | 東亞日報 |
| 1930.02.08 | 百餘靑年을 網羅 早婚廢止同盟, 남자이십세, 여자삼칠세, 違反者엔 罰金徵收 | 東亞日報 |
| 1930.05.04 | 재가한 少婦, 남편독살미수 | 中外日報 |
| 1930.05.15 | 17세 少婦가 비관 끝에 자살, 스물여덟살된 남편을 나이 많다고 비관 | 中外日報 |
| 1931.06.17 | 未成年婚家에서 早婚反對演說, 조혼반대 포쓰타도 부처 | 東亞日報 |
| 1931.08.29 | 親庭의 父母가 그리워 放火 置毒의 兩少婦, 가련한 그 심정과 무서운 그 죄상, 早婚制度가 나흔 犯罪 | 東亞日報 |
| 1931.09.02 | 年少한 男便에 不滿, 毒草로 殺害企劃 살인미수죄로 검사국에 송취 | 東亞日報 |
| 1932.02.27.-03.01 | 조혼으로 만히 생기는 생식긔성신경쇠약증 (京城帝大岩井內科 金東益) | 東亞日報 |
| 1932.08.19 | 昨年中의 早婚者 一萬二千四百餘名 조혼의 폐풍은 해마다 주는 현상, 過去十年間의 이 統計 | 東亞日報 |
| 1932.12.23 | 早婚의 弊害, 法律로써 嚴禁하라 | 東亞日報 |
| 1933.02.26 | 早婚의 惡弊! 幼少의 苦痛을 못참어 男便絞殺한 少婦 | 東亞日報 |
| 1933.03.15 | 男便어린데 不滿하여 自殺, 早婚이 나흔 慘劇 | 東亞日報 |
| 1933.12.12 | 早婚의 弊害, 놀랠만한 少女犯罪者의 頻發 | 東亞日報 |

| | | |
|---|---|---|
| 1934.02.25 | 早婚과 迷信의 問題 法律的 解決이 必要 | 東亞日報 |
| 1934.06.27 | 早婚에 反旗 少女가 飮毒 | 東亞日報 |
| 1934.09.04 | 十六歲少婦 男便毒殺陰謀, 早婚이 나흔 犯罪相 | 東亞日報 |
| 1934.09.13 | 早婚의 悲劇 同居拒絶한 妻家에서 丈母와 愛妻를 殺傷 | 東亞日報 |
| 1935.09.01 | 親庭갓다고 削髮後烙傷, 조혼이 나은 비참한 일 | 東亞日報 |
| 1935.09.04 | 昨年中의 綠水鴛鴦 十二萬千三百雙 早婚의 惡弊도 차차 없어지고 結婚年齡도 漸高傾向 | 東亞日報 |
| 1935.09.10 | 結婚 年齡에 對하야, 아직도 早婚時代 未免 | 東亞日報 |
| 1936.01.28 | 痛嘆할 最近의 現象! 早婚이 漸次로 增加, 輓近十年 동안의 可恐할 增加比率 殺夫의 大罪도 早婚에 基因 | 東亞日報 |
| 1936.05.11 | 조치못한 傾向: 自由結婚은 退嬰 早婚이 依然盛行, 現行法의 缺陷도 原因 | 東亞日報 |
| 1936.05.19 | 早婚弊害如此; 男便은 同棲를 否定 안해는 生兒를 力說 영아타살을 남편이 햇다고 전가 | 東亞日報 |
| 1936.07.21 | 本夫毒殺未遂 早婚이 나흔 悲劇 | 東亞日報 |
| 1937.07.09 | 結婚初夜의 恐怖에 男便을 食刀로 刺害 早婚이 난 慘劇 一幕 | 東亞日報 |
| 1937.07.10 | 朝鮮女子의 犯罪와 早婚 | 東亞日報 |
| 1937.10.12 | 本夫의 입 귀에 毒藥注入, 早婚의 悲劇 | 東亞日報 |
| 1938.01.01 | 未成年의 禁酒, 煙과 早婚의 惡風防止 | 東亞日報 |
| 1938.04.03 | 母子가 共謀하고 少婦를 私刑虐待 조혼으로 말미암은 인생비극 | 東亞日報 |
| 1938.12.25 | 男便毒殺未遂! 과부가 되면 친정에 갈수잇다는 어리석은 생각이 그만 죄를 지엇다 早婚이 나흔 少女犯行 | 東亞日報 |
| 1939.04.09 | 朝鮮의 弊風惡習인 早婚數字減少傾向 破鏡苦杯도 逐年減少 | 東亞日報 |
| 1939.06.29 | 早婚의 弊! 나어린 남편이 실혀 少婦가 出奔 | 東亞日報 |
| 1939.09.01 | 早婚의 慘劇 愛妻 귀를 베고 丈母의 혀를 끈흔 兇漢 | 東亞日報 |
| 1940.06.06 | 十五歲少婦가 本夫毒殺未遂 亦是早婚이 탓이다 | 東亞日報 |
| 1940.06.22 | 媤家에 放火코 脫走 貧困과 早婚이 빚어낸 慘劇一幕 | 東亞日報 |

## 구도 다케키의 논저 / 신문기사 목록

| No | 제목 | 출전(발행) | 년도 |
|---|---|---|---|
| 1 | 古代希臘女科学的知識ノルンドシャウ | 『中央婦人科学雑誌』(中央婦人科学会) | 1904.8. |
| 2 | 子宮筋繊維腫性線腫ノ組織的及臨床的研究 | 『長崎医学専門学校研瑤会雑誌』(長崎医学専門学校研瑤会) | 1905.10. |
| 3 | 『婦人之養生』(1版) | 京城婦人病院 | 1907.11. |
| 4-10 | 韓国婦人の研究 (전7회) | 『朝鮮』(2-8호)(日韓書房) | 1908.4.~1908.10. |
| 11 | 夏の夜 | 『朝鮮』(6호)(日韓書房) | 1908.8. |
| 12 | 名士の朝鮮観 | 『朝鮮』(7호)(日韓書房) | 1908.9. |
| 13-14 | 景福宮(2회) | 『朝鮮』(23-24호)(朝鮮雑誌社) | 1910.1.~1910.2. |
| 15 | 卵巣皮様嚢腫ノ組織発生ノ研究 | 『長崎医学専門学校研瑤会雑誌』(長崎医学専門学校研瑤会) | 1910.4. |
| 16 | 美神の都ワイマールに於ける両詩聖 | 『朝鮮』(34호)(朝鮮雑誌社) | 1910.12. |
| 17 | 歌劇タンホイゼル | 『朝鮮』(35호)(朝鮮雑誌社) | 1911.1. |
| 18 | 儒教及び佛教が朝鮮医学に及ぼせる影響 | 『朝鮮』(37호)(朝鮮雑誌社) | 1911.3. |
| 19 | 生化学より観たる恋愛 | 『朝鮮』(41호)(朝鮮雑誌社) | 1911.7. |
| 20 | 印度の夏 | 『朝鮮』(42호)(朝鮮雑誌社) | 1911.8. |
| 21 | 姙産婦の亡者を弔ふ | 『朝鮮及満州』(53호)(朝鮮雑誌社) | 1912.6. |
| 22 | 『婦人의 調攝』 | 京城婦人病院 | 1912. |
| 23 | 『婦人之養生』(2版) | 京城婦人病院発行(印刷 : 東京) | 1913. |
| 24 | 民団自治政と公民の覚悟 | 『朝鮮及満州』(69호)(朝鮮雑誌社) | 1913.4. |
| 25 | 生化学より観たる亞米利加問題 | 『朝鮮及満州』(72호)(朝鮮雑誌社) | 1913.7. |
| 26 | 面白い列国の気分 | 『朝鮮及満州』(77호)(朝鮮雑誌社) | 1913.12. |
| 27 | 『助産婦學講義錄』 | 京城婦人病院 | 1914. |
| 28 | 北米合衆国民族問題の真相 | 『朝鮮及満州』(78호)(朝鮮雑誌社) | 1914.1. |
| 29 | 民族の植民的移動に関する科学的所見 | 『朝鮮及満州』(80호)(朝鮮雑誌社) | 1914.3. |
| 30 | 雜感数題 | 『朝鮮及満州』(81호)(朝鮮雑誌社) | 1914.4. |

| 31 | 医学より観たる男女の別 | 『朝鮮及満州』(82호)<br>(朝鮮雜誌社) | 1914.5. |
|---|---|---|---|
| 32 | 生物学より観たる国と人と其未来 | 『朝鮮公論』(통권14호)<br>(朝鮮公論社) | 1914.5. |
| 33 | 人類の誇大妄想狂 | 『朝鮮公論』(통권16호) | 1914.7. |
| 34 | 基督の眼に暎じたる生殖観 | 『朝鮮及満州』(84호)<br>(朝鮮雜誌社) | 1914.7. |
| 35 | 夏の思い出:宙璃翡湖畔の緑蔭と牛津大学校庭の涼風 | 『朝鮮及満州』(85호)<br>(朝鮮雜誌社) | 1914.8. |
| 36 | 世界戦と日本に於ける外国語の将来 | 『朝鮮及満州』(87호)<br>(朝鮮雜誌社) | 1914.10. |
| 37 | 世界大戦と日本の科学 | 『朝鮮公論』(통권19호)<br>(朝鮮公論社) | 1914.10. |
| 38 | 文字を透して見たる佛蘭西 | 『朝鮮及満州』(89호)<br>(朝鮮雜誌社) | 1914.12. |
| 39 | グ一論 | 『朝鮮及満州』(90호)<br>(朝鮮雜誌社) | 1915.1. |
| 40 | 婦人科的に観察せる日本の将来 | 『朝鮮公論』(24호)<br>(朝鮮公論社) | 1915.3. |
| 41 | 剪燈夜話 | 『朝鮮及満州』(96호)<br>(朝鮮雜誌社) | 1915.7. |
| 42 | 人生を如何に観ろか:人生は苦楽相半ばするものである | 『朝鮮及満州』(97호)<br>(朝鮮雜誌社) | 1915.8. |
| 43 | 性的方面より観らろ内官 | 『朝鮮及満州』(100호)<br>(朝鮮雜誌社) | 1915.11. |
| 44 | 釈尾旭邦を論ず | 『朝鮮及満州』(100호)<br>(朝鮮雜誌社) | 1915.11. |
| 45 | 女子同性慾の猖獗に就て | 『朝鮮及満州』(102호)<br>(朝鮮雜誌社) | 1916.1. |
| 46 | 科学者の眼に映ずる嫉妬観 | 『朝鮮公論』(통권34호)<br>(朝鮮公論社) | 1916.1. |
| 47 | 科学者より女子に対する要求 | 『朝鮮公論』(통권36호)<br>(朝鮮公論社) | 1916.3. |
| 48 | 再大和民族ニ於ケル分娩率ニ就テ | 『醫學中央雜誌』(237호)<br>醫學中央雜誌社 | 1916.7. |
| 49 | 芸妓検黴問題ー拾粋士の意見:女の生殖器は非常に複雑だ(工藤武城) | 『朝鮮公論』(통권40호)<br>(朝鮮公論社) | 1916.7. |
| 50 | 夏と女 | 『朝鮮公論』(41호)<br>(朝鮮公論社) | 1916.8. |
| 51 | 菊花小話 | 『朝鮮及満州』(112호)<br>(朝鮮雜誌社) | 1916.10. |

| 52 | 長谷川新總督に対する声:衛生機関の問題 | 『朝鮮及満州』(113호)<br>(朝鮮雜誌社) | 1916.11. |
|---|---|---|---|
| 53 | 暑中と吾輩 | 『朝鮮及満州』(122호)<br>(朝鮮雜誌社) | 1917.8. |
| 54 | 独逸の春と情趣 | 『朝鮮及満州』(131호)<br>(朝鮮及滿洲社) | 1918.5. |
| 55 | 朝鮮騒擾事件と官民の所感 | 『朝鮮及満州』(142호)<br>(朝鮮及滿洲社) | 1919.4. |
| 56 | 生物学より見たる世界各国人種の優勢 | 『朝鮮及満州』(145호)<br>(朝鮮及滿洲社) | 1919.7. |
| 57 | 夏季에 對한 衛生問題-婦人衛生에 대한 注意 | ≪毎日申報≫ | 1919.7.20. |
| 58 | 米国人の所謂朝鮮問題と黒人大殺戮 | 『朝鮮及満州』(147호)<br>(朝鮮及滿洲社) | 1919.9. |
| 59-60 | 쩍터-, 헐버트<br>君에게與홈(2회) | ≪毎日申報≫ | 1919.9.8.~<br>1919.9.9 |
| 61 | 国旗不掲揚問題：反日本的風潮 | 『朝鮮及満州』(148호)<br>(朝鮮及滿洲社) | 1919.10. |
| 62-63 | 平井法学士のヤソ教論を読む(2회) | 『朝鮮及満州』(149-150호)<br>(朝鮮及滿洲社) | 1919.11~<br>1919.12 |
| 64 | 文禄役と朝鮮のヤソ教 | 『朝鮮及満州』(152호)<br>(朝鮮及滿洲社) | 1920.2. |
| 65 | 各国人口增殖策と我国の婦人病 | 『朝鮮及満州』(155호)<br>(朝鮮及滿洲社) | 1920.5. |
| 66-78 | 婦人に関する法医学(13회) | 『警務彙報』(182호.183호.<br>185-195호)<br>(朝鮮總督府警務總監部) | 1920.7-<br>1921.8. |
| 79-80 | 若返り法如是観(2회) | 『朝鮮及満州』(166-167호)<br>(朝鮮及滿洲社) | 1921.8.~<br>1921.9. |
| 81 | 釈尾君と君の主宰する雑誌<br>(十五周年記念号発刊に対し今昔の感なき能はず) | 『朝鮮及満州』(168호)<br>(朝鮮及滿洲社) | 1921.11. |
| 82-83 | 婦人科より観たる婦人の犯罪(2회) | 『警務彙報』(197호.199호)<br>(조선총독부경무총감부) | 1921.10.~<br>1921.12. |
| 84 | 手術に対する婦人の態度 | 『朝鮮及満州』(170호)<br>(朝鮮及滿洲社) | 1922.1. |
| 85 | 産兒制限の可否一婦人病学の立場より考察して一 | 『朝鮮及満州』(173호)<br>(朝鮮及滿洲社) | 1922.4. |
| 86 | 『婦人之養生』(3版) | 京城婦人病院 | 1922. |
| 87 | 先師汲世老大師の事ども | 『朝鮮及満州』(178호)<br>(朝鮮及滿洲社) | 1922.9. |
| 88-89 | 国際語之構成及其主張(2회) | 『朝鮮及満州』<br>(180-181호) | 1922.11.~<br>1922.12. |

| | | | |
|---|---|---|---|
| | | (朝鮮及滿洲社) | |
| 90 | 施療産院の設立を提唱す | 『朝鮮社会事業』(3권7호)<br>(조선사회사업협회) | 1923. |
| 91 | 婦人科より見たるラジウムの概論と歴史 | 『朝鮮及満州』(190호)<br>(朝鮮及滿洲社) | 1923.9. |
| 92-108 | 難産과 安産(17회연재) | ≪毎日申報≫ | 1923.11.25.~1924.3.30. |
| 109 | 最近の思想運動に対する一考察 | 『朝鮮及満州』(198호)<br>(朝鮮及滿洲社) | 1924.5. |
| 110 | 私の禮拝 | 『朝鮮佛教』(3호)<br>(朝鮮佛教社) | 1924.7. |
| 111 | 差別と平等 | 『朝鮮佛教』(4호)<br>(朝鮮佛教社) | 1924.8. |
| 112 | 桂門担板會湯席上吟(次韻 工藤担雪) | 『朝鮮佛教』(5호)<br>(朝鮮佛教社) | 1924.9. |
| 113 | 横着な居候 | 『朝鮮佛教』(6호)<br>(朝鮮佛教社) | 1924.10. |
| 114 | 第五回(六回)担板會席上口占 | 『朝鮮佛教』(8호)<br>(朝鮮佛教社) | 1924.12. |
| 115 | 第九回担板會席上口占 | 『朝鮮佛教』(12호)<br>(朝鮮佛教社) | 1925.4. |
| 116 | わたくしの幸福論 | 『朝鮮佛教』(13호)<br>(朝鮮佛教社) | 1925.5. |
| 117 | 佛国人の朝鮮統治観(工藤訳) | 『朝鮮及満州』(211호)<br>(朝鮮及滿洲社) | 1925.6. |
| 118 | 性慾變調による女子の残虐性 | 『朝鮮及満州』(213호)<br>(朝鮮及滿洲社) | 1925.8. |
| 119 | 奉祝朝鮮神宮鎮座祭 | 『朝鮮佛教』(18호)<br>(朝鮮佛教社) | 1925.10. |
| 120 | 教育勅語の源泉と朝鮮:李退渓-退野-東野-明治天皇 | 『朝鮮佛教』(19호)<br>(朝鮮佛教社) | 1925.11. |
| 121 | 心中論 | 『朝鮮及満州』(216호)<br>(朝鮮及滿洲社) | 1925.11. |
| 122-123 | 体験と感話　有難し(2회) | 『朝鮮佛教』(21-22호)<br>(朝鮮佛教社) | 1926.1.~1926.2. |
| 124 | 社会教化上広く人に読書を薦めんと思ふ良書 | 『朝鮮社會事業』(4권1호)<br>(조선사회사업협회) | 1926.1. |
| 125 | 奉祝朝鮮神宮遷座祭 | 『朝鮮神宮紀』(横田康編著, 경성:國際情報社) | 1926.2. |
| 126 | 自然に親しみ自然に抵抗するが衛生の要諦 | 『文教の朝鮮』(12호)<br>(朝鮮教育會) | 1926.8. |
| 127 | 怪を怪とせずんば怪自ら消ゆ | 『朝鮮佛教』(30호)<br>(朝鮮佛教社) | 1926.10. |

| 128 | 忘我忘機の愛硯趣味 | 『朝鮮佛教』(35호)<br>(朝鮮佛教社) | 1927.3. |
|---|---|---|---|
| 129 | 女性犯罪としての堕胎 | 『朝鮮及満州』(232호)<br>(朝鮮及滿洲社) | 1927.3. |
| 130 | 聖観世音菩薩奉安開眼 | 『朝鮮佛教』(36호)<br>(朝鮮佛教社) | 1927.4. |
| 131 | 如何にして能率を増進し得るや　能率増進上に関する経験 | 『朝鮮社會事業』(5권6호)<br>(조선사회사업협회) | 1927.6. |
| 132 | アイタアイタの三昧境に入れ | 『朝鮮佛教』(39호)<br>(朝鮮佛教社) | 1927.7. |
| 133 | 在鮮名士の勉強法と運動法 | 『朝鮮公論』(173호)<br>(朝鮮公論社) | 1927.8. |
| 134 | 朝鮮仏教の将来(工藤武城…工藤重雄…) | 『朝鮮佛教』(45호)<br>(朝鮮佛教社) | 1928.1. |
| 135 | 幾ら暗黒を汲出しても光明は得られぬ一福道茶話一 | 『朝鮮佛教』(45호)<br>(朝鮮佛教社) | 1928.1. |
| 136 | 観音如是観 | 『朝鮮佛教』(50호)<br>(朝鮮佛教社) | 1928.6. |
| 137 | 『婦人之養生』(4版) | 京城婦人病院 | 1928. |
| 138 | 婦人生殖器の反射現象 | 『朝鮮及満州』(250-251호)<br>(朝鮮及滿洲社) | 1928.9.~<br>1928.10. |
| 139 | 菊の話 | 『朝鮮及満州』(251호)<br>(朝鮮及滿洲社) | 1928.10. |
| 140 | 私の心身休養法 | 『朝鮮社會事業』(6권10호)<br>(조선사회사업협회) | 1928.10. |
| 141 | 思想善導に関する方策(朝鮮に於て) | 『朝鮮社會事業』(6권11호)<br>(조선사회사업협회) | 1928.11. |
| 142 | 泉石を眺めつつ工藤ドクトルと語る | 『朝鮮及満州』(252호)<br>(朝鮮及滿洲社) | 1928.11. |
| 143 | 達磨如是観 | 『朝鮮佛教』(55호)<br>(朝鮮佛教社) | 1928.12. |
| 144 | 『医学上より観たる内鮮の関係』 | 경성：同民会出版部 | 1929. |
| 145-146 | 女教員保姆の妊娠中の心得(2회) | 『文教の朝鮮』(41-42호)<br>(朝鮮教育會) | 1929.1.~<br>1929.2. |
| 147 | 蛇漫談 | 『朝鮮及満州』(255호)<br>(朝鮮及滿洲社) | 1929.2. |
| 148 | 医学より見たる日本の人口問題 | 『朝鮮社會事業』(7권3호)<br>(조선사회사업협회) | 1929.3. |
| 149-155 | 朝鮮特有の犯罪(7회) | 『朝鮮』(166-167호,<br>169-172호,175호)<br>(朝鮮総督府) | 1929.3.~<br>1929.12. |

| 156 | 妊娠と結核 | 『朝鮮及満州』(256호)<br>(朝鮮及滿洲社) | 1929.3. |
|---|---|---|---|
| 157 | 花祭偶語 | 『朝鮮佛教』(60호)<br>(朝鮮佛教社) | 1929.5. |
| 158-159 | 売笑行為の婦人科学的観察(2회) | 『警務彙報』(277-278호)<br>(조선총독부경무총감부) | 1929.5.~1929.6. |
| 160 | 二千万民衆に信仰を与へよ | 『朝鮮佛教』(65호)<br>(朝鮮佛教社) | 1929.10. |
| 161 | 朝鮮と云ふ所は<br>朝鮮の回顧<br>朝鮮の有望なる事業<br>朝鮮の将来と希望 | 『朝鮮及満州』(263호)<br>(朝鮮及滿洲社) | 1929.10. |
| 162 | 婦人科学上より見たる女性観 | 『朝鮮及満州』(266호)<br>(朝鮮及滿洲社) | 1930.1. |
| 163-165 | 朝鮮婦人嬰兒殺害の婦人科学的考察(3회) | 『朝鮮』(177-179호)<br>(朝鮮總督府) | 1930.2.~1930.4. |
| 166 | 世界の種々相と遺伝学 | 『朝鮮及満州』(270호)<br>(朝鮮及滿洲社) | 1930.5. |
| 167 | 児童愛護の根本問題 | 『朝鮮社会事業』(8권5호)<br>(조선사회사업협회) | 1930.5. |
| 168 | 花卉を愛する心 | 『朝鮮及満州』(270호)<br>(朝鮮及滿洲社) | 1930.5. |
| 169 | 女子参政権と分娩率 | 『朝鮮及満州』(271호)<br>(朝鮮及滿洲社) | 1930.6. |
| 170 | ヒステリーについて | 『朝鮮及満州』(271호)<br>(朝鮮及滿洲社) | 1930.6. |
| 171 | 医学より観たる人口調制 | 『朝鮮社会事業』(8권9호)<br>(조선사회사업협회) | 1930.9. |
| 172 | 婦人科より見たる女子の競技 | 『文教の朝鮮』(61호)<br>(朝鮮教育會) | 1930.9. |
| 173 | 婦人科学より観たる真の児童愛護 | 『朝鮮社会事業』(10권5호)<br>(朝鮮教育會) | 1931.5. |
| 174-177 | 암과 라듸움(4회) | ≪每日申報≫ | 1931.4.3.~1931.4.8. |
| 178 | 人類の逆淘汰 | 『朝鮮及満州』(284호)<br>(朝鮮及滿洲社) | 1931.7. |
| 179-180 | 底野迦(2회) | 『医文学』 | 1931.8.~1931.10. |
| 181 | 生命と健康 | 『朝鮮及満州』(290호)<br>(朝鮮及滿洲社) | 1932.1. |
| 182 | 遺伝と疾病 | 『朝鮮及満州』(291호)<br>(朝鮮及滿洲社) | 1932.2. |

| 183-184 | 消毒法に就て(2회) | 『朝鮮及満州』(292호.294호)(朝鮮及滿洲社) | 1932.3.~1932.5. |
|---|---|---|---|
| 185 | 百萬を如何に使ふか:<br>施療産院設置(工藤武城) | 『朝鮮公論』(231호)<br>(朝鮮公論社) | 1932.6. |
| 186 | 初生兒に対する注意 | 『朝鮮及満州』(299호)<br>(朝鮮及滿洲社) | 1932.10. |
| 187 | 胎児の異状 | 『朝鮮及満州』(301호)<br>(朝鮮及滿洲社) | 1932.12. |
| 188 | 朝鮮の貢女 | 『朝鮮及満州』(302호)<br>(朝鮮及滿洲社) | 1933.1. |
| 189 | 人工栄養法 | 『朝鮮及満州』(303호)<br>(朝鮮及滿洲社) | 1933.2. |
| 190-196 | 朝鮮特有の犯罪本夫殺害犯の婦人科学的考察(7회) | 『朝鮮』(213-219호)<br>(朝鮮総督府) | 1933.2.~1933.8. |
| 197 | 『朝鮮特有の犯罪本夫殺害犯の婦人科学的考察』 | 京城婦人病院 | 1933.3. |
| 198 | 朝鮮特有犯罪の医学観 | 『朝鮮総攬』(朝鮮総督府) | 1933.3. |
| 199 | 濱田玄達先生の思出話 | 『産科と婦人科』<br>(診断と治療社) | 1934.2. |
| 200-202 | 衰老亞細亞の現症と豫後(3회) | 『朝鮮及満州』(317-319호)<br>(朝鮮及滿洲社) | 1934.4.~1934.6. |
| 203 | 工藤武城先生校閲並序 | 『日本の教育精神と李退渓』<br>(高田誠二·藤原一毅,<br>朝鮮事情協会) | 1934.9. |
| 204 | 医学から観た往古の日鮮関係の一考察 | 『朝鮮及満州』(323호)<br>(朝鮮及滿洲社) | 1934.10. |
| 205 | 三典之歌 | 『朝鮮佛教』(103호)<br>(朝鮮佛教社) | 1934.10. |
| 206 | 工藤論文掲載あり | 『犯罪学雑誌』(9권1호)<br>(日本犯罪学会) | 1935. |
| 207-218 | 内鮮医学と世界医学との交渉(12회) | ≪京城日報≫ | 1935.3.26.~1935.4.16. |
| 219 | ミューテル大僧正 | 『隨筆朝鮮』(上卷)<br>(寺田壽夫 編, 京城雜筆社) | 1935.10. |
| 220 | 朝鮮医薬としての大小便等 | 『隨筆朝鮮』(下卷)<br>(寺田壽夫 編, 京城雜筆社) | 1935.10. |
| 221 | 婦人科より見た母性保護問題 | 『朝鮮及満州』(336호)<br>(朝鮮及滿洲社) | 1935.11. |
| 222-227 | 机邊一瞥(6회) | 『京城雜筆』(47-52호)<br>(京城雜筆社) | 1935.12.~1936.5. |
| 228 | 保健思想の普及に就て | 『朝鮮都市問題會議錄』<br>(경성도시계획연구회) | 1936. |

| | | | |
|---|---|---|---|
| 229 | 勅題海上雲遠 | 『朝鮮佛教』(118호)<br>(朝鮮佛教社) | 1936.1. |
| 230 | わが人生訓 | 『京城雑筆』(203호)<br>(京城雑筆社) | 1936.1. |
| 231-<br>242 | やまと歌(12회) | 『京城雑筆』(203-214호)<br>(京城雑筆社) | 1936.1.~<br>1936.12. |
| 243 | 撫硯閑話 | 『朝鮮の教育研究』(94호)<br>(朝鮮初等教育研究会) | 1936.7. |
| 244 | 都市問題と医学 | 『朝鮮公論』(280호)<br>(朝鮮公論社) | 1936.7. |
| 245 | 凉台漫語 | 『京城雑筆』(211호)<br>(京城雑筆社) | 1936.9. |
| 246 | 社会婦人科学の観点より朝鮮婦人の犯罪を論ず | 『朝鮮』(257호)<br>(朝鮮總督府) | 1936.10. |
| 247 | 諸名士の聞く | 『緑旗』(통권11호)<br>(緑旗聯盟) | 1936.11. |
| 248 | 教育勅語渙発当時を億ふ | 『文教の朝鮮』(136호)<br>(朝鮮教育會) | 1936.12. |
| 249 | 「外国人の観たる朝鮮婦人」 | 『同胞愛』(15권3호)<br>(조선사회사업협회) | 1937.3. |
| 250 | 都市保健問題と市民農園 | 『朝鮮及満州』(353호)<br>(朝鮮及滿洲社) | 1937.4. |
| 251-<br>252 | 医薬の祖神少名昆古那尊と古代の内鮮関係(2회) | 『朝鮮及満州』(354-355호)<br>(朝鮮及滿洲社) | 1937.5.~<br>1937.6. |
| 253 | 「母と乳」 | 『同胞愛』(15권7호)<br>(조선사회사업협회) | 1937.7. |
| 254-<br>255 | 時局と人口問題(2회) | 『朝鮮及満州』(359-360호)<br>(朝鮮及滿洲社) | 1937.10.~<br>1937.11. |
| 256-<br>258 | 支那事変を語る座談会(3回) | 『朝鮮及満州』(360-362호)<br>(朝鮮及滿洲社) | 1937.11~<br>1938.1. |
| 259-<br>260 | 支那を毒せる英国の阿片政策(2회) | 『朝鮮及満州』(362-363호)<br>(朝鮮及滿洲社) | 1938.1.~<br>1938.2. |
| 261-<br>263 | 支那及び支那人を語る座談会(3회) | 『朝鮮及満州』(363호-365호)(朝鮮及滿洲社) | 1938.2.~<br>1938.4. |
| 264-<br>268 | 早婚に因る朝鮮の社会相(5회) | 『同胞愛』(16권1호.2호.4호.10호.12호)<br>(조선사회사업협회) | 1938.1.~<br>1938.12. |
| 269 | 醫學坐右銘 | 『鮮滿醫學時報』(2권1호)<br>(경성:鮮滿醫學時報社) | 1938. |
| 270-<br>272 | 断種法を縛る是非(전3회)<br>米国に於けるジューク一族の例(1)<br>紀元以前から残された宿題(2)<br>可能なら範囲の断種的手術(3) | ≪京城日報≫ | 1938.4.21.~<br>1938.4.23. |

| 273 | 古提灯 | 『京城雜筆』(236호)<br>(京城雜筆社) | 1938.10. |
|---|---|---|---|
| 274 | 送寺田雅兄北京行 (漢詩) | 『京城雜筆』(238호)<br>(京城雜筆社) | 1938.12. |
| 275 | 金剛山 | 『觀光朝鮮』(2권6호)(경성:<br>일본여행협회조선지부) | 1939. |
| 276 | 支那譯日本文閑話 | 『京城雜筆』(250호)<br>(京城雜筆社) | 1939.12. |
| 277-279 | 朝鮮假名交文小史(전3회) | 『京城雜筆』(255-257호)<br>(京城雜筆社) | 1940.5.~<br>1940.7. |
| 280 | 朝鮮の女奴隷制度と其現代に及せる世相 | 『朝鮮鐵道協會會誌』(19권<br>11호)(朝鮮鐵道協會) | 1940.11 |
| 281-286 | 「机邊一瞥」(6회) | 『京城雜筆』(262-267호)<br>(京城雜筆社) | 1940.12.~<br>1941.5. |
| 287 | 漢詩(新春譜) | 『國民總力』(3권1호)<br>(國民總力朝鮮聯盟) | 1941.1. |
| 288 | 随筆　香港の思ひ出 | 『文教の朝鮮』(196호)<br>(朝鮮教育會) | 1942.1. |
| 289 | 名士にものを聽く | 『朝鮮公論』(348호)<br>(朝鮮公論社) | 1942.3. |

## 참고목록

| 구도 다다스케(工藤忠輔)[20]의 논저 | | | |
|---|---|---|---|
| NO | 제목 | 출전(발행) | 년도 |
| 1 | 朝鮮に於ける法律教育のプログラム | 『朝鮮』(43호)<br>(朝鮮雜誌社) | 1911.9. |
| 2-3 | 新領土に於ける教育家と法曹(2회) | 『朝鮮』(44-45호)<br>(朝鮮雜誌社) | 1911.10.~<br>1911.11. |
| 4-5 | 法律統一史論(2회) | 『朝鮮及滿州』(47-48호)<br>(朝鮮雜誌社) | 1912.1.~<br>1912.2. |
| 6 | 朝鮮に於ける墳墓と法律 | 『朝鮮及滿州』(67호)<br>(朝鮮雜誌社) | 1913.2. |
| 7 | 法律上の墳墓 | 『朝鮮及滿州』(68호)<br>(朝鮮雜誌社) | 1913.3. |
| 8 | 国際司法より見たる朝鮮 | 『朝鮮及滿州』(72호)<br>(朝鮮雜誌社) | 1913.7. |
| 9 | 加州に於ける日本人の社会 | 『朝鮮及滿州』(74호)<br>(朝鮮雜誌社) | 1913.9. |
| 10 | 波瀾統治に関するガイゼルの演説とタイムスの評論 | 『朝鮮及滿州』(75호)<br>(朝鮮雜誌社) | 1913.10. |
| 11 | 人種問題に手古摺らぬ国家は無い | 『朝鮮及滿州』(78호)<br>(朝鮮雜誌社) | 1914.1. |
| 12 | 独逸に於ける植民地司法統一運動 | 『朝鮮及滿州』(79호)<br>(朝鮮雜誌社) | 1914.2. |
| 13 | 新しい人の新しい文芸修業 | 『朝鮮及滿州』(80호)<br>(朝鮮雜誌社) | 1914.3. |
| 14 | 朝鮮に於ける公益法人に就て | 『朝鮮及滿州』(83호)<br>(朝鮮雜誌社) | 1914.6. |
| 15 | 在鮮母国人の迷信を排斥す | 『朝鮮及滿州』(84호)<br>(朝鮮雜誌社) | 914.7. |
| 16 | メートル科,<br>金属線電燈及保険金不受領問題 | 『朝鮮及滿州』(85호)<br>(朝鮮雜誌社) | 1914.8. |
| 17 | 法律上より見たる男女の区別 | 『朝鮮及滿州』(86호)<br>(朝鮮雜誌社) | 1914.9. |
| 18 | 学問と芸術の自作自給」 | 『朝鮮及滿州』(88호)<br>(朝鮮雜誌社) | 1914.11. |
| 19 | 京城と都市的設備:私の注文は鎌倉式に | 『朝鮮及滿州』(98호)<br>(朝鮮雜誌社) | 1915.9. |
| 20 | 文献以外にも朝鮮を研究せよ | 『朝鮮及滿州』(100호)<br>(朝鮮雜誌社) | 1915.11. |
| 21 | 白耳義外交文書第二巻を読みて | 『朝鮮及滿州』(101호)<br>(朝鮮雜誌社) | 1915.12. |
| 22 | 大正五年の年頭に臨み寺内伯に注文す:<br>総督が悪いか家来が悪いか | 『朝鮮及滿州』(102호)<br>(朝鮮雜誌社) | 1916.1. |
| 23 | 真面目に支那語支那文を研究せよ | 『朝鮮及滿州』(104호)<br>(朝鮮雜誌社) | 1916.3. |
| 24 | 旭町の三人斬性慾倒錯狂 | 『朝鮮及滿州』(109호)<br>(朝鮮雜誌社) | 1916.8. |
| 25 | 暑中と吾輩(僕の銷夏法は名著を読む) | 『朝鮮及滿州』(122호)<br>(朝鮮雜誌社) | 1917.8. |

| 구도 시게오(工藤重雄)의 논저 | | | |
|---|---|---|---|
| N0 | 제목 | 출전(발행) | 연도 |
| 1 | 朝鮮不良少年論 | 『朝鮮公論』(36호)<br>(朝鮮公論社) | 1916.3. |
| 2 | 鮮人の騷擾觀 | 『朝鮮公論』(73호)<br>(朝鮮公論社) | 1919.4. |
| 3 | 仏教的社会主義宣伝運動の必要 | 『朝鮮公論』(77호)<br>(朝鮮公論社) | 1919.8. |
| 4 | 京城の社会事業に就ての私の考 | 『朝鮮社会事業』(9호)<br>(조선사회사업협회) | 1923. |
| 5 | 佛教と社会主義 | 『朝鮮佛教』(2호-4호)<br>(朝鮮佛教社) | 1924.6.~<br>1924.8. |
| 6-8 | 魂의 問題(3회) | ≪每日申報≫ | 1924.8.15.~<br>1924.8.17. |
| 9 | 漸滅せんとする帝國に物価調節の一策を建ず | 『朝鮮及滿州』(206호)<br>(朝鮮及滿洲社) | 1925.1. |
| 10 | 成佛の時節 | 『朝鮮佛教』(10호)<br>(朝鮮佛教社) | 1925.2. |
| 11 | 佛徒の眼の着け所 | 『朝鮮佛教』(11호)<br>(朝鮮佛教社) | 1925.3. |
| 12 | 佛教本来の面目を発揮せよ | 『朝鮮佛教』(13호)<br>(朝鮮佛教社) | 1925.5. |
| 13 | 『三十年前の朝鮮』 | バド·ビショップ著;工藤重雄訳,京城:東亜経済時報社, | 1925. |
| 14 | 京取と仁取の将来に就て | 『朝鮮公論』(147호)<br>(朝鮮公論社) | 1925.6. |
| 15 | 我等の標語 | 『朝鮮佛教』(14호)<br>(朝鮮佛教社) | 1925.6. |
| 16 | 錯覚世の中 | 『朝鮮佛教』(28호)<br>(朝鮮佛教社) | 1926.8. |
| 17 | 取引所論 秘密은 不可, 一切公開가 當然 私議的合併極反對 | ≪東亞日報≫ | 1926.8.4. |
| 18 | 無趣味の趣味 | 『朝鮮佛教』(35호)<br>(朝鮮佛教社) | 1927.3. |
| 19 | 朝鮮を救ふは資本に非ず技術なり | 『朝鮮社会事業』(5권6호)<br>(조선사회사업협회) | 1927.6. |

20 구도 다다스케(1882-1917)는 구도 다케키의 동생으로 1911년 동경제국대학 법과대학 독법과(獨法科)를 졸업하고, 조선총독부 사법부에서 1년 남짓 재직하다가 1913년에 경성에서 변호사를 개업한 적이 있다(朝鮮公論社,『在朝鮮內地人紳士明鑑』1917. 307쪽). 형인 다케키가 의료 소송을 당하였을 때, 소송대리인을 맡기도 하였다. 그는 가톨릭교회의 조선교구장으로 와 있던 뮈텔주교에게 세례(세례명: 바오로)를 받고 신앙생활에 들어갔으나, 지병인 폐병으로 일찍 사망했다(한국교회사연구소 역주, 『뮈텔주교일기6』 2002).

| 20 | 朝鮮仏教の将来 | 『朝鮮佛教』(45호)<br>(朝鮮佛教社) | 1928.1. |
|---|---|---|---|
| 21 | 『露西亜帝政没落史:ロマノ-フ家最後とボルセビキ-未来物語』 | 世界興亡史論(18권)<br>平凡社, エドモンド·エーワルシュ著;工藤重雄訳 | 1932. |
| 22 | 御親閲拜受感想 | 『文教の朝鮮』(167호)<br>(朝鮮教育會) | 1939.7. |

| 工藤武城 工藤忠輔 工藤重雄 관련 자료 | | | |
|---|---|---|---|
| NO | 제목(내용) | 출전(발행) | 연도 |
| 1 | 「通信 在独工藤武城氏の消息」 | 『長崎医学専門学校研瑶会雑誌』(57)<br>(長崎医学専門学校研瑶会) | 1901.12. |
| 2 | ヒラヤマ山人<br>「京城の醫界」(工藤武城언급) | 『朝鮮』(14호)(日韓書房) | 1909.4. |
| 3 | 161-162, 164쪽. | 『京城と内地人』<br>(川端源太郎 編, 日韓書房) | 1910. |
| 4 | 敍任及辭令(工藤忠輔) | 〈조선총독부 관보〉(제303호) | 1911.8.31. |
| 5 | 敍任及辭令(工藤忠輔) | 〈조선총독부 관보〉(제535호) | 1912.6.10. |
| 6 | 辯護士名簿登錄(工藤忠輔) | 〈조선총독부 관보〉(제70호) | 1912.10.24. |
| 7 | 工藤武城(152쪽) | 『朝鮮在住內地人實業家人名辭典(第一編)』<br>(경성:朝鮮實業新聞社) | 1913. |
| 8 | 工藤院長의 普濟(공등병원장의 장한일/조선부인을 위한 목덕) | ≪每日申報≫ | 1913.5.4. |
| 9 | 突兀生〈訪問印象録〉欧米戻り工藤ドクトルと三本朝銭参事 | 『朝鮮及滿州』(72호)<br>(朝鮮雜誌社) | 1913.7. |
| 10 | 〈京城婦人病院 工藤武城〉광고 | 『朝鮮及滿州』(74-83호. 87호. 100호)(朝鮮雜誌社) | 1913.9~1915.11. |
| 11 | 〈변호사·법무사 工藤忠輔〉 광고 | 『朝鮮及滿州』(76호. 77호. 82호. 100호)(朝鮮雜誌社) | 1913.11~1915.11. |
| 12 | 彙報-調査及報告-衛生 :<br>醫師, 齒科醫師 | 〈조선총독부 관보〉(제498호) | 1914.3.31. |
| 13 | 損害賠償을 請求 相對者는 米國人(工藤忠輔) | ≪每日申報≫ | 1914.4.5. |
| 14 | 総督府の人物 : 学者らしき人物(其八)(ヒラヤマ山人) 工藤武城언급 | 『朝鮮及滿州』(85호)<br>(朝鮮雜誌社) | 1914.8. |
| 15 | ヒラヤマ山人「京城弁護士界の人物」<br>工藤忠輔 | 『朝鮮及滿州』(89호)<br>(朝鮮雜誌社) | 1914.12. |
| 16 | ヒラヤマ山人「人物と趣味及び娯楽」<br>(工藤武城언급) | 『朝鮮及滿州』(90호)<br>(朝鮮雜誌社) | 1915.1. |

| 17 | 工藤武城(307쪽) | 『(在朝鮮內地人)紳士明鑑』<br>(경성:朝鮮公論社) | 1917. |
|---|---|---|---|
| 18 | 醫師를 相對로 慰藉料請求 | ≪每日申報≫ | 1917.8.3. |
| 19 | 大典記念禪堂 설계도 | ≪每日申報≫ | 1918.3.21. |
| 20 | ヒラヤマ山人「酒と女の上より見たる京城の名士諸君」<br>(工藤武城는 술보다 여자) | 『朝鮮及滿州』(134호)<br>(朝鮮及滿洲社) | 1918.8. |
| 21 | 読書の上より観た京城の名士諸君<br>(ヒラヤマ山人) 工藤武城언급 | 『朝鮮及滿州』(135호)<br>(朝鮮及滿洲社) | 1918.9. |
| 22 | 京城の名医と藪竹 | 『朝鮮公論』(75호)(朝鮮公論社) | 1919.6. |
| 23 | 「舌端火を吐けろ京城有志懇話会<br>新総督新政務総監は一読すべし」<br>(一記者) 工藤武城발언 | 『朝鮮及滿州』(147호)<br>(朝鮮及滿洲社) | 1919.9. |
| 24 | 書畵硏究會展覽會 | ≪每日申報≫ | 1919.12.3. |
| 25 | 法律新聞計劃(工藤重雄) | ≪每日申報≫ | 1920.1.26. |
| 26 | 新聞雜誌出願(工藤重雄) | ≪每日申報≫ | 1920.2.7. |
| 27 | 工藤武城全快 | ≪每日申報≫ | 1920.2.27. |
| 28 | 百人百藝, 擔雪 工藤武城氏 揮毫 | ≪每日申報≫ | 1920.12.29. |
| 29 | 逸名士「京城の名士と酒と煙草<br>附たり名士と女」(工藤武城언급) | 『朝鮮及滿州』(170호)<br>(朝鮮及滿洲社) | 1922.1. |
| 30 | 丹靑同好會開會(工藤武城) | ≪每日申報≫ | 1922.1.17. |
| 31 | ヒラヤマ山人「洋行した人々」<br>(工藤武城언급) | 『朝鮮及滿州』(172호)<br>(朝鮮及滿洲社) | 1922.3. |
| 32 | 漢詩「探梅」(担雪 工藤武城) | 『朝鮮及滿州』(172호)<br>(朝鮮及滿洲社) | 1922.3. |
| 33 | 京城의 天地를 眞善美化하는 今日,<br>第二回美展開幕 藝苑의 精華를<br>一堂에 | ≪每日申報≫ | 1923.5.11. |
| 34 | 朝野名士를 網羅하야 演題,講師決定 | ≪每日申報≫ | 1923.7.28. |
| 35 | 第二日도 依然히 盛況中에서<br>婦人講演會: 難産은 婦人의 鬼門<br>의술이 진보된 오늘날에는 전문<br>의사의 진찰이 제일 필요(工藤武城) | ≪每日申報≫ | 1923.8.6. |
| 36 | 〈婦人夏期大講習會〉답사:多年宿望을<br>實現 | ≪每日申報≫ | 1923.8.11. |
| 37 | 동민회 창립총회 및 발회식 상황에<br>관한 건 | 〈국사편찬위원회〉<br>(한국사데이터베이스) | 1924.4.25. |
| 38 | 朝鮮佛教の創刊を祝す(謙々堂<br>鐵牛居士 工藤重雄) | 『朝鮮佛教』(1-2호)<br>(朝鮮佛教社) | 1924.5.-<br>1924.6. |
| 39 | 広告〈 謙々堂 鐵牛居士 工藤重雄 〉 | 『朝鮮佛教』(4호)(朝鮮佛教社) | 1924.8. |
| 40 | 広告〈 謙々堂書店 法学士<br>工藤重雄 〉 | 『朝鮮佛教』(5-6호)<br>(朝鮮佛教社) | 1924.9.-<br>1924.10. |

| 41 | 可警함 殺人鬼 法廷에서 落淚 | ≪每日申報≫ | 1926.10.1. |
|---|---|---|---|
| 42 | 牛商殺害被告 再審請求却下 | ≪中外日報≫ | 1927.8.26. |
| 43 | 本社主催 乳乳兒審査會 | ≪每日申報≫ | 1928.8.7. |
| 44 | 明日 珍藏品展 | ≪每日申報≫ | 1930.2.21. |
| 45 | 工藤擔雪居士외 8명 단체사진 | 『朝鮮佛教』(74호)<br>(朝鮮佛教社) | 1930.7. |
| 46 | 會 | ≪每日申報≫ | 1931.1.30. |
| 47 | 漢詩 「訪山不過」(工藤担雪) | 『朝鮮及滿州』(299호)<br>(朝鮮及滿洲社) | 1932.10. |
| 48 | 경성·인천의 의원 및 병원 관련해서 〈京城婦人病院〉〈婦人病院〉〈工藤病院〉은 〈北米倉町94〉로 되어 있다 | 『朝鮮年鑑1934』(경성:<br>京城日報社 · 每日申報社) | 1933. |
| 49 | 京城婦人病院 광고 | ≪每日申報≫ | 1933.3.23.<br>1934.9.19. |
| 50 | 〈乳幼兒愛護思想 普及大講演會〉 광고<br>〈工藤武城 : 5월3일 비상시일본의 모성애〉 | ≪每日申報≫ | 1933.4.27. |
| 51 | 天長節에 表彰된 兩個納稅組合<br>京畿道知事로부터 | ≪每日申報≫ | 1933.5.1. |
| 52 | 〈 朝鮮大アジア協会愈よ結成さる 〉<br>발족후 첫 사업으로 4일 工藤武城, 曺事相 內鮮兩語로 라디오 방송 | ≪京城日報≫ | 1934.3.3. |
| 53 | 祝 每日申報紙齡壹萬號 | ≪每日申報≫ | 1935.7.25. |
| 54 | 第二回朝の修養會盛況<br>(工藤武城 出席) | 『朝鮮佛教』(114호)<br>(朝鮮佛教社) | 1935.9. |
| 55 | 謹賀新年 工藤武城 | 『朝鮮佛教』(118호)<br>(朝鮮佛教社) | 1936.1. |
| 56 | 工藤武城(93~64쪽) | 『大京城公職者名鑑』<br>(京城新聞社) | 1936. |
| 57 | 漢詩(工藤担雪) | 『朝鮮及滿州』(350호)<br>(朝鮮及滿洲社) | 1937.1. |
| 58 | 工藤武城(p.92.96.107)<br>工藤百合子(p.104) | 『斎藤子爵を偲ぶ』<br>(中村健太郎 編, 朝鮮仏教社) | 1937.2. |
| 59 | 早婚考:工藤武城氏の說に対して<br>(岩本萬翠) | 『朝鮮公論』(288호)<br>(朝鮮公論社) | 1937.3. |
| 60 | 京城婦人病院 사진 있음 | 『大京城寫眞帖』<br>(山田勇雄, 中央情報社) | 1937.5. |
| 61 | 樂壇의 新發足 昨日,<br>朝鮮音樂協會結成式 | ≪每日申報≫ | 1941.1.26. |
| 62 | 醫師會의 新體制<br>今日京畿道醫師會새로結成 | ≪每日申報≫ | 1941.11.27. |
| 63 | 決死報國을 오늘, 儒道聯合會의<br>戰勝祈願祭 | ≪每日申報≫ | 1941.12.18. |

| | | | |
|---|---|---|---|
| 64 | 彙報-官廳事項-軍事 : 日本赤十字社錄事 | 〈조선총독부 관보〉(제5284호) 조선총독부관보활용시스템 (한국역사정보통합시스템) | 1944.9.13. |
| 65 | 〈細窮民의 보건위해 시립보건병원 설립〉 | ≪자유신문≫ | 1948.12.11. |
| 66 | 인명색인 〈구도/구도병원〉 | 『뮈텔 주교 일기』 (한국교회사연구소) | 1998. |
| 67 | 「경성부립도서관 건물 개요」 134쪽 | 『남산도서관 80년사 (1922-2002)』(남산도서관80년사편찬위원회) | 2002. |
| 68 | 工藤武城의료소송관련 (551~557쪽 참고) | 『국역高等法院判決錄』[제4권(민사편-II)](법원도서관발행) | 2008. |
| 69 | 동민회(평의원, 工藤武城) 371쪽 | 『친일반민족행위관계사료집VI』 (친일반민족행위진상규명위원회) | 2008. |
| 70 | 조선음악협회 인원(이사, 工藤武城) 315쪽 | 『친일반민족행위진상규명보고서III-4』 (친일반민족행위진상규명위원회) | 2009. |

## 저자

### 구도 다케키 工藤武城, Takeki Kudoh

1878년 구마모토 현(熊本縣)의 사족(士族) 출신인 구도 다다지로(工藤唯次郎)의 장남으로 태어남. 세이세이코(濟濟黌)와 나가사키 의학전문학교(長崎醫學專門學校)를 졸업하고, 독일 뷔르츠부르크대학 부인과교실에 들어가 1904년 7월에 박사학위를 취득. 1905년 12월 경성 한성병원(漢城病院) 부인과 부장으로 초빙되어 한국에 옴. 1907년 11월 경성 북미장정(北米倉町94번지)에 개인병원인 경성부인병원(京城婦人病院) 개원. 경성의사회 회원. 1913년 제4회 거류민회 의원(민단 해체 후, 北米倉町 總代). 1941년 경기도의사회 회장을 역임하는 등 재조일본인 유지로서 활동. 대표적 저서로 『朝鮮特有の犯罪 本夫殺害犯の婦人科学的考察』(1933), 『부인의 양생婦人之養生』(1907), 『의학상에서 본 한일 관계医学上より観たる内鮮の関係』가 있고, 〈難產과 安產〉(매일신보)·〈암과 라듸움〉(매일신보) 등을 신문에 연재하는 등 일제강점기 부인 관련 의료 및 연구를 주도. 또한 시·서·화(詩書畵)에도 뛰어나 〈조선미술전람회〉에 출품하여 당선될 정도로 문인적 기질을 겸한 인물이다.

## 옮긴이

### 최재목 崔在穆, Choi Jae-Mok

일본 츠쿠바(筑波)대학원에서 문학석사·문학박사 학위를 취득하였다. 전공은 양명학·동아시아철학사상·문화비교이다.

현재 영남대학교 철학과 교수로 재직 중이며, 동경대, 하버드대, 북경대, 라이덴대(네덜란드)에서 객원연구원 및 방문학자로 연구하였다. 한국양명학회장을 지냈으며, 현재 한국일본사상사학회장을 맡고 있다.

논문으로는 「韓國における日本研究の現況·課題·展望」, 「退溪象의 두(修己的-治人的) 系譜 탄생에 대한 고찰」 외, 저서로는 『伊藤博文と韓国統治』(공저), 『東アジア陽明学の展開』, 『東亞陽明學的展開』(臺灣大學出版部), 『東亞陽明學』(人民大學出版部) 외 다수가 있다.

### 김정곤 金正坤, Kim Jeong-Gon

일본 국제기독교대학(國際基督敎大學) 대학원(비교문화연구과) 비교문화석사·학술박사 학위를 취득. 대구한의대 강사 및 영남대학교 박사후과정 연구원을 지냄. 현재 한국양명학회 회원이며 한국일본사상사학회 학술이사로 활동. 학위논문은 〈金教臣のキリスト教思想とその特質－儒教的エートスと無教会精神を中心に－〉이며, 연구논문으로 「구도 다케키(工藤武城)의 의학과 황도유교에 관한 고찰」(공저, 의사학, 2015), 「무교회주의 신앙과 구원관-우치무라 간조와 양명학의 관련성을 중심으로-」(일본문화연구, 2015), 「金敎臣と日本」(內村鑑三研究, 2013) 등이 있다.